처음 프로그래밍을 시작하는
입문자의 눈높이에 맞춘

생활코딩!
PHP+MySQL

처음 프로그래밍을 시작하는 입문자의 눈높이에 맞춘

생활코딩!
PHP+MySQL

이고잉

박찬규   윤가희, 이대엽   북누리   Arowa & Arowana

위키북스   031-955-3658, 3659   031-955-3660

경기도 파주시 문발로 115, 311호(파주출판도시, 세종출판벤처타운)

27,000   456   188 x 240mm

2019년 01월 15일

2020년 10월 15일

979-11-5839-134-8 (93000)

제406-2006-000036호   2006년 05월 19일

wikibook.co.kr   wikibook@wikibook.co.kr

이 도서의 국립중앙도서관 출판시도서목록 CIP는

서지정보유통지원시스템 홈페이지(http://seoji.nl.go.kr)와

국가자료공동목록시스템(http://www.nl.go.kr/kolisnet)에서 이용하실 수 있습니다.

CIP2018042438

나의 첫
프로그래밍 교과서
**LEARNING
SCHOOL**

처음 프로그래밍을 시작하는 입문자의 눈높이에 맞춘

생활코딩!
PHP+MySQL

이고잉 지음 / 위키북스 기획·편집

위키북스

PHP 편

목차 · 페이지	학습 목표
1 수업 소개 ⋯⋯⋯⋯ 4	PHP의 등장 배경과 PHP의 필요성을 이해한다.
2 수업의 목적 ⋯⋯⋯⋯ 7	PHP의 필요성과 PHP 수업의 목적을 이해한다.
3 PHP 설치 ⋯⋯⋯⋯ 13 **3.1.1** PHP 설치(윈도우) ⋯⋯⋯⋯ 14 **3.1.2** PHP 환경설정 변경(윈도우) ⋯⋯⋯⋯ 26 **3.2.1** PHP 설치(macOS) ⋯⋯⋯⋯ 33 **3.2.2** PHP 환경설정 변경(macOS) ⋯⋯⋯⋯ 45	윈도우, macOS 운영체제에 PHP를 설치하는 방법을 배운다.
4 PHP의 원리 ⋯⋯⋯⋯ 49	PHP의 동작 원리를 이해하고 기초 문법을 배운다.
5 PHP의 데이터 타입 ⋯⋯⋯⋯ 56 **5.1** PHP와 숫자 ⋯⋯⋯⋯ 58 **5.2** PHP와 문자열 ⋯⋯⋯⋯ 63	PHP의 기본 데이터 타입인 숫자와 문자열을 배우고 각 데이터 타입의 특징과 사용법을 익힌다.
6 PHP의 변수 ⋯⋯⋯⋯ 69	변수의 개념을 배우고 PHP에서 변수를 사용하는 법을 익힌다.
7.1 PHP의 URL 파라미터 ⋯⋯⋯⋯ 76 **7.2** URL 파라미터의 활용 ⋯⋯⋯⋯ 82	URL과 URL 파라미터를 이해하고 PHP에서 URL 파라미터를 활용하는 법을 익힌다.
8.1 함수의 사용 ⋯⋯⋯⋯ 87 **8.2** 함수의 활용 ⋯⋯⋯⋯ 93	함수란 무엇인지 이해하고 PHP에서 기본적으로 제공되는 함수를 사용하는 법을 익힌다.
9 제어문 예고 ⋯⋯⋯⋯ 99	프로그래밍에서 말하는 '순서'의 개념을 이해하고 순서 흐름을 제어하는 제어문을 배운다.
10 조건문 예고 ⋯⋯⋯⋯ 103	첫 번째 유형의 제어문인 조건문의 필요성을 이해한다.

목차 · 페이지	학습 목표

11   불리언과 비교 연산자   105
조건문에 사용되는 불리언 데이터 타입 및 비교 연산자의 개념과 특징을 이해한다.

12   조건문의 형식   112
if/else 조건문의 문법과 사용법을 익힌다.

13   조건문의 활용   117
PHP 코드에서 조건문을 작성하는 법을 익힌다.

14   반복문의 예고   124
반복문의 필요성을 배운다.

15   반복문의 형식   128
while 반복문의 문법과 사용법을 익힌다.

16   배열의 형식   135
배열의 개념과 PHP에서 배열을 사용하기 위한 문법과 관련 함수를 배운다.

17.1   반복문과 조건문의 활용 1   143
17.2   반복문과 조건문의 활용 2   148
17.3   반복문과 조건문의 활용 3   156
반복문과 조건문을 함께 조합해서 사용하는 법을 배운다.

18   함수 만들기 예고   160
PHP에서 기본적으로 제공하는 내장 함수가 아닌 직접 함수를 만들어 사용했을 때의 효용을 이해한다.

19.1   함수의 형식 1/3   164
19.2   함수의 형식 2/3   167
19.3   함수의 형식 3/3   170
함수를 만들기 위한 문법 및 직접 만든 함수를 사용하는 법을 배운다.

20   함수의 활용   173
앞에서 만든 함수를 예제에 도입하고 함수가 가져다 주는 효용을 체감한다.

목차 및 각 장별 학습 목표

목차 · 페이지			학습 목표
21	웹앱 완성하기 예고	178	예제를 세련된 애플리케이션으로 완성하기 위한 추가 기능들을 알아본다.
22	폼과 POST	183	예제에 글 추가 기능을 구현하기 위해 폼과 POST를 활용하는 법을 익힌다.
23	글 생성	193	앞서 도입한 폼을 이용해 예제에 글을 생성하는 기능을 구현한다.
24	글 수정	199	이미 존재하는 콘텐츠의 내용을 수정하는 법을 배우고 글 수정 기능을 예제에 구현한다.
25	글 삭제	212	글을 삭제하는 기능을 구현한다.
26	파일로 모듈화 – require	218	리팩터링의 개념을 이해하고 PHP에서 리팩터링을 수행하기 위한 방편 중 하나로 require 함수를 활용하는 법을 익힌다.
27.1	보안 XSS	229	안전한 웹 애플리케이션을 만들기 위해 XSS(크로스 사이트 스크립팅) 공격을
27.2	보안 – 파일 경로 보호	234	방지하고 파일 경로를 보호하는 방법을 익힌다.
28	UI와 API, 그리고 공부 방법	240	UI와 API의 개념을 이해하고 앞으로 더 나아가기 위한 공부 방법을 살펴본다.
29	수업을 마치며	243	PHP 수업을 정리하고 앞으로 더 배워야 할 내용들을 정리한다.

PHP&MySQL 편

	목차 · 페이지		학습 목표
1	수업 소개	252	이 수업의 내용과 목표를 확인한다.
2	PHP와 MySQL의 연동 원리	255	PHP와 MySQL을 연동하는 전체적인 그림을 그리고 두 기술이 상호작용하는 원리를 이해한다.
3.1	수업 준비(웹)	267	수업 진행을 위해 웹과 데이터베이스 측면에서 준비해야
3.2	수업 준비(데이터베이스)	269	할 사항을 배운다.
4	MySQL 클라이언트로서의 PHP	273	PHP가 MySQL 클라이언트로서 어떤 역할을 수행하고 어떻게 동작하는지 이해한다.
5	MySQL API 찾기	275	PHP와 MySQL을 연동하기 위한 수단인 MySQL API를 이해하고 기본적인 API 검색 방법과 사용법을 배운다.
6.1	mysqli_connect	279	웹 애플리케이션에서 사용할 주요 MySQL API의 기능과
6.2	mysqli_query	285	사용법을 익힌다.
6.3	mysqli_error	289	
7	활용 – 글 생성	296	MySQL API를 활용해 글을 생성하는 기능을 구현한다.
8.1	SELECT 사용법 1	307	SQL 문 중 하나인 SELECT를 활용해 데이터베이스에
8.2	SELECT 사용법 2	312	저장된 글을 조회하는 방법을 알아본다.
8.3	SELECT 사용법 3	316	
9.1	활용 – 글 읽기 1	323	MySQL API와 SELECT 문을 이용해 웹 애플리케이션에
9.2	활용 – 글 읽기 2	328	서 글을 읽어오는 기능을 구현한다.
10.1	보안 – 필터링	337	안전한 웹 애플리케이션을 만들기 위해 MySQL에 대한
10.2	보안 – SQL 주입 공격의 원리	341	공격 기법과 원리를 이해하고, 이를 방지하는 대책을
10.3	보안 – 이스케이핑	350	마련한다.

목차 · 페이지		학습 목표
11.1 활용 – 글 쓰기 1	357	MySQL API와 UPDATE 문을 이용해 웹 애플리케이션에서 글을 수정하는 기능을 구현한다.
11.2 활용 – 글 쓰기 2	368	
12 활용 – 글 삭제	373	MySQL API와 DELETE 문을 이용해 웹 애플리케이션에서 글을 삭제하는 기능을 구현한다.
13 관계형 데이터베이스의 도입	379	관계형 데이터베이스의 개념과 예제에 관계형 데이터베이스를 도입하는 법을 배운다.
14 많아지는 테이블	387	데이터베이스 테이블의 구조를 확인하고 변경하는 법을 배운다.
15 테이블 간의 연결 – 읽기	393	여러 테이블을 연결(조인)해서 데이터를 읽는 방법을 배운다.
16 테이블 간의 연결 – 생성	401	글을 추가할 때 여러 테이블을 연결해서 데이터를 생성하는 방법을 배운다.
17 새로운 테이블 – 읽기	409	관계형 데이터베이스에서 식별자를 통해 여러 테이블을 연결해서 데이터를 읽어오는 방법을 배운다.
18 새로운 테이블 – 생성	415	웹 애플리케이션에서 새로 생성한 테이블에 데이터를 생성하는 방법을 배운다.
19 새로운 테이블 – 수정	421	웹 애플리케이션에서 새로 생성한 테이블의 데이터를 수정하는 방법을 배운다.
20 새로운 테이블 – 삭제	433	웹 애플리케이션에서 새로 생성한 테이블에 저장된 데이터를 삭제하는 방법을 배운다.
21 수업을 마치며	442	수업 내용을 정리하고 앞으로 배울 만한 내용을 살펴본다.

HTML/CSS/자바스크립트는 배웠지만 실제 서비스에서 사용되는 웹 애플리케이션을 제작하려면 동적 웹 애플리케이션을 만드는 기술을 익혀야 합니다. PHP와 MySQL은 전 세계에서 가장 인기 있는 웹 프로그래밍 언어와 데이터베이스입니다. 친절하고 세세한 진행으로 정평이 난 생활코딩의 PHP & MySQL 수업을 통해 웹 프로그래머로 거듭나세요. 4주, 20일에 걸친 이 책의 과정을 마치고 나면 역동적인 웹 애플리케이션을 제작하기 위한 기틀이 마련될 것입니다.

	1일차	2일차	3일차	4일차	5일차
1주차 PHP	수업 소개 PHP 설치 환경설정	PHP의 원리 데이터 타입 변수	URL 파라미터 함수	제어문 조건문 불리언 비교 연산자	반복문 배열
	01~03장	04~06장	07~08장	09~13장	14~16장
	6일차	7일차	8일차	9일차	10일차
2주차 PHP	반복문과 조건문	함수	웹 앱 완성 폼과 POST 글 생성, 수정, 삭제	모듈화 보안	UI/API 공부 방법 수업 마무리
	17장	18~20장	21~25장	26~27장	28~29장
	11일차	12일차	13일차	14일차	15일차
3주차 MySQL	수업 소개 PHP와 MySQL 연동	수업 준비	MySQL API	mysqli_connect mysqli_query mysqli_error	글 생성
	01~02장	03장	04~05장	06장	07장
	16일차	17일차	18일차	19일차	20일차
4주차 MySQL	SELECT 문 글 읽기	보안 · 필터링 · SQL 주입 공격 · 이스케이핑	글 쓰기 글 삭제	관계형 데이터베이스 테이블 연결	새로운 테이블에 대한 CRUD
	08~09장	10장	11~12장	13~16장	17~21장

동영상 사이트 주소

동영상 강좌로 이동하는 QR 코드

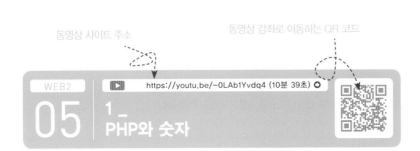

이 책에서는 스마트폰만 있다면 어디서든 동영상 강좌를 볼 수 있도록 QR 코드를 제공합니다.
PC를 사용 중이라면 아래 URL에서 유튜브 동영상 강좌와 예제 코드가 담긴 페이지를 제공하고
있으니 참고하세요.

• http://wikibook.github.io/php-mysql

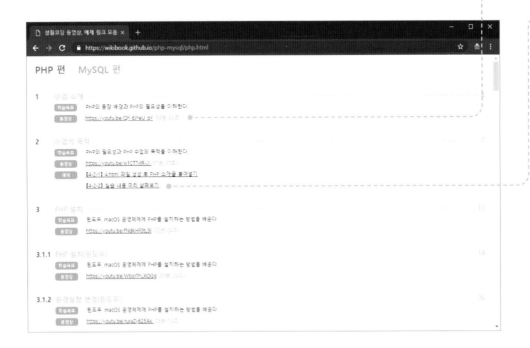

유튜브 동영상 강좌를 클릭하면 동영상을 감상할 수 있는 유튜브 페이지로 이동합니다.

예제 코드 링크를 클릭하면 코드 플레이 그라운드로 이동하며, [RUN] 버튼을 클릭하면
오른쪽에 있는 Output 화면에서 소스 코드의 실행 결과를 확인해 볼 수 있습니다.

예제 파일 확인과 함께
수정이 가능해
다양한 응용이 가능합니다

"RUN" 버튼을 누르면
소스코드의 결과가
오른쪽 화면에 표시됩니다

처음 프로그래밍을 시작하는 입문자의 눈높이에 맞춘

생활코딩!
PHP+MySQL

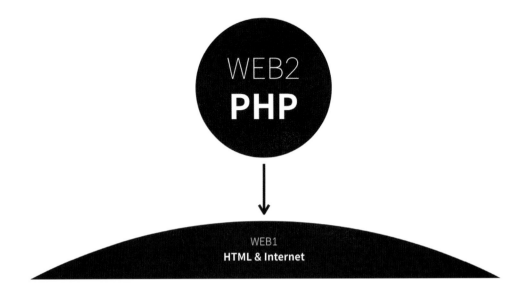

지금부터 PHP 수업을 시작하겠습니다. 이 수업은 **WEB1 HTML과 인터넷 수업에 의존하는 수업**입니다. HTML과 인터넷이 무엇인지 모르신다면《생활코딩! HTML+CSS+자바스크립트》를 먼저 읽어본 후에 이 수업을 진행할 것을 권해드립니다. HTML과 인터넷이 무엇인지 안다면 여기서부터 시작하면 되겠습니다.

1990년 웹이 처음 등장하면서 인류는 **정보를 웹 페이지로 표현**할 수 있게 됐고, **인터넷**을 통해 웹 페이지를 **전 세계 구석구석에 전송**할 수 있게 됐습니다. 종이에 담겨있던 수많은 정보들이 빠른 속도로 웹 페이지로 만들어지기 시작합니다. 종이로부터의 엑소더스가 시작된 것이고, 이것은 지적인 빅뱅의 신호탄으로 작용했습니다.

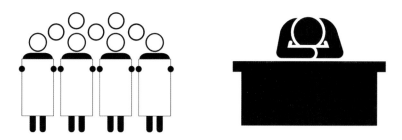

처음에는 HTML만으로도 행복했습니다. 하지만 사람의 욕심은 끝이 없죠. 웹이 등장한 이후에 여러 가지 불만족이 쏟아져 나옵니다. 수많은 불만족 중에서 우리의 관심사는 **HTML을 직접 타이핑해서 웹 페이지를 수동으로 만드는 데 지쳤다는 불만족**입니다. 사람이 직접 웹 페이지를 하나하나 만들어야 했기 때문에 많아진 웹 페이지를 통합적으로 관리하는 것이 점점 불가능해졌습니다. 또 사이트 방문자에게 웹 페이지가 보관된 폴더를 공개할 수 없었기 때문에 **웹 사이트의 소유자만이 콘텐츠를 생산할 수 있었습니다.** 몇몇 선구자적 욕심쟁이들은 HTML 작성을 기계에게 시키고 싶다는 욕심을 품게 됩니다. 그리고 이 욕망을 해소하기 위해 일군의 컴퓨터 공학자들이 나서게 됩니다. PHP, JSP, ASP, 장고(Django), 루비 온 레일스(Ruby on Rails), 자바스크립트의 Node.js 같은 기술들은 바로 이런 맥락에서 출현한 기술들입니다.

PHP
JSP
ASP
Django
Ruby on Rails
Node.js

HTML이 세상에 등장하고 5년 뒤인 1995년 라스무스 러도프는 PHP를 만듭니다. PHP를 이용하면 **웹 페이지를 자동으로 생성**할 수 있습니다. 사이트의 운영자가 콘텐츠의 내용을 작성해서 PHP에게 넘기면 **PHP는 사용자 대신 콘텐츠를 HTML로 자동으로 만들어주는** 것입니다. 덕분에 사이트 운영자는 콘텐츠에 전념할 수 있게 됩니다.

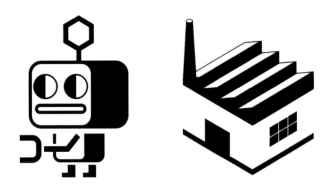

지금부터 웹 페이지를 찍어내는 거대한 공장인 PHP의 공장장이 돼 봅시다. 험한 일은 PHP에 맡기고 여러분은 창의적인 일에 전념할 수 있게 될 것입니다. 준비되셨나요? 출발합시다.

https://youtu.be/w1CT7vIR—JI (11분 07초) ○

지금부터 수업의 목표에 대한 이야기를 해볼 겁니다. 이번 수업이 끝나면 여러분은 어떤 능력을 갖게 될 것인지, 어떤 웹 애플리케이션을 만들 수 있게 될 것인지 소개해 드리겠습니다. 그리고 이 수업이 중요한 이유는 이후로 나오는 수업을 진행하는 것이 의미가 있는가 없는가를 스스로 테스트해볼 수 있는 일종의 리트머스로 작용할 것이기 때문입니다.

이 수업을 보고 이번 내용이 이해가 된다, 재미가 있다, 가슴이 두근거린다, 라고 한다면 우리 수업을 재미있게 공부할 수 있는 마음의 준비가 된 것입니다. 하지만 제가 하는 이야기가 이해되지 않거나 이해를 하더라도 굳이 저럴 필요가 있나, 라는 생각이 든다면 아직 이 수업에서 다루고 있는 지식이나 기술을 만날 상황이 무르익지 않았다는 뜻이니 현실로 돌아가서 이러한 지식이 필요할 때까지는 이 수업을 진행하지 않는 것이 좋겠습니다.

그러면 지금부터 우리가 무엇을 하려고 하는지, 어떠한 문제가 있을 수 있는지에 대해 살펴보겠습니다.

이 화면은 《생활코딩! HTML+CSS+자바스크립트》에 나오는 'HTML과 인터넷' 수업의 예제입니다. 그런데 현재 몇 개의 웹 페이지로 이뤄진 웹 사이트를 보고 있나요? index.html과 HTML, CSS, 자바스크립트를 표현하는 **4개의 웹 페이지**로 이뤄진 웹 사이트를 보고 있습니다. 여기서 제가 웹 페이지를 하나 더 추가할 것입니다. 그런데 이번에도 상상력을 통해 꼭 생각해 보셔야 할 것이 있습니다. 현재 웹 사이트의 리스트는 3개입니다. 그런데 이 리스트가 3개가 아닌 1억 개라고 상상해 봅시다. 그러면 리스트가 1억 개인 상황에서 단 하나의 웹 페이지를 추가했을 때 어떤 절망감을 경험하게 될 것인가를 시뮬레이션해 보셔야 합니다.

우선 3.html이라는 파일을 그대로 복사해서 4.html이란 파일을 만들어 보겠습니다. 4.html이란 파일은 PHP가 무엇인가에 대한 내용을 담을 겁니다. PHP의 홈페이지에 가서 PHP의 소개글을 복사한 후 본문에 붙여넣겠습니다. 그리고 4.html 파일을 열어보겠습니다.

[예제 4-2-1] 4.html 파일 생성 후 PHP 소개글 붙여넣기   4.html

```
<!DOCTYPE HTML>
<html>
    <head>
        <title>WEB1 - PHP</title>
        <meta charset="utf-8">
    </head>
    <body>
        <h1><a href="index.html">WEB</a></h1>
        <ol>
            <li><a href="1.html">HTML</a></li>
            <li><a href="2.html">CSS</a></li>
            <li><a href="3.html">JavaScript</a></li>
        </ol>
        <h2>PHP란 무엇인가?</h2>
        <p>PHP is a popular general-purpose scripting language that is especially suited to web
development. Fast, flexible and pragmatic, PHP powers everything from your blog to the most
popular websites in the world.</p>
    </body>
</html>
```

여기서 끝내도 될까요? 아니죠. PHP 페이지를 추가했으니 PHP 페이지로 이동할 수 있는 리스트를 글 목록에 추가해야 합니다. 그런데 지금 글 목록이 몇 개가 있다고요? 1억 개가 있다고 상상해 보자는 겁니다. 그럼 어떤 일을 해야 할까요? 4.html에 자기 자신을 의미하는 4.html에 대한 목록을 추가해야 할 겁니다. 여기서 끝내면 되나요? 자바스크립트 페이지로 가더라도 PHP 페이지로 오게 하려면 방금 추가한 목록을 모든 웹 페이지, 곧 1억 개의 웹 페이지에 하나하나 추가해야 할 것입니다. 그러면 1억 개의 웹 페이지에 리스트를 하나 추가할 때 아주 빨리 처리해서 하나를 처리하는 데 0.1초씩 걸린다고 해도 100일이 넘게 걸립니다. 웹 페이지가 많아질수록 웹 사이트의 규모가 커질수록 순수한 HTML만 으로는 점점 커지는 규모의 복잡성, **생산성의 한계**를 직면합니다.

바로 이런 한계에서 충분히 절망한 사람에게 PHP 같은 기술이 있다면 그 사람은 행복해질 것입니다. 어떻게 행복해지는지는 영상을 잠깐 멈춰놓고 빠른 속도로 코딩해서 결과를 보여드리겠습니다.

지금 보고 계신 웹 페이지는 PHP라는 기술이 개입돼 있는 상태입니다. 보기에는 이전 코드와 다른 게 없지만 바로 이 점이 중요합니다. 사용자에게는 똑같이 보이지만 내부적으로는 훨씬 더 효율적으로 바뀌었다면 그 기술은 도입해볼 만한 것이겠죠. 그래서 지금 CSS를 클릭했을 때와 HTML과 자바스크립트를 각각 클릭했을 때 URL이 어떻게 변하는지 보세요. 그리고 제가 각각의 URL을 에디터에 정리해서 보여드리겠습니다.

```
http://127.0.0.1/index.php?id=HTML
http://127.0.0.1/index.php?id=CSS
http://127.0.0.1/index.php?id=JavaScript
```

위에서부터 HTML, CSS, 자바스크립트 페이지를 보여줄 때의 주소를 비교하고 있습니다. 보다시피 3 개의 웹 페이지를 화면에 표시하고 있습니다. 그런데 몇 개의 파일로 3개의 웹 페이지를 표현하고 있나요? 하나입니다. **바로 index.php라는 단 하나의 파일로 3개의 웹 페이지를 표시하고 있습니다.** 그리고 각 웹 페이지는 단 하나의 파일인 index.php에 id 값으로 들어온 값이 무엇이냐에 따라 서로 다른 웹 페이지를 출력하고 있다는 것입니다.

이것이 바로 PHP가 갖는 중요한 효과입니다. 우리는 웹 페이지가 1억 개라 하더라도 단 하나의 파일인 index.php라는 파일을 변경하는 것을 통해 1억 개의 웹 페이지를 단 한 번에 수정할 수 있는 미스테리한 효과를 갖게 된다는 겁니다. 한 번 코드를 살펴보겠습니다.

※ 예고편에 있는 실습 내용은 뒤에서 실습할 예정이니 따라하지 마세요!

【예제 4-2-2】 실습 내용 미리 살펴보기   **index.php**

```php
<!DOCTYPE html>
<html>
    <head>
        <meta charset="utf-8">
        <title></title>
    </head>
    <body>
        <h1><a href="index.php">WEB</a></h1>
        <ol>
            <?php
                $list = scandir('data');
                $i = 0;
                while($i < count($list)) {
                    if($list[$i] != '.') {
                        if($list[$i] != '..') {
                            ?>
                            <li><a href="index.php?id=<?=$list[$i]?>"><?=$list[$i]?></a></li>
                            <?php
                        }
                    }
                    $i = $i + 1;
                }
            ?>
        </ol>
        <h2>
            <?php
                if(isset($_GET['id'])) {
```

```
            echo $_GET['id'];
        } else {
            echo "Welcome";
        }
    ?>
</h2>
<?php
    if(isset($_GET['id'])) {
        echo file_get_contents("data/".$_GET['id']);
    } else {
        echo "Hello, PHP";
    }
?>
</body>
</html>
```

이것이 index.php 파일의 내용입니다. 물론 아직까지 PHP를 배우지 않았기 때문에 PHP 문법에 해당하는 부분은 무시해야 합니다. 이를 감안하고 보면 index.php라는 단 하나의 파일이 있고, data라는 디렉터리 안에 HTML, CSS, JavaScript라는 파일이 들어있습니다. 그리고 HTML이라는 파일을 열어보면 HTML에 대한 본문만 들어있고, CSS에는 CSS에 대한 본문만, JavaScript에는 자바스크립트에 대한 본문만 들어있는 모습을 볼 수 있습니다. 이번에는 data라는 디렉터리에 'PHP'라는 파일을 추가해 보겠습니다.

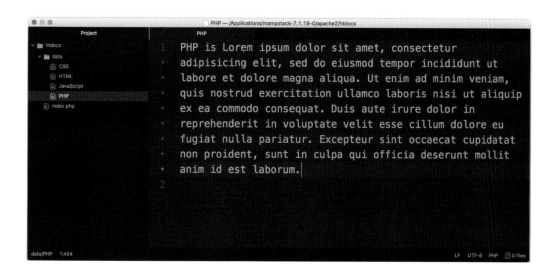

페이지를 새로고침하면 어떻게 되나요?

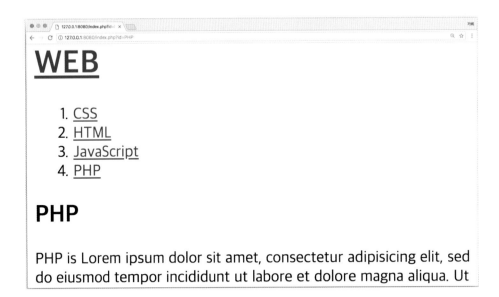

PHP라는 파일을 추가했을 뿐인데 이 웹 페이지의 글 목록에 'PHP'가 추가됐고 'PHP'를 클릭하면 PHP에 대한 본문이 출력되고, JavaScript를 클릭해도 PHP 목록이 추가되는 것을 볼 수 있습니다. 즉, 새로운 페이지를 추가하고 싶다면 data 디렉터리 안에 우리가 추가하고 싶은 기술, 예를 들면 MySQL을 추가하고 싶다면 'MySQL'이라는 파일을 추가해서 MySQL이 무엇인지만 적어주면 MySQL의 글 목록이 추가됩니다. 기존 웹 페이지가 4개든, 1억 개든 지금 추가한 'MySQL'이라는 항목이 모든 웹 페이지에 추가되는 폭발적인 효과를 얻을 수 있게 된다는 것입니다.

이러한 기술을 도입하게 되면 어떤 장점이 생기나요? 1억 개의 웹 페이지로 이뤄진 웹 사이트에 하나의 내용을 추가하는 것이 아무 일도 아니게 됩니다. 그리고 1억 개의 웹 페이지로 이뤄져 있는 웹 사이트의 타이틀을 바꾸고 싶다면 **index.php만 수정**하면 기존 웹 사이트의 페이지가 **1억 개라도 한 번에 바뀌는 폭발적인 효과**가 생기는 것입니다. 어떤가요? 순수한 HTML만으로 이뤄져 있는 사이트와 PHP라는 기술을 도입했을 때 생산성이 비약적으로 향상된다는 것이 이해된다면, 그것이 어떻게 향상되는가에 대한 비밀이 궁금하다면 이번 수업을 들을 준비가 된 것이고, 그렇지 않다면 아직은 PHP라는 기술이 여러분의 삶을 좀 더 윤택하게 해줄 준비가 되지 않았다는 뜻이니 나중에 천천히 공부하면 되겠습니다.

이렇게 해서 우리 수업의 목표와 이 수업이 끝나면 어떤 강력한 웹 애플리케이션을 만들 수 있는지에 대한 일종의 예고편 수업을 여기까지 하겠습니다.

지금부터 **PHP를 설치하는 방법**을 살펴보겠습니다. PHP는 기본적으로 컴퓨터에 들어있는 소프트웨어가 아니기 때문에 **별도로 설치**해야 합니다. 그런데 이번 수업의 기반이 되는《생활코딩! HTML+CSS+자바스크립트》의 'HTML과 인터넷' 수업을 들었고, 그 수업의 '웹 서버 운영하기' 파트에서 각 운영체제별로 웹 서버를 설치하고 비트나미 WAMP 또는 비트나미 MAMP를 설치했다면 이미 PHP가 설치된 상태이기 때문에 추가로 PHP를 설치할 필요는 없습니다. **WAMP**는 **윈도우(Windows)**, **아파치(Apache)**, **MySQL(데이터베이스 시스템)**에 **PHP**의 P를 딴 약자입니다. 따라서 WAMP를 설치했다면 이미 PHP가 설치된 상태일 수 있다는 것입니다. 혹시나 HTML 수업을 보지 않고 바로 PHP 수업으로 오셨다면 PHP가 설치돼 있지 않을 테니 그런 분들은 각 운영체제별로 PHP를 설치해서 실행할 수 있는 환경을 구성하는 법에 따라 각자의 운영체제에 따라 잘 찾아서 무사히 설치하길 바랍니다.

지금부터 윈도우 컴퓨터에 PHP를 설치해서 실습 환경을 구성하는 방법을 살펴보겠습니다. 여러분이 PHP를 직접 설치하고 웹 서버를 연동하는 것은 쉽지 않기 때문에 이를 대신하기 위한 편리한 소프트웨어가 있습니다. 그중 여기서는 **Bitnami WAMP**를 이용할 겁니다. 검색 엔진에서 "bitnami WAMP Stack"으로 검색해 보면 다음과 같은 페이지가 나옵니다.

- https://bitnami.com/stack/wamp

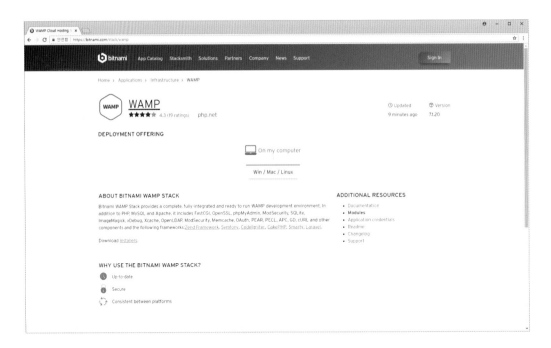

참고로 WAMP에서 **W**는 **Windows**, **A**는 **Apache**, **M**은 **MySQL**, **P**는 **PHP의 약자**인데, 우리는 이 중에서 아파치(Apache) 웹 서버를 설치하기 위해 BitNami를 설치하고 있는 겁니다.

On my computer 아래에 있는 [Win / Mac / Linux] 버튼을 클릭합니다.

설치하는 컴퓨터에 맞게 [Download for Window 64-bit] 또는 [Download for Windows] 버튼을 선택해 설치 파일을 내려받습니다.

다운로드 과정에서 Bitnami를 공유하는 페이지가 나오면 하단의 "No thanks, just take me to the download"를 클릭해 다운로드를 진행합니다.

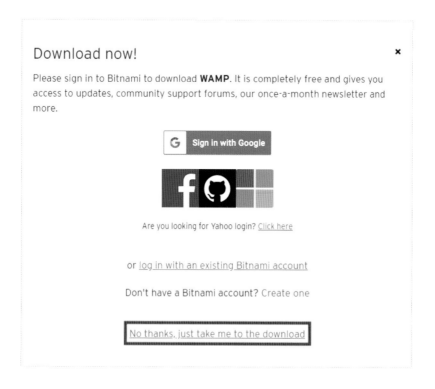

다운로드가 끝나면 내려받은 파일을 더블클릭해서 설치를 시작해 보겠습니다.

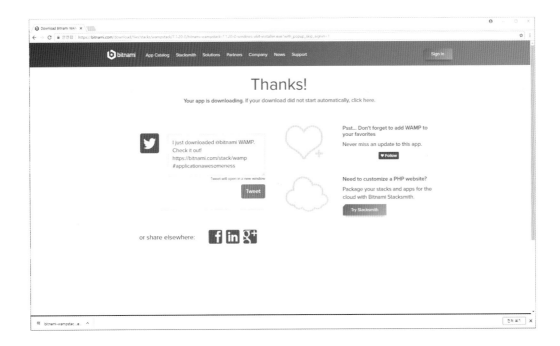

설치 파일이 실행되면 [Next] 버튼을 누릅니다.

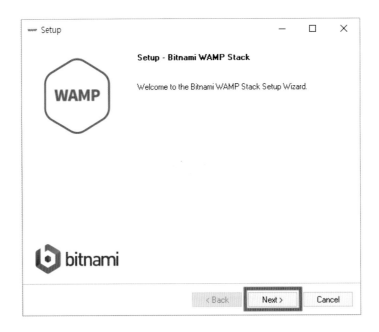

설치할 컴포넌트를 선택하는 내용이 나오면 "PhpMyAdmin"만 체크한 다음 [Next] 버튼을 누릅니다.

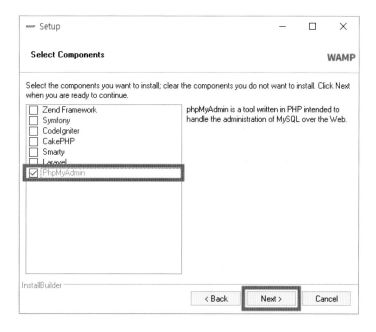

다음 화면에서는 설치 경로가 나오는데 프로그램이 설치된 위치를 기억하는 것은 조금 중요합니다. 설치 경로를 확인하고 [Next] 버튼을 클릭합니다.

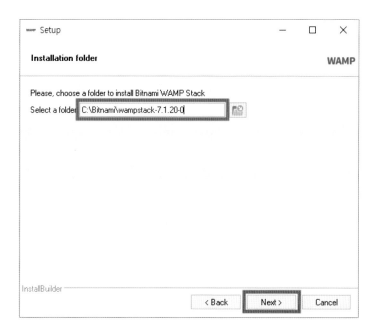

그리고 다음과 같은 화면이 나오는데, 이 화면은 MySQL이라는 데이터베이스의 비밀번호를 지정하는 화면입니다. MySQL이라는 데이터베이스의 관리자 비밀번호를 지정하는 것으로 실제로 웹 사이트를 만들어 서비스할 예정이라면 굉장히 복잡한 비밀번호로 설정하고, 교육용이라면 간단하게 지정하길 바랍니다.

다음 화면에서 "Launch wampstack in the cloud with Bitnami"의 체크를 해제한 다음 [Next] 버튼을 클릭합니다.

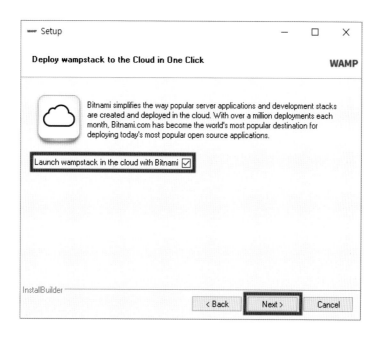

설치가 끝나고 방화벽이란 것이 나타날 수도 있는데 [Allow access] 버튼을 클릭해 액세스를 허용하길 바랍니다.

설치가 완료된 후 "Launch Bitnami Wamp Stack"에 체크한 다음 [Finish] 버튼을 클릭하면 프로그램이 실행됩니다.

그러고 나면 웹 페이지가 열리고, Bitnami MAMP Stack이라는 프로그램이 실행되면 성공적으로 설치가 끝난 겁니다.

[Finish] 버튼을 누르면 두 가지 일이 일어납니다. 첫 번째는 웹 페이지가 하나 열릴 것입니다. 위와 같은 페이지가 나온다면 성공적으로 비트나미를 이용해 아파치, PHP, MySQL을 설치한 것입니다.

또 하나는 비트나미 매니저라는 프로그램이 실행되는데, 이 프로그램을 통해 **아파치, PHP, MySQL을 통합으로 관리**할 수 있습니다. 나중에 이 도구를 직접 실행하고 싶을 때는 앞서 비트나미가 설치된 경로에 가서 manager-windows라는 프로그램을 실행하면 됩니다.

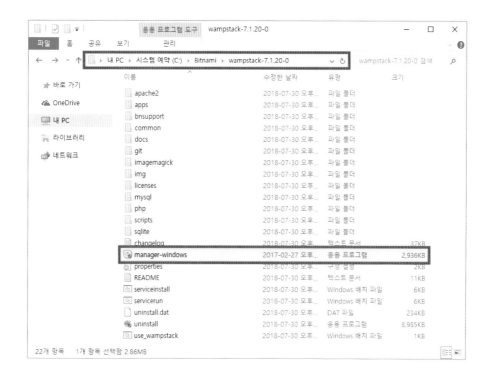

바로 이 프로그램이 비트나미 매니저입니다.

그리고 비트나미 매니저의 [Manage Servers] 탭에서는 웹 서버나 데이터베이스를 켜고 끌 수 있습니다. 초록색으로 떠 있는 것을 확인해야 하고, 초록색이 아니라면 선택해서 Start 버튼을 눌러서 실행해야 제대로 동작할 겁니다.

그리고 비트나미를 이용해 아파치, PHP, MySQL을 실행했다면 apache2 디렉터리 아래의 htdocs라는 디렉터리로 이동해서 실습을 진행합니다.

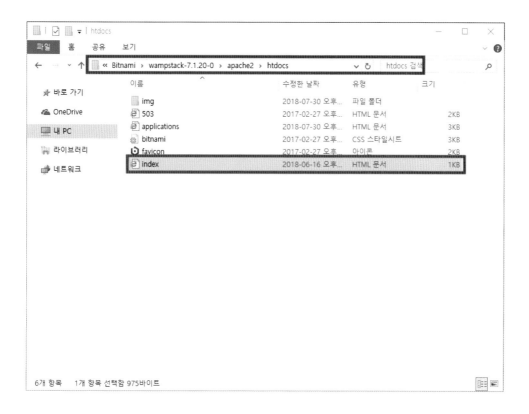

웹 브라우저가 앞서 비트나미를 통해 설치한 웹 서버에 접속해서 어떤 웹 페이지를 요청하면 웹 서버는 이 디렉터리에서 웹 페이지를 찾습니다. 그래서 이 디렉터리를 일종의 기지로 삼아 지금부터 진행할 실습 파일을 위치시키면 됩니다.

참고로 우리 수업에서는 Atom이라는 에디터를 사용하고 있으므로 에디터를 열고 메뉴에서 [File] − [Add Project Folder]를 차례로 선택한 후 htdocs를 프로젝트 폴더로 지정합니다.

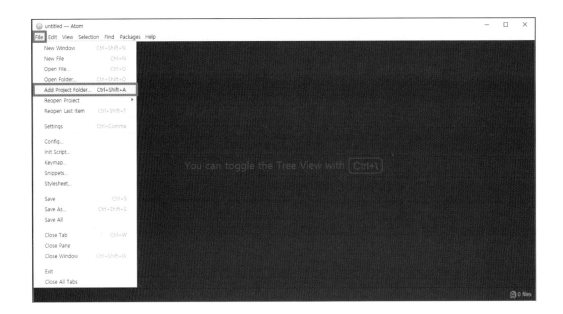

PHP를 잘 설치했는지 확인하기 위해 htdocs 폴더에 test.php라는 파일을 만들겠습니다. 그리고 다음과 같은 내용을 작성합니다.

【예제 4-3-1】 test.php 파일 생성   test.php

```php
<?php
    phpinfo();
?>
```

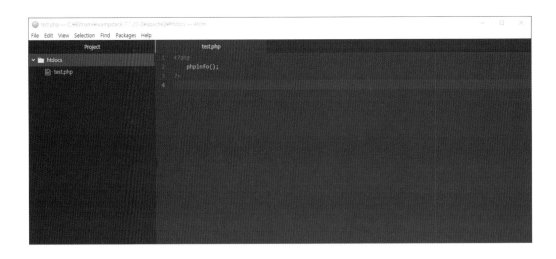

그리고 test.php 파일을 열어봅시다. 웹 브라우저에서 http://127.0.0.1/test.php로 이동합니다. 그러면 다음과 같은 화면이 나타납니다.

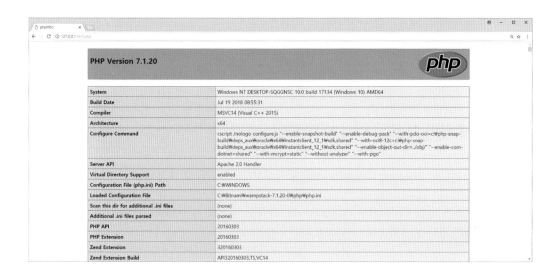

이렇게 현재 앞서 설치한 PHP에 대한 여러 정보를 표현하는 복잡한 문서가 나온다면 PHP를 성공적으로 설치한 것이라고 볼 수 있습니다. 여기까지 진행했다면 앞으로 실습을 진행할 수 있는 준비를 완벽하게 마친 것이라고 할 수 있습니다. 이렇게 해서 실습을 위한 기초를 마치겠습니다.

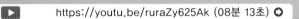
이번 시간에는 실습을 편하게 진행하는 법을 알려드리겠습니다. 코딩을 하다 보면 실수할 일이 있습니다. 그러한 경우 **PHP 코드의 어디에서 실수가 있었는지 알려주는 기능**을 이용할 수 있습니다. 그런데 그 기능이 기본적으로 비활성화돼 있기 때문에 그 기능을 활성화해야만 실수했을 때 어디서 실수했는지 알 수 있습니다. 이 기능이 없다면 PHP 코드를 작성하기가 굉장히 어려워집니다.

비트나미가 설치돼 있는 디렉터리로 가보겠습니다. PHP가 설치돼 있는 디렉터리로 가면 php.ini라는 파일이 있습니다(만약 확장자가 보이는 상태라면 파일의 이름은 php.ini입니다).

▪ 비트나미 PHP 설치 경로

C:₩ → Bitnami → wampstack → apache2 → php

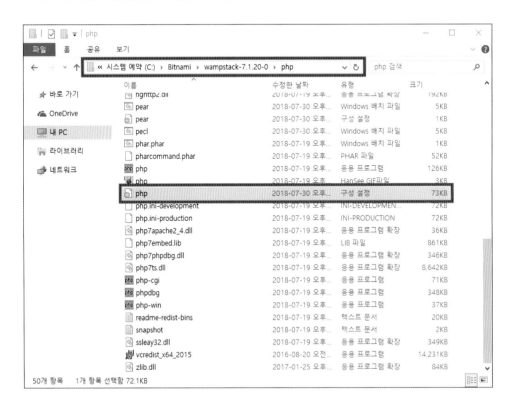

이 파일을 대상으로 마우스 오른쪽 버튼을 클릭한 후 [편집] 버튼을 누릅니다. 이 텍스트 파일이 바로 PHP의 설정 파일입니다.

소프트웨어에도 기본적으로 공장 출하 상태 같은 것이 있습니다. 기본적인 동작 상태가 있는데, 필요에 따라 그러한 기본적인 동작 방법을 다르게 바꾸고 싶을 수 있습니다. 그러한 경우 php.ini 파일을 수정함으로써 설정을 바꿀 수 있습니다.

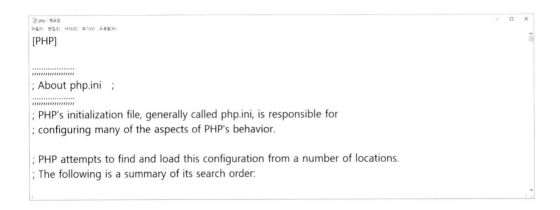

```
php - 메모장
파일(F) 편집(E) 서식(O) 보기(V) 도움말(H)
[PHP]

;;;;;;;;;;;;;;;;;;;;
; About php.ini   ;
;;;;;;;;;;;;;;;;;;;;
; PHP's initialization file, generally called php.ini, is responsible for
; configuring many of the aspects of PHP's behavior.

; PHP attempts to find and load this configuration from a number of locations.
; The following is a summary of its search order:
```

그래서 저는 Ctrl + F를 눌러서 'display_errors'를 검색해 보겠습니다. 그러면 앞에 세미콜론(;)
이 있는 display_errors는 무시하고 그다음으로 **세미콜론이 없는** dispay_errors를 찾습니다. 그럼
display_errors = Off로 설정된 모습을 볼 수 있는데, 이것은 에러를 화면에 표시하는 기능이 비활성
화돼 있다는 뜻입니다. 그래서 이 값을 **On**으로 바꿉니다.

```
; sending them to STDOUT.
; Possible Values:
;   Off = Do not display any errors
;   stderr = Display errors to STDERR (affects only CGI/CLI binaries!)
;   On or stdout = Display errors to STDOUT
; Default Value: On
; Development Value: On
; Production Value: Off
; http://php.net/display-errors
display_errors = On
```

이 설정이 기본적으로 비활성화돼 있는 이유는 어떤 에러 메시지가 우리 눈에 보인다는 것은 우리가 만든 웹 사이트에도 보인다는 뜻입니다. 그런데 에러 메시지에는 굉장히 중요한 정보가 포함돼 있을 수 있습니다. 예를 들어, 패스워드나 디렉터리 경로 같은 정보는 나쁜 의도를 가지고 있는 사람들에게는 굉장히 중요한 공격의 단서를 제공하기 때문에 **최대한 시스템에 대해 외부에서 알 수 없도록 숨기는 것이 필요**합니다. '적을 알고 나를 알면 백전백승'이라는 말이 있듯이 적에게는 나를 알리면 안 되는 거죠. 그렇기 때문에 기본적으로 display_error가 비활성화돼 있는 것입니다. 여러분이 **실제로 서비스할 때는 display_errors를 비활성화**하길 바랍니다.

또 하나 찾을 것은 'opcache'입니다. 검색해 보면 opcache.enable=1이라 돼 있습니다. 1이면 활성화돼 있다는 뜻입니다. 이를 **비활성화를 의미하는 0**으로 바꿉니다. opcache는 PHP의 성능을 높이기 위한 설정으로서 이 설정이 활성화돼 있으면 PHP가 같은 시간 동안 더 많은 웹 페이지를 만들어 낼 수 있습니다. 그러나 이 설정이 활성화돼 있으면 PHP 파일을 수정해도 바로 반영되지 않고, 약 30초나 1분의 시간이 지난 뒤에 수정 사항이 반영되는 불편함을 겪을 수 있기 때문에 프로그램을 개발할 때는 이 설정을 0으로 설정해서 비활성화해두길 바랍니다.

이제 변경사항을 저장한 후 매니저 프로그램을 열고 [Manage Servers] 탭에서 아파치 웹 서버를 선택하고 [Restart] 버튼을 클릭해 재시작(Restart)하길 바랍니다.

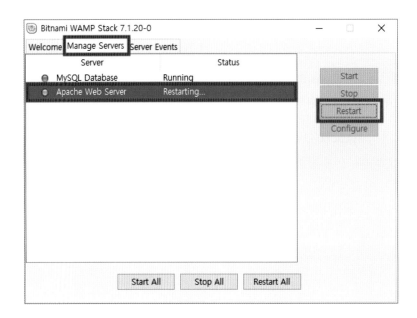

방금 PHP의 환경설정을 바꿨는데 아파치를 껐다 켜는 이유는 지금 사용하는 PHP는 아파치 웹 서버에 기생하고 있는 상태이기 때문입니다. 즉, PHP만 껐다 켜는 방법은 없고, **아파치를 껐다 켜면 php.ini 라는 파일을 그때 읽어서 반영**하기 때문입니다. 즉 아파치를 재시작할 때만 환경설정이 반영된다는 것입니다. 그 이유는 성능 때문입니다. 사용자들이 웹 페이지에 접속할 때마다 php.ini 파일을 읽어야 한다면 얼마나 느릴까요?

그다음으로 매니저 프로그램의 [Manage Servers] 탭에서 [Configure] 버튼을 누르고 [Open Access Log] 버튼을 클릭합니다.

이 파일에는 앞서 설치한 웹 서버에 사람들이 접속할 때마다 **접속 기록이 한 줄씩 추가**됩니다. 나중에 이 사이트의 방문자를 찾고 싶다면 **access log를 확인**하면 됩니다. 아울러 display_errors라는 설정이 비활성화돼 있어도 error_log라는 파일에 에러가 한 줄씩 맨 끝에 기록되기 때문에 실제 서비스 환경에서 display_errors를 비활성화한 경우에 이 파일을 통해 어떤 문제가 있는지 확인할 수 있습니다.

```
access - 메모장                                    —    □    ×
파일(F)  편집(E)  서식(O)  보기(V)  도움말(H)
::1 - - [30/Jul/2018:17:19:38 +0900] "GET / HTTP/1.1" 200 1281
::1 - - [30/Jul/2018:17:19:38 +0900] "GET /bitnami.css HTTP/1.1" 200 798
::1 - - [30/Jul/2018:17:19:38 +0900] "GET /img/bitnami.png?1186088387 HTTF
::1 - - [30/Jul/2018:17:19:38 +0900] "GET /img/tab1_welcome.png HTTP/1.1" 2
::1 - - [30/Jul/2018:17:19:38 +0900] "GET /img/tab2_welcome.png HTTP/1.1" 2
::1 - - [30/Jul/2018:17:19:38 +0900] "GET /img/wampstack.png HTTP/1.1" 200
::1 - - [30/Jul/2018:17:19:38 +0900] "GET /img/tabs_bg.png HTTP/1.1" 200 21
::1 - - [30/Jul/2018:17:19:39 +0900] "GET /favicon.ico HTTP/1.1" 200 1150
::1 - - [30/Jul/2018:17:23:31 +0900] "GET / HTTP/1.1" 200 1281
::1 - - [30/Jul/2018:17:23:31 +0900] "GET /favicon.ico HTTP/1.1" 200 1150
::1 - - [30/Jul/2018:17:24:31 +0900] "-" 408 -
::1 - - [30/Jul/2018:17:24:31 +0900] "-" 408 -
127.0.0.1 - - [30/Jul/2018:18:31:44 +0900] "GET / HTTP/1.1" 200 1281
127.0.0.1 - - [30/Jul/2018:18:31:44 +0900] "GET /bitnami.css HTTP/1.1" 200 79
127.0.0.1 - - [30/Jul/2018:18:31:44 +0900] "GET /img/tab1_welcome.png HTTI
127.0.0.1 - - [30/Jul/2018:18:31:44 +0900] "GET /img/bitnami.png?118608838
127.0.0.1 - - [30/Jul/2018:18:31:45 +0900] "GET /img/tab2_welcome.png HTTI
127.0.0.1 - - [30/Jul/2018:18:31:45 +0900] "GET /img/wampstack.png HTTP/1.
127.0.0.1 - - [30/Jul/2018:18:31:45 +0900] "GET /img/tabs_bg.png HTTP/1.1" 2
127.0.0.1 - - [30/Jul/2018:18:31:45 +0900] "GET /favicon.ico HTTP/1.1" 200 11
127.0.0.1 - - [30/Jul/2018:18:32:15 +0900] "GET /index.html HTTP/1.1" 200 12
127.0.0.1 - - [30/Jul/2018:18:33:15 +0900] "-" 408 -
127.0.0.1 - - [30/Jul/2018:18:33:15 +0900] "-" 408 -
127.0.0.1 - - [30/Jul/2018:18:33:15 +0900] "-" 408 -
127.0.0.1 - - [30/Jul/2018:18:33:15 +0900] "-" 408 -
127.0.0.1 - - [30/Jul/2018:18:33:15 +0900] "-" 408 -
```

이렇게 해서 PHP 프로그램을 개발할 때 좀 더 편리하게 개발하는 데 도움이 되는 환경설정 두 가지를 살펴봤고, PHP는 이런 식으로 환경설정을 바꿀 수 있다는 것을 보여드렸습니다.

이번 시간에는 PHP를 macOS에 설치해서 실습하는 방법을 소개해 드리겠습니다. PHP를 직접 설치하고 웹 서버를 연결하는 것은 꽤나 까다롭습니다. 이러한 일을 여러분이 쉽게 할 수 있도록 고안된 여러 소프트웨어들이 있는데 그러한 소프트웨어 중 하나로서 비트나미라는 회사에서 만든 비트나미 MAMP를 이용해 PHP를 설치하겠습니다.

MAMP는 아파치, MySQL, PHP가 한 번에 설치되는 편리한 도구라고 할 수 있습니다. 검색 엔진에서 "bitnami mamp stack"을 검색하면 다음과 같이 MAMP라는 프로그램을 내려받는 페이지를 찾을 수 있습니다. On my computer 아래에 있는 [Win / Mac / Linux] 버튼을 클릭하면 운영체제에 맞는 페이지로 이동합니다.

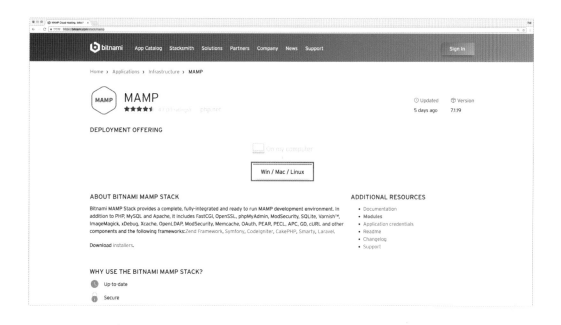

여기에서 [Download for OS X 64-vit] 버튼을 눌러 설치 파일을 내려받습니다.

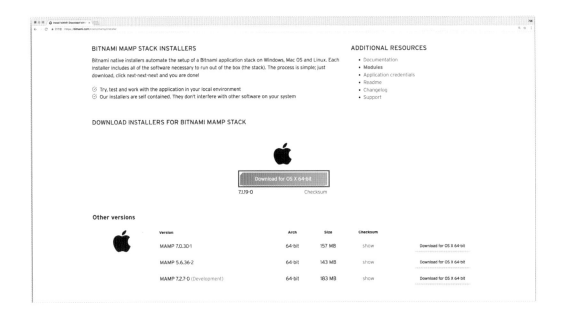

새로운 창이 나오면 [No thanks, just take me to the download] 링크를 클릭해 파일을 내려받습니다.

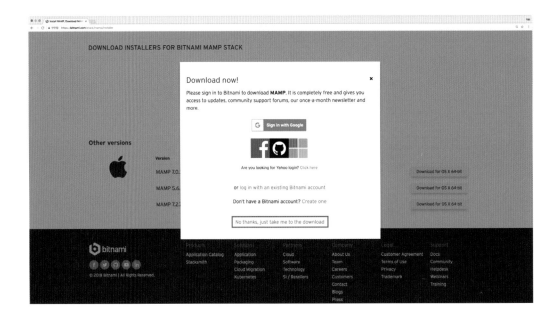

내려받은 파일을 실행하고, MAMP 인스톨러 아이콘을 더블클릭합니다.

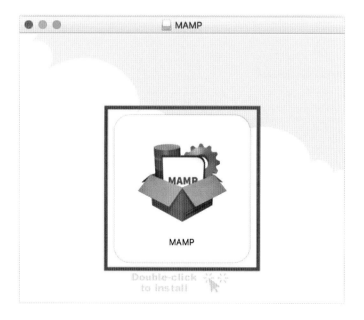

설치 마법사가 나오면 [Next] 버튼을 누릅니다.

설치할 컴포넌트를 선택하는 화면이 나오면 설치하고자 하는 컴포넌트에 체크한 다음 [Next] 버튼을 누릅니다.

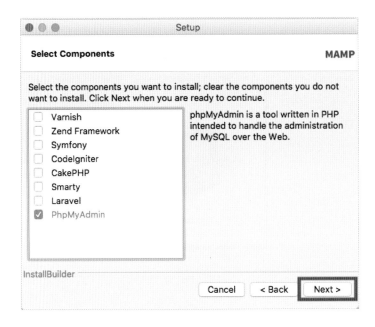

비트나미가 설치되는 경로가 나오는데 이 경로를 눈여겨보길 바랍니다. 그리고 나서 [Next] 버튼을 누릅니다.

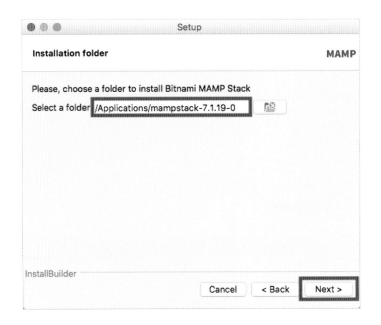

이번 수업에서는 MySQL을 쓰지 않지만 MySQL이라는 데이터베이스의 패스워드를 물어보는 화면이 나옵니다. 비밀번호로 어떤 것을 입력해도 상관없지만 무엇을 입력했는지 알아둡니다. 그리고 개발용이라면 쉽게 설정하고, 실제로 서비스에 사용할 때는 어려운 비밀번호를 지정하길 바랍니다. 비밀번호를 입력하고 [Next] 버튼을 누릅니다.

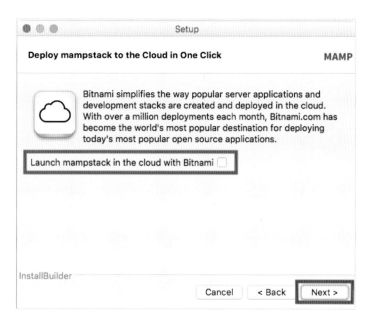

그다음으로 체크를 해제하고, [Next] 버튼을 계속 눌러 MAMP를 설치합니다.

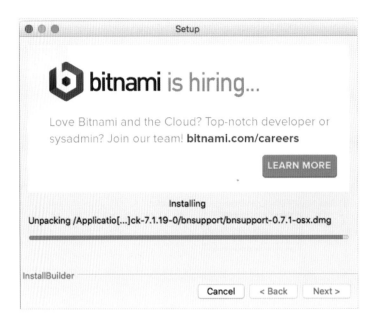

마지막으로 [Finish] 버튼을 누르면 웹 페이지가 하나 나타납니다.

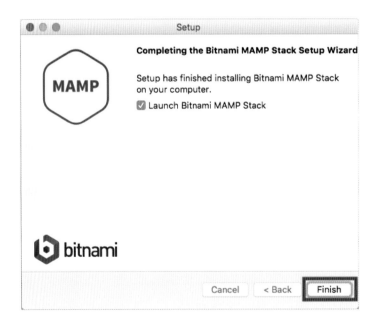

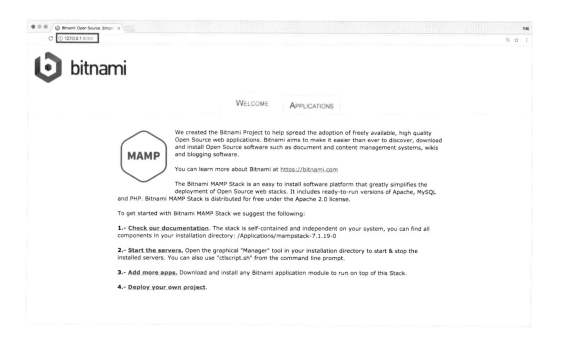

이것이 바로 비트나미를 이용해 아파치, MySQL, PHP를 **성공적으로 설치했음을 보여주는 화면**입니다. 이때 유심히 봐야 할 것은 현재 웹 페이지가 **127.0.0.1:8080이라는 주소로 서비스되고 있다는 것**입니다(여기서 8080은 8081일 수도 있고 없을 수도 있습니다). 무엇이 됐든 비트나미를 통해 이런 소프트웨어를 설치하고 자동으로 열리는 웹 페이지의 주소를 봤을 때 주소에 8080이 붙어있다면 앞으로 진행하는 실습에서도 주소 뒤에 **:8080을 반드시 붙여야 한다는 것을 기억해 둡니다. 이것을 포트(port)**라고 하며, 기본적으로 macOS에는 아파치가 설치돼 있습니다. 그런데 수업에서 실습 환경을 통일하려 하다 보니 비트나미를 통해 아파치를 또 설치한 것입니다. 그럼 한 컴퓨터에 웹 서버가 여러 개 있으면 웹 브라우저로 웹 서버에 접속할 때 어떤 웹 서버에 접속하려 하는지 구분해야 합니다. 그래서 기존의 웹 서버는 주소만 입력해도(:80이 생략돼 있습니다) 그냥 열리며, 비트나미는 나중에 설치한 것이므로 뒤에 8080이라 붙여서 나중에 설치한 비트나미에 접속하겠다는 것을 표시하는 것입니다. 이를 포트라고 하며, 지금은 몰라도 됩니다. 단지 8080을 붙여야 한다는 것만 기억해 두길 바랍니다.

그리고 비트나미를 설치한 후 **비트나미 매니저**라는 Bitnami MAMP Stack 프로그램이 자동으로 실행됐습니다. 이 프로그램을 이용해 아파치, PHP, MySQL과 같은 소프트웨어를 제어할 수 있습니다. 그런데 이 프로그램이 안 보이거나 나중에 실행해야 할 필요가 생길 수 있는데, **비트나미가 설치된 경로**에 있는 **manager-osx**라는 프로그램을 실행하면 비트나미 매니저가 실행됩니다.

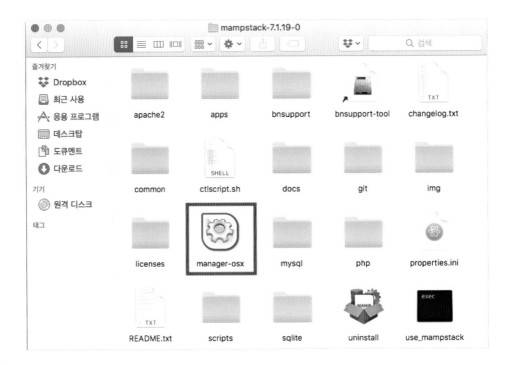

이 프로그램에서 Manage servers에 들어갔을 때 MySQL Database, Apache Web Server가 초록색으로 켜져 있다면 성공적으로 이러한 서버들을 운영하고 있는 것입니다. 만약 빨간색으로 표시돼 있고, Status가 'Stop'이면 실행하고자 하는 것을 선택한 후 Start 버튼을 누르면 됩니다. 그런데 PHP는 왜 없을까요?

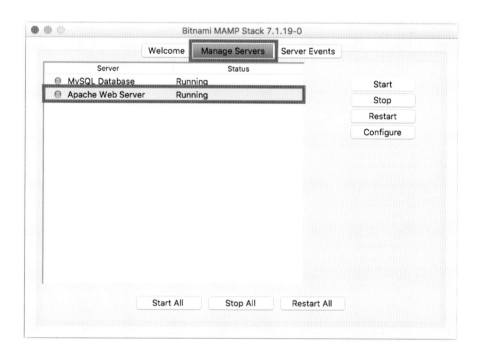

PHP는 아파치라는 웹 서버에 기생해서 동작하는 프로그램이기 때문에 **아파치**라는 **웹 서버**를 켜 놓았다면 **PHP를 이용해 코딩할 준비가 된** 상태입니다. 앞서 웹 서버까지 설치했기 때문에 이번에는 프로젝트를 어디에서 시작해야 하는지 알아봅시다. apache2 디렉터리 안에 있는 htdocs 디렉터리를 보면 웹 브라우저로 아파치 웹 서버에 접속했을 때 웹 브라우저가 요청한 웹 페이지를 이 디렉터리에서 찾으므로 이곳에서 실습을 진행하면 됩니다.

- 프로젝트 실습 경로

  응용 프로그램(Application) → mampstack → apache2 → htdocs

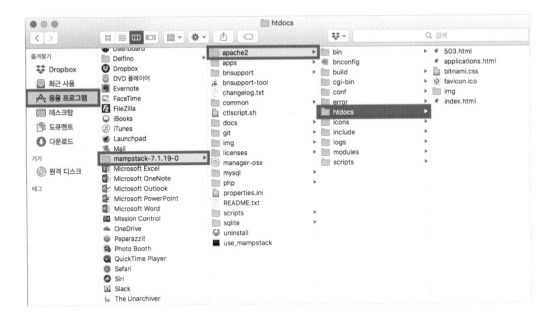

실습을 시작하기에 앞서 기존의 파일들은 다 지우길 바랍니다. 이 수업에서는 Atom이라는 에디터를
쓸 예정이며, 실습환경을 구성하겠습니다. Atom 메뉴에서 [File] → [Add Project Folder...]를 차례
로 선택한 후 htdocs 디렉터리에서 [Open]을 누릅니다.

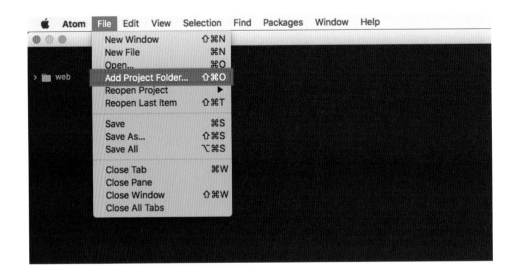

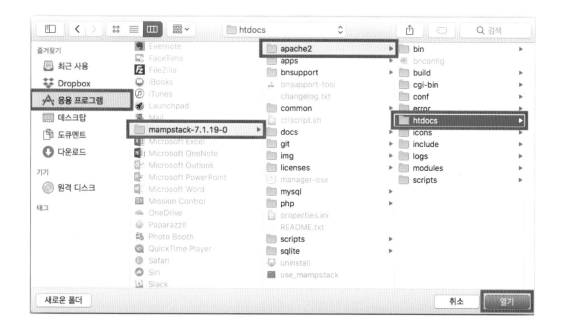

그런 다음 프로젝트 폴더에서 마우스 오른쪽 버튼을 클릭한 다음 [New File]을 선택합니다. test.php
라는 파일을 만들고 다음과 같이 작성합니다.

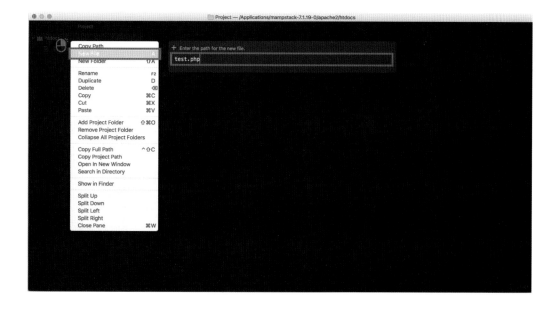

```php
<?php
phpinfo();
?>
```

그런 다음 웹 브라우저에서 127.0.0.1:8080/test.php로 들어갔을 때 다음과 같은 화면이 나타나면 성공적으로 PHP를 설치한 것입니다.

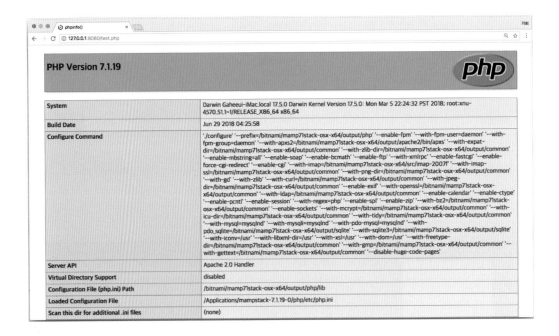

이제부터 htdocs 디렉터리에서 실습을 진행할 수 있으며, 이곳에 파일들을 생성해서 실습을 잘 따라오면 됩니다.

03 PHP 환경설정 변경(macOS)

이번 시간에는 PHP가 기본적으로 동작하는 방법을 살짝 바꾸는 방법을 설명해드리겠습니다. 왜냐하면 실습하는 과정에서 여러 가지 불편한 점이 있어서 이를 처리하면 훨씬 더 쉽게 실습을 진행할 수 있기 때문입니다. 비트나미가 설치된 디렉터리를 찾아서 들어갑니다. 그중 php 디렉터리 안에서 etc 디렉터리로 들어가면 php.ini라는 파일이 보입니다. 이 파일을 Atom으로 엽니다.

▪ php.ini 파일 경로

응용 프로그램(Application) → mampstack → php → etc → php.ini

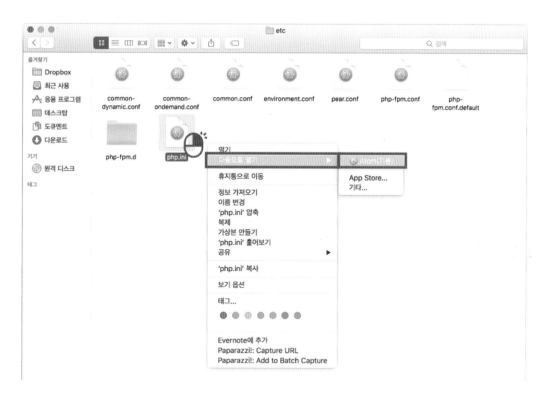

여기서 바꿔야 할 부분이 무엇일까요? 먼저 이 파일이 무엇인지 설명하자면 이 파일은 **PHP의 환경 설정 파일**입니다. PHP에도 말하자면 공장출하상태가 있는데, 그것을 다르게 동작시키고 싶을 때는 php.ini의 설정을 바꾸는 것을 통해 PHP의 기본적인 동작을 바꿀 수 있습니다. 여기서는 두 가지를 바꿔보겠습니다.

여러분도 코딩을 하다 보면 실수를 할 텐데 먼저 그러한 실수가 화면에 표시되게 하는 방법을 살펴보겠습니다. Atom에서 command + F를 누른 다음 'display_errors'를 검색합니다. 이 가운데 앞에 세미콜론(;)이 없는 줄을 찾아보세요. 그리고 off로 돼 있는 것을 on으로 바꿉니다. display_errors는 **여러분이 실수하거나 환경적인 문제가 발생했을 때 발생하는 에러를 화면에 표시하게 합니다.** 이 설정이 기본적으로 비활성화돼 있는 이유는 에러 메시지 중에는 시스템이 어떻게 구성돼 있고, 어떠한 이유로 시스템에 에러가 발생하는지와 같은 고급 정보를 사용자에게 노출하는 것들이 있는데, 시스템을 공격할 빌미를 찾고 있는 해커들에게는 이러한 에러 메시지가 굉장히 중요한 단서를 제공하기 때문입니다. 그래서 많은 사람들이 display_errors를 활성화해두고 실제로 서비스하다가 손해를 보는 경우가 많았기 때문에 PHP 커뮤니티에서 기본적으로 이 설정을 비활성화하자고 결정한 것입니다. 따라서 실습할 때는 활성화해뒀다가 **실제로 서비스할 때는 꼭 비활성화**하기 바랍니다.

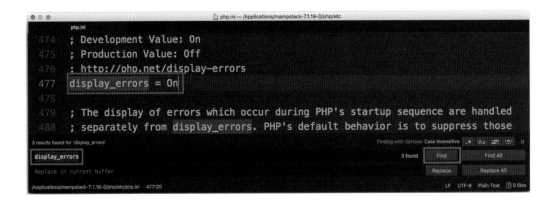

나머지 하나를 설명하겠습니다. 파일을 수정하다 보면 페이지를 새로고침했는데 변경사항이 반영되지 않는 일이 생깁니다. 그 이유는 opcache 때문입니다. php.ini 파일에서 opcache를 찾아보면 **opcache.enable=1**로 설정돼 있을 겁니다. 이를 0으로 바꾸면 이 옵션이 비활성화됩니다. opcache라는 것은 PHP의 성능을 높이는 기능입니다. 이것이 활성화돼 있으면 PHP가 훨씬 더 빠르게 작업을 할 수 있습니다. 그런데 여기서 비활성화하는 이유는 이것이 활성화돼 있으면 파일을 수정할 때 1분에 한 번 수정된 결과가 반영되는 불편함이 있기 때문에 개발 환경에서는 **opcache.enable=0**으로 설정하면 훨씬 더 편하게 개발할 수 있을 테고, 실제 서버에서는 이 옵션을 활성화함으로써 성능을 높일 수 있습니다.

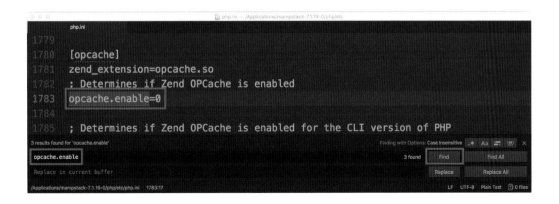

두 설정을 바꾼 뒤에는 비트나미 매니저 프로그램에서 아파치 웹 서버를 껐다 켜야 합니다. 그 이유는 PHP의 환경설정 파일인 php.ini를 수정했습니다만 PHP 자체는 웹 서버에 기생해서 살아가는 프로그램이므로 **웹 서버를 껐다 켤 때 한번 php.ini 파일의 내용이 PHP에 반영**되기 때문입니다. 그렇게 하지 않으면 사용자가 접속할 **때**마다 php.ini를 확인해야 하니 느려지겠죠? 환경설정을 변경하고 아파치를 껐다 켜는 것을 꼭 기억해 주세요.

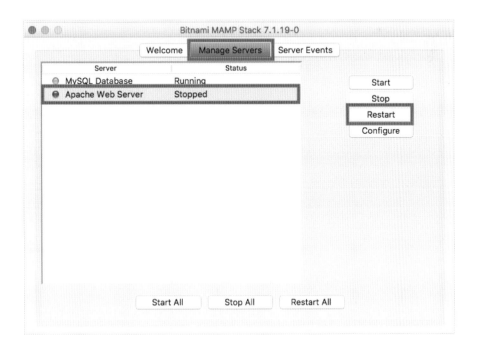

이렇게 해서 에러 표시를 활성화하는 법, 캐시를 비활성화하는 법 두 가지를 설명해 드렸습니다. 하나만 더 말씀드리면 비트나미가 설치된 폴더에 **apache2**라는 웹 서버 디렉터리가 있고, 이 디렉터리에 **logs**라는 디렉터리가 있습니다. 여기에 error_log, access_log가 있습니다. log라는 것은 **시스템의 상태를 기록한 내역**입니다. 그중에서 **access_log**라는 것은 **접속자들의 기록**이며, **error_log는 에러가 발생했을 때 기록**되는 것입니다. dispay_errors를 *끄*더라도 error_log에는 에러가 남기 때문에 실제 서버에 문제가 생겼을 때 error_log를 살펴보면 되겠습니다. 이렇게 해서 실습할 때 도움이 될 만한 설정을 변경해 봤습니다. PHP의 환경설정은 이렇게 할 수 있다는 것을 알려드렸습니다.

04 PHP의 원리

이번 시간에는 PHP가 무엇인가에 대한 이야기를 해보면서 여러분이 다소 난해하게 느낄 수 있는 **PHP의 원리**가 어떻게 되는지 살펴보겠습니다. 제가 준비한 화면을 보겠습니다.

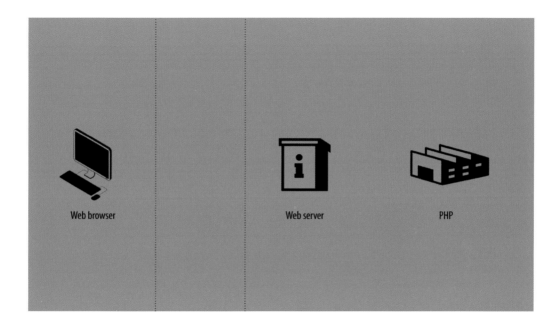

왼쪽 부분은 **웹 브라우저가 설치돼 있는 컴퓨터**라 생각하고, 오른쪽은 **서버 컴퓨터**라 생각하면 됩니다. 오른쪽 서버 컴퓨터에는 **웹 서버**(우리 수업에서는 아파치를 사용할 겁니다)와 **PHP**라는 프로그램이 설치돼 있는 상태입니다. 이 상태에서 웹 브라우저와 서버가 어떻게 상호작용하는가를 그림을 통해 먼저 살펴보고 코드를 살펴보겠습니다.

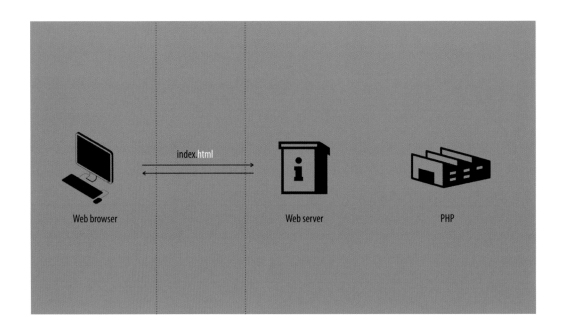

웹 브라우저의 주소창에 index.html 파일을 지정했다면 요청을 받은 서버 컴퓨터에 설치돼 있는 웹 서버라는 소프트웨어가 주소를 보고 **확장자가** .html인 것을 보면 **직접 자신이 처리**할 수 있다는 것을 알기 때문에 서버 컴퓨터의 하드디스크나 SSD에 있는 htdocs 디렉터리에서 index.html 파일을 읽어서 **바로 웹 브라우저에게 전송**하면 웹 브라우저는 그 코드의 내용을 해석해서 화면에 표시하는 것으로 이 과정이 끝납니다.

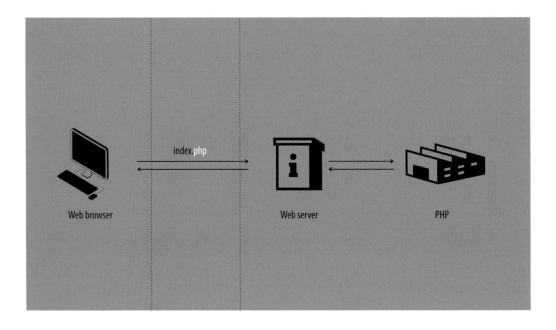

이번에는 사용자가 웹 브라우저에서 주소창에 index.php, 즉 확장자로 .html이 아닌 .php를 쓰면 웹 서버는 **확장자가 .php인 파일은 자신의 소관이 아님**을 압니다. 그러면 웹 서버는 확장자가 .php인 파일을 처리할 수 있는 소프트웨어가 PHP라는 프로그램임을 알고 있기 때문에 이 **파일의 처리를 php라는 프로그램에게 위임**합니다. 그러면 php라는 프로그램은 htdocs 디렉터리 안에 있는 index.php 파일을 열어서 거기에 적힌 PHP라는 컴퓨터 언어의 **문법에 따라 해석해서 최종적으로 HTML 파일을 만들어 냅니다.** 그러면 그렇게 만들어진 HTML을 웹 서버가 **웹 브라우저에게 전송**하는 것을 통해 이 과정이 끝나게 됩니다. 코드를 살펴보겠습니다.

실습용 웹 서버가 파일을 찾는 디렉터리인 htdocs 디렉터리 안에 미리 두 개의 파일을 만들어 뒀습니다. 이 중 하나는 **index.html 파일**입니다. 또 하나는 확장자가 .php인 **index.php 파일**입니다(PHP의 문법은 아직 몰라도 괜찮습니다). 먼저 확장자가 .html인 파일에 접속해 보겠습니다. 보다시피 결과를 볼 수 있습니다.

[예제 4-4-1] index.html   index.html

```
<!DOCTYPE html>
<html>
    <body>
        2018-08-07 12:09:01
    </body>
</html>
```

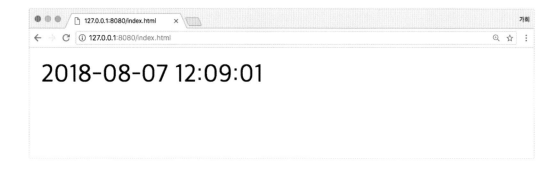

이 웹 페이지에서 마우스 오른쪽 버튼을 클릭해서 [페이지 소스 보기]를 선택하면 이 페이지의 소스코드가 나오는데 이 소스코드는 웹 서버에 있는 index.html 파일의 내용과 정확하게 같습니다.

[예제 4-4-2] index.php   index.php

```
<!DOCTYPE html>
<html>
    <body>
        <?php
            echo date('Y-m-d H:i:s');
        ?>
    </body>
</html>
```

이번에는 확장자를 .php로 바꿔서 입력해 보겠습니다. 마찬가지로 시간이 표시되는데 페이지를 새로고침할 때마다 시간이 바뀌는 것을 볼 수 있습니다.

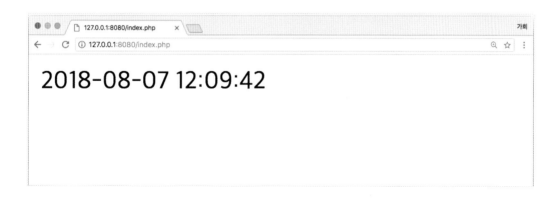

마찬가지로 [페이지 소스 보기]를 선택하면 평범한 HTML 코드가 나오는데, 재밌게도 페이지를 새로고침할 때마다 평범한 HTML 코드에 적힌 내용이 동적으로 바뀌는 것을 볼 수 있습니다.

그리고 이번에 연 파일은 index.php이므로 그것에 대한 소스코드는 htdocs 디렉터리에 있는 index.php입니다. 이 파일에 담긴 **PHP 코드**는 **현재 시간을 출력하라는 명령을 PHP 문법에 따라 작성한 것**입니다. 어쨌든 중요한 사실은 PHP 문법에 따라 현재 시간을 만들어내는 코드를 작성했고, 그렇게 했더니 이 웹 페이지를 새로고침할 때마다 현재 시간이 동적으로 달라지고 있다는 점입니다. 다시 그림을 통해 비교해 보겠습니다.

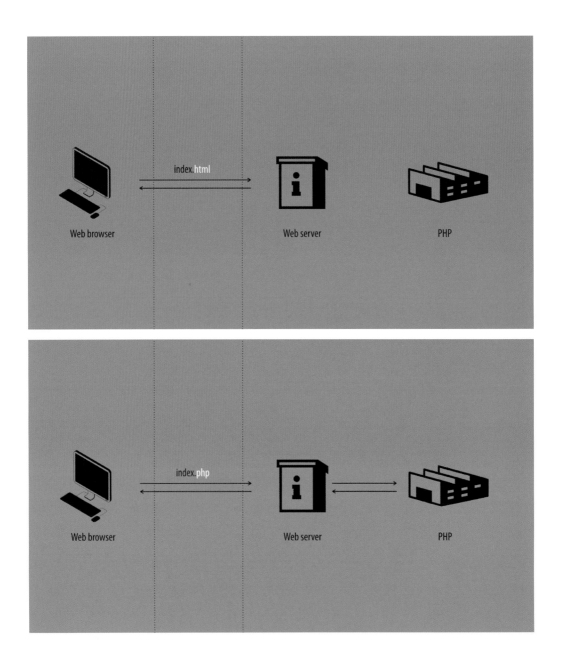

사용자가 요청한 파일이 확장자가 .html인 index.html이라면 **웹 서버는 그 파일을 그대로 읽어서 그**
대로 전송할 뿐입니다. 즉, 한번 웹 페이지를 만들었다면 그것은 **언제나 똑같은 정보**를 보여줍니다. 하
지만 확장자가 .php가 되면 웹 서버는 그것을 자신이 처리할 수 없다는 것을 알고 php라는 프로그램

에 위임합니다. 그러면 php라는 프로그램은 index.php라는 파일을 열어봅니다. 그렇게 열어본 결과 HTML 코드는 내버려두고, **PHP 코드가 시작되는 지점**을 알려주기 위한 약속인 〈?php라는 기호가 나오면 php 프로그램은 이제부터 PHP라는 컴퓨터 언어의 문법이 나온다는 사실을 알고 그다음에 나오는 코드를 **PHP 문법에 따라 해석해 적혀 있는 대로 동작**하게 됩니다.

index.php에 적혀 있는 PHP 코드는 연도, 월, 일, 시간, 분, 초 형식에 따라 현재 시간을 echo, 즉 출력하라는 코드입니다. 그러면 PHP는 코드에 따라 현재 시간을 알아낸 다음 PHP 코드에 해당하는 부분을 현재 시간으로 대체합니다. 그리고 PHP가 끝나는 코드를 보면 나머지 부분은 내버려둡니다. 그렇게 만들어진 결과만을 웹 서버로 보내면 웹 서버는 그것을 다시 웹 브라우저에게 보내주고, 웹 브라우저는 PHP 코드가 없는 순수 HTML로만으로 이뤄진 정보를 받을 수 있기 때문에 PHP라는 것이 이 세상에 있는지도 모르고 그냥 HTML 파일을 화면에 표시하게 됩니다. 기본적으로 **HTML**은 한번 파일이 만들어지면 **언제나 똑같이 동작**하지만 **PHP**는 보다시피 프로그래밍적으로 **웹 페이지를 생산할 능력**이 있기 때문에 페이지를 새로고침할 때마다 달라지는 **동적인 웹 페이지**를 만들 수 있습니다.

이것이 PHP를 이해하는 데 가장 중요한 부분입니다. 즉, **HTML은 정적**입니다. 한 번 코드를 작성하면 언제나 같은 웹 페이지만 만들 수 있습니다. **PHP는 동적**입니다. 여러분이 원하는 것을 PHP 문법에 따라 쓰면 PHP는 그렇게 동작해 최종적으로 웹 페이지를 생성해서 웹 브라우저에게 전송하게 된다는 것입니다. 그리고 한 가지 기억해둘 만한 점은 **PHP 코드의 시작과 끝을 알리는 기호는 〈?php와 ?〉**라는 것과 그 기호 안쪽은 PHP 문법에 따라 처리되고, 그 기호 바깥쪽인 부분은 PHP 문법이 아닌 그냥 그대로 출력된다는 점입니다.

이번 시간에는 PHP의 문법을 살펴보겠습니다. PHP 같은 프로그래밍 언어를 배울 때 굉장히 중요한 것은, 프로그래밍 언어를 사용하는 이유 중 하나는 데이터를 어떠한 의도에 따라 처리하는 것이라는 점입니다. 그렇기 때문에 프로그래밍을 배울 때 그 컴퓨터 언어가 어떤 데이터 형식들을 제공하는지 알아가는 과정과 언어에서 제공하는 데이터 타입별 처리 방법을 알아가는 과정이 아주 중요한 트랙 중 하나입니다.

지금부터 살펴볼 것은 이 PHP라는 언어가 지원하는 데이터 타입 가운데 여러분이 가장 보편적으로 많이 사용하고 이미 익숙한 데이터 타입인 **숫자**와 **문자열**입니다. 먼저 PHP라는 언어는 어떤 데이터 타입을 지원하는지 검색을 통해 알아보겠습니다. 검색 엔진에서 다음과 같은 추천 검색어로 검색해 봅시다. 'php data types'로 검색했을 때 나오는 검색 결과 중 저는 PHP 공식 문서를 살펴보겠습니다.

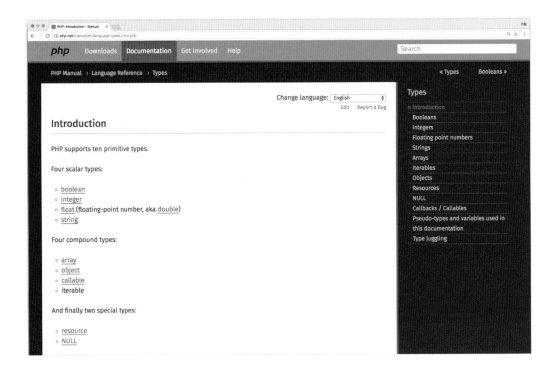

PHP라는 컴퓨터 언어가 제공하는 **여러 데이터 타입**들이 표시됩니다. 하나하나 알아가는 것이 이 언어를 깊게 이해해 나가는 트랙이라고 말씀드렸습니다. 여기서는 먼저 PHP에서 숫자와 문자를 어떻게 표현하는지 살펴보겠습니다(참고로 숫자는 integer, float, 문자는 string입니다). 전체적인 개요는 여기까지 하고 다음 강의에서 숫자를 먼저 배우고 그다음 강의에서 문자열을 배우겠습니다.

이번 시간에는 PHP의 데이터 타입 중에서 중요한 **숫자**를 다루는 방법을 살펴보겠습니다. 아시다시피 컴퓨터는 원래 계산을 하는 사람, 계산을 하는 직업인들을 의미하는 말이었습니다. 컴퓨터라는 기계가 등장하면서 단순한 계산은 기계의 일이 됐고 그런 직업들은 사라졌습니다. 여하튼 **컴퓨터라는 기계는 기본적으로 계산을 하기 위해 고안된 기계**라 할 수 있습니다. 그래서 PHP를 공부할 때 PHP라는 언어를 이용해 어떻게 계산을 할 수 있고, 숫자를 어떻게 표현하는지를 살펴보는 것은 역사적인 순서를 봤을 때 자연스러운 일입니다. 아무튼 중요한 데이터 타입으로서 PHP에서 숫자를 어떻게 표현하는지 살펴보겠습니다.

PHP에서 숫자를 표현하는 데는 크게 두 가지 방법이 있는데 하나는 integer고, 또 하나는 float입니다. 둘 다 숫자를 표현하는 것인데, **integer는 정수**, **float은 부동소수점**이라는 표현을 씁니다. **부동소수점은 소수점이 있는 실수**라 생각하면 됩니다. 여기서는 가장 많이 사용되는 정수(integer) 먼저 보겠습니다. 자연에서 만들어진 숫자는 무엇인가요? 자연수입니다. 그 자연수와 인류의 빛나는 업적, 인도에서 만들어진 0이라는 숫자와 음수를 통틀어 정수라고 부릅니다. PHP에서 정수를 표현하는 것은 너무 자연스럽습니다. 실제로 수학에서 숫자를 표현하는 것과 완전히 같기 때문입니다.

number.php 파일을 만들어보겠습니다. 참고로 PHP 코드는 언제나 <?php로 시작해야 합니다. 이것으로 감싸지 않은 영역은 php가 건드리지 않습니다.

숫자 1은 1로 씁니다. 이것만으로는 의미가 없고 출력하거나 빼거나 더해야 합니다. PHP에서 데이터의 형식을 막론하고 **화면에 뭔가를 표현하는 방식**으로 echo가 있습니다. 그리고 PHP는 반드시 **하나의 구문이 끝나면 세미콜론(;)**을 찍어야 합니다.

【예제 4-5-1】 숫자 출력　　　　　　　　　　　　　　　　　　　　　　　　　　　number.php

```php
<?php
    echo 1;
?>
```

위 코드의 결과는 다음과 같습니다.

그리고 웹 페이지에서 소스 보기를 해보면 1만 나옵니다. 즉, **PHP의 모든 코드는 최종적으로 사라진다**는 것을 이해하면 됩니다.

그리고 echo 말고 **print()**로 출력할 수도 있습니다. 지금 당장은 ( ) 같은 문법은 잊어도 됩니다. 단지 print의 ( ) 안에 값을 주면 PHP가 그 값을 HTML로 출력한다는 것만 알면 됩니다.

```php
<?php
    print(1);
?>
```

그럼 숫자라는 데이터 타입은 이렇게 이해하면 됩니다. 0은 0이고 –1은 음수가 되는 것입니다. 실수를 표현하고 싶다면 1.1이라고 적으면 됩니다. 별것 없습니다.

이렇게 해서 PHP에서 숫자를 표현하는 방식을 살펴봤고, 이제 숫자를 연산하는 방법을 살펴보겠습니다. 우선 더하기는 1+1이라 하면 2가 됩니다.

+라는 것은 문법적으로 **연산자**, 영어로는 operator라고 합니다. 이 연산자 중에서 +는 왼쪽에 있는 값과 오른쪽에 있는 값을 더해서 하나의 값으로 바꾸는 역할을 합니다. 즉, '1+1은 숫자 2를 표현하고 있다'고 할 수 있으며, 최종적으로 컴퓨터 언어가 실행된 후에 어떠한 값으로 바뀌는 것들을 **표현식**이라고 합니다. 즉, 1+1은 숫자 2에 대한 표현식이라고도 할 수 있습니다. 그러면 1+1을 알아보기로 했으니 <h1> 태그 안에 1+1이라 하고 결과를 보겠습니다.

```
<!DOCTYPE html>
<html>
    <body>
        <h1>Number & Arithmetic Operator</h1>
        <h2>1+1</h2>
        <?php
            echo 1 + 1;
        ?>
    </body>
</html>
```

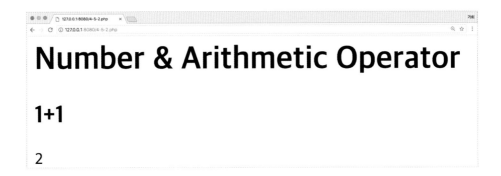

똑같은 방법으로 2-1은 다음과 같이 씁니다. 여기에 있는 -는 좌항에 있는 2와 우항에 있는 1을 빼서 하나의 값인 1을 만들어내는 표현식이라 할 수 있습니다.

[예제 4-5-3] 뺄셈 연산자 number.php

```
<!DOCTYPE html>
<html>
    <body>
        <h1>Number & Arithmetic Operator</h1>
        <h2>1+1</h2>
        <?php
            echo 1 + 1;
        ?>

        <h2>2-1</h2>
        <?php
```

```
            echo 2 - 1;
        ?>
    </body>
</html>
```

다음으로 **곱하기 연산**에 대해 알아봅시다. 그런데 컴퓨터 자판에는 곱하기 표시가 없습니다. 대신 프로그래밍에서 보통 곱하기를 *로 씁니다. **숫자 8 위에 있는 기호입니다.**

【예제 4-5-4】 곱셈 연산자   **number.php**

```
<!DOCTYPE html>
<html>
    <body>
        <h1>Number & Arithmetic Operator</h1>
        ... 생략 ...

        <h2>2*2</h2>
        <?php
            echo 2 * 2;
        ?>
    </body>
</html>
```

위의 결과는 4가 됩니다.

나누기 역시 키보드 자판에 나누기 기호가 없기 때문에 보통 /를 씁니다.

【예제 4-5-5】 나눗셈 연산자   **number.php**

```
<!DOCTYPE html>
<html>
    <body>
        <h1>Number & Arithmetic Operator</h1>
        ... 생략 ...

        <h2>4/2</h2>
        <?php
            echo 4 / 2;
        ?>
    </body>
</html>
```

위 코드의 결과는 2입니다.

정리해 보겠습니다. 이번 수업에서는 **숫자를 표현하는 방법**을 배웠습니다. 숫자라는 데이터 타입은 그냥 숫자로 쓰면 됩니다. 그리고 그 숫자를 **연산하는 방법**을 배웠는데 연산할 때 사용하는 기호들을 **연산자**, 영어로는 operator라 합니다. 그리고 더하기, 빼기 같은 연산자 외에도 PHP에는 다양한 연산자가 있습니다. 수학적인 산술 연산을 수행하는 연산자를 산술 연산자(arithmetic operator)라 합니다.

이번 시간에 배운 내용은 부담 가질 것 하나 없는 이야기였고, 숫자를 표현하는 방법과 몇 가지 사칙연산만 알고 넘어가면 되는 아주 가벼운 시간이었습니다. 이렇게 해서 PHP에서 숫자를 표현하고 연산하는 방법을 살펴봤습니다.

05 | PHP와 문자열

이번 시간에는 문자열을 컴퓨터로 표현하는 방법, 다시 말해 PHP에서 **문자를 표현하는 방법**을 살펴보겠습니다. 인류는 오랜 시간에 걸쳐서 숫자를 컴퓨터와 기계로 표현하고 이를 계산하는 방법을 구현했고, 컴퓨터란 기계가 등장하고 숫자를 표현하고 계산할 수 있게 되면서 완전히 새로운 존재가 됐습니다.

그런데 사람의 욕심은 끝이 없습니다. 곧 여러 가지 정보를 컴퓨터로 표현하길 바랬습니다. 이러한 정보로는 숫자부터 시작해서 문자, 소리, 영상 등 여러 가지가 있을 것입니다. 그중에서 숫자를 표현할 수 있게 된 직후에 사람들의 관심은 문자로 옮겨갔을 것입니다. 그래서 이번 시간에는 PHP 언어에서 문자를 어떻게 표현하고 처리하는지 알아보겠습니다.

컴퓨터 언어에서는 여러 가지 역사적인 이유로 인해 문자를 string이라 씁니다. **string은 문자가 모여 있다는 의미**에서 나온 표현입니다. 프로그래밍에서 string은 굉장히 중요한 표현으로서 한국어로 **문자열**이라 부릅니다. 그럼 PHP에서는 어떻게 문자를 표현하는지 살펴보겠습니다.

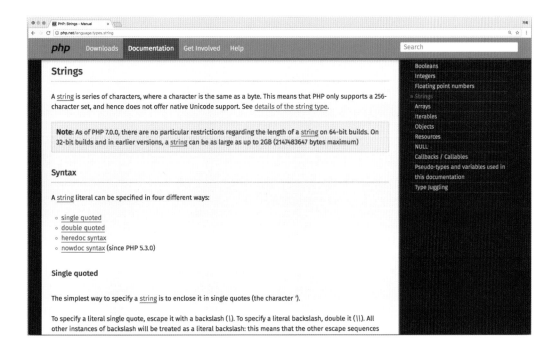

string literal이라는 표현이 나오는데, literal이라는 것은 어떤 **데이터를 그 언어에서 표현할 때 쓰는 기호**라고 생각하면 됩니다. 이 가운데 string을 표현하는 기호는 **single quoted, double quoted**입니다. 이것이 무엇인지 살펴보겠습니다. 우선 다음과 같은 내용의 string.php 파일을 만듭니다.

【예제 4-5-6】 string.php 파일 생성   string.php

```php
<?php
    'Hello world'
?>
```

'Hello world' 자체는 string literal이라고 해서 문자를 표현하는 방법이고, 이 상태 그대로 쓸 수 없습니다. 즉, 이 프로그램을 실행하면 에러가 납니다.

대신 화면에 출력하기 위해서는 echo를 쓰면 됩니다.

【예제 4-5-7】 echo를 이용해 화면에 문자 출력   string.php

```php
<!DOCTYPE html>
<html>
    <body>
        <h1>String & String Operator</h1>
        <?php
            echo 'Hello world';
        ?>
    </body>
</html>
```

여기에 있는 **작은 따옴표**(')는 영어로 single quoted입니다. 이것 말고 다른 대안도 있습니다. ' 대신 "로 묶어도 됩니다. 이때 한 가지 주의할 점은 '로 시작하면 '로 끝나야 하고 "로 시작하면 "로 끝내야 한다는 것입니다. 경우에 따라 '를 문자로 표현해야 한다면 **바깥쪽을** "로 묶고 안쪽을 '로 묶으면 됩니다.

【예제 4-5-8】 '를 문자로 표현 string.php

```
... 생략 ...
<h1>String & String Operator</h1>
<?php
    echo "Hello 'w'orld";
?>
... 생략 ...
```

" " 안에 "가 있으면 에러가 납니다. 안에 " "를 쓰고 싶다면 바깥쪽에 ' '를 쓰면 됩니다.

【예제 4-5-9】 " " 안에 "가 있으면 에러 발생 string.php

```
... 생략 ...
<h1>String & String Operator</h1>
<?php
    echo "Hello "w"orld";
?>
... 생략 ...
```

기본적으로 큰따옴표는 문자의 시작과 끝을 나타내기로 약속된 특별한 기호이므로 일시적으로 그 기호의 역할을 해제하는 방법으로 엔터와 백스페이스 사이에 있는 ₩ 기호(역슬래시 \)를 앞에 가져다 놓으면 일시적으로 그 역할에서 해제되고 순수한 문자로 사용됩니다.

[예제 4-5-10] 역슬래시를 사용해 "를 문자로 사용하기   string.php

```
... 생략 ...
<h1>String & String Operator</h1>
<?php
    echo "Hello \"w\"orld";
?>
    ... 생략 ...
```

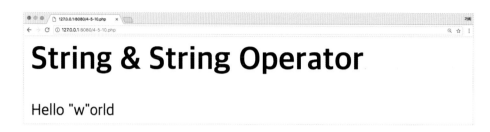

string literal, string을 표현하는 방법은 이렇다는 것을 기억해 두고, 이번에는 **문자열과 관련된 연산자**를 소개해드리겠습니다. 바로 **문자열 결합 연산자**(concatenation operator)입니다.

[예제 4-5-11] 문자열 결합 연산자   string.php

```
... 생략 ...
<h1>String & String Operator</h1>
<?php
    echo "Hello \"w\"orld";
?>
<h2>concatenation operator</h2>
<?php
    echo "Hello "."world";
?>
    ... 생략 ...
```

지금은 왜 결합 연산자가 필요한지 모르겠지만 나중에는 많이 쓰게 될 것입니다. 예제에서 보다시피 "Hello world"라 쓸 수 있겠지만 "Hello" 다음에 .을 쓰면 .이라는 결합 연산자는 좌항에 있는 "hello" 문자열과 우항에 있는 "world" 문자열을 합쳐서 하나의 문자열로 만듭니다.

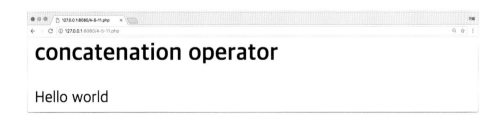

한 가지 중요한 점은 .이라는 연산자로 좌항과 우항을 결합해 하나의 문자열로 만들어낼 수 있다는 것입니다. 나중에 정말 많이 쓰게 될 연산자이니 꼭 기억하길 바랍니다.

연산자 말고 문자열과 관련된 함수도 있습니다. 예를 들어, "Hello world"라는 문자열이 있다면 이 문자열을 가지고 여러 가지 작업을 하고 싶어집니다. "Hello world"는 몇 개의 문자로 이뤄져 있는가와 같은 것 말입니다. 이번에는 검색을 통해 알아보겠습니다. 검색 엔진에서 'php string length'를 검색합니다.

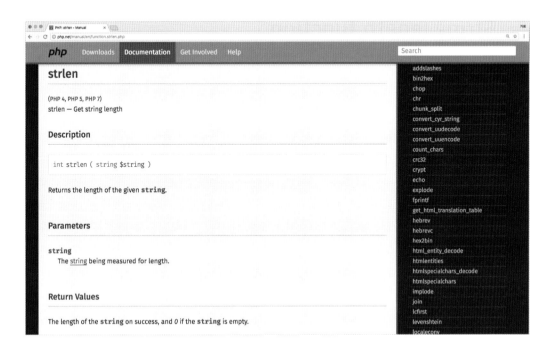

위와 같은 것을 함수라고 하는데, 아직 함수를 배우지 않았으니 함수 문법에 대해서는 알 필요 없고, 그냥 함수란 이런 거구나 정도만 경험적으로 알면 되겠습니다. 함수를 이용하는 예를 들자면 문자열의 길이를 알고 싶을 때 **문자열을 strlen()으로 감싸면** 그 문자가 몇개의 문자로 이뤄져 있는지 알 수 있습니다. 아래 예제를 봅시다.

[예제 4-5-12] 문자열이 몇 개의 문자로 이뤄져 있는지 알려주는 strlen() 함수　　　　　　　　string.php

```
... 생략 ...
<h2>concatenation operator</h2>
<?php
    echo "Hello "."world";
?>
<h2>String length function</h2>
<?php
    echo strlen("Hello world");
?>
... 생략 ...
```

"Hello world"가 몇 개의 문자로 이뤄져 있는지 알고 싶다면 strlen()로 감싸서 echo로 출력해 보면 알 수 있습니다. 나중에 데이터를 많이 처리하다 보면 엄청나게 많은 텍스트가 몇 개의 문자로 이뤄져 있는지 알고 싶을 때가 있습니다. 그런 경우 이런 함수가 여러분을 행복하게 만들어줄 것입니다.

여기까지입니다. 지금까지 string literal과 문자열을 PHP에서 표현하는 방법을 살펴봤고 그 문자열을 다루는 방법으로 결합 연산자를 살펴봤으며, 연산자는 아니지만 문자열이 몇 개의 문자로 이뤄져 있는지 알려주는 함수도 살펴봤습니다. 또 한 가지 중요한 내용으로 검색하는 법도 살펴봤습니다. 뭔가를 검색하는 방법을 안다면 PHP가 여러분에게 제공할 수 있는 문자열을 다루는 방법을 이미 아는 것이나 다름 없습니다.

이렇게 해서 문자열에 대한 이야기는 여기까지 하겠습니다.

06 | PHP의 변수

이번 시간에는 아주 신박한 이야기를 할 겁니다. 이래서 프로그래밍이라는 것을 하는구나, 라는 것을 느낄 주제에 대해 말씀드릴 것입니다. **변수**라고 하는 컴퓨터 프로그래밍에서 너무나도 중요한 주제에 대해 이야기해 보겠습니다. 먼저 실습을 위해 variable.php라는 파일을 만듭니다(변수는 영어로 variable입니다).

우선 변수는 어떤 형식을 갖는지 검색을 통해 알아보겠습니다. 검색 엔진에서 'php variables'로 검색하면 다음과 같은 내용을 통해 PHP에서 변수를 사용하는 방법을 확인할 수 있습니다.

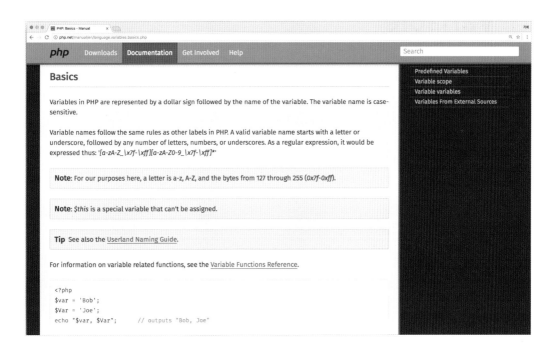

다음 코드를 실행하면 결과로 2가 출력됩니다.

【예제 4-6-1】 1+1 출력

variable.php

```html
<!DOCTYPE html>
<html>
    <body>
        <h1>Variable</h1>
        <?php
            echo 1 + 1;
        ?>
    </body>
</html>
```

그럼 이 코드를 다음과 같이 수정하면 어떻게 될까요?

【예제 4-6-2】 변수를 이용한 덧셈

variable.php

```html
        ... 생략 ...
        <h1>Variable</h1>
        <?php
            $a = 1;
            echo $a + 1;
        ?>
        ... 생략 ...
```

이렇게 되면 $a는 **숫자** 1이 됩니다. $a는 숫자 1에 대한 표현식이기 때문에 $a+1은 2가 됩니다. 같은 원리로 $a를 10으로 지정하면 결과는 11이 됩니다. 즉, $a가 변수이고, PHP에서는 **변수명 앞에 반드시 $를 넣습니다**. 그래서 **따옴표로 묶이지 않은 $로 시작하는 문자**를 보면 그것은 **변수**라는 것을 알 수 있습니다.

【예제 4-6-3】 $a를 10으로 지정   variable.php

```
... 생략 ...
<h1>Variable</h1>
<?php
    $a = 10;
    echo $a + 1;
?>
... 생략 ...
```

그럼 이제부터 변수를 왜 쓰는지 알아보겠습니다. 변수는 너무나도 중요하기 때문에 변수를 왜 쓰는지에 대해 한마디로 말하는 것은 불가능합니다. 변수가 정말로 중요한 수많은 이유 중에 하나만 사례로 알려드리고, 나머지 사례는 경험을 통해 음미하실 수 있게 하겠습니다.

지금 쓰고 있는 Atom이라는 에디터에는 아주 재밌는 기능이 있는데 에디터에서 'lorem'이라 쓰고 탭 키를 누르면 아무 의미도 없는 샘플 텍스트가 만들어집니다. 이 기능이 작동하지 않으면 아무 문자나 입력하면 됩니다. 이 텍스트의 군데군데 'egoing'이라는 텍스트를 써놓겠습니다. 그러면 중간중간 'egoing'이 들어가 있겠죠?

한번 상상해 봅시다. 몇 줄 안 되는 샘플 텍스트가 1억 줄이라고 생각해 봅시다. 그리고 'egoing'이라는 텍스트가 3번이 아닌 수천 번 등장하고, 아주 구석구석 잘 숨어 있는 상태라 생각해 봅시다. 그리고 'egoing'이란 텍스트가 6자가 아닌 2 ~ 300자씩 되는 아주 큰 데이터라 했을 때 누군가가 여러분에게 하루에도 수십 번씩 'egoing'이었던 것을 다른 것으로 바꾸라고 매일같이 이야기한다면 여러분은 행복하지 않을 겁니다. 바로 이러한 불행감을 가지고 있는 사람에게 변수라는 것을 가져다 주면 그 사람은 행복해질 겁니다. 먼저 코드를 PHP 코드로 만들어 보겠습니다.

【예제 4-6-4】 샘플 텍스트를 PHP 코드로 만들기 variable.php

```
... 생략 ...
<h1>Variable</h1>
<?php
    echo "Lorem ipsum dolor sit amet, consectetur egoing adipisicing elit, sed do
eiusmod tempor incididunt ut labore et dolore magna aliqua. Ut enim ad minim veniam, quis
nostrud exercitation ullamco egoing laboris nisi ut aliquip ex ea commodo consequat. Duis aute
irure dolor in reprehenderit in voluptate velit esse cillum dolore egoing eu fugiat nulla
pariatur. Excepteur sint occaecat cupidatat non proident, sunt in culpa qui officia deserunt
mollit anim id est laborum. by egoing"
    ?>
    ... 생략 ...
```

Variable

Lorem ipsum dolor sit amet, consectetur egoing adipisicing elit, sed do eiusmod tempor incididunt ut labore et dolore magna aliqua. Ut enim ad minim veniam, quis nostrud exercitation ullamco egoing laboris nisi ut aliquip ex ea commodo consequat. Duis aute irure dolor in reprehenderit in voluptate velit esse cillum dolore egoing eu fugiat nulla pariatur. Excepteur sint occaecat cupidatat non proident, sunt in culpa qui officia deserunt mollit anim id est laborum. by egoing

'egoing'이 4번 등장하는데 상상력을 발휘해 몇 천 번이라 생각합시다. 그리고 중간에 있는 'egoing'은 바뀌지 않는다고 생각해 봅시다. 그러면 이를 한 번에 바꾸는 것은 불가능합니다. 왜냐하면 어떤 것은 바꾸고, 어떤 것은 바뀌지 않기 때문입니다. **바뀌는 부분만 변수로** 만들겠습니다.

일단 변수로 만들 부분 앞을 문자열로 끊습니다. 그리고 여기서는 $name이라는 변수를 만들고 그 값으로 "egoing"을 넣겠습니다. 이제부터 $name은 "egoing"이라는 값을 갖게 되는 겁니다. 그리고 본문에서 "egoing" 부분을 $name으로 바꿉니다. 그리고 변수와 앞의 문장을 결합해야 하기 때문에 .이라는 결합 연산자를 사용해야 합니다. 그리고 바뀌는 "egoing" 부분에도 마찬가지로 변수를 씁니다. 그러면 결과는 같습니다만 코드는 훨씬 더 효율적으로 바뀝니다.

【예제 4-6-5】 변경해야 하는 egoing 텍스트에 $name 변수 사용   variable.php

```
... 생략 ...
<h1>Variable</h1>
<?php
    $name = "egoing";
    echo "Lorem ipsum dolor sit amet, consectetur ".$name." adipisicing elit, sed do
eiusmod tempor incididunt ut labore et dolore magna aliqua. Ut enim ad minim veniam, quis
nostrud exercitation ullamco ".$name." laboris nisi ut aliquip ex ea commodo consequat. Duis
aute irure dolor in reprehenderit in voluptate velit esse cillum dolore egoing eu fugiat nulla
pariatur. Excepteur sint occaecat cupidatat non proident, sunt in culpa qui officia deserunt
mollit anim id est laborum. by ".$name;
    ?>
    ... 생략 ...
```

Variable

Lorem ipsum dolor sit amet, consectetur egoing adipisicing elit, sed do eiusmod tempor incididunt ut labore et dolore magna aliqua. Ut enim ad minim veniam, quis nostrud exercitation ullamco egoing laboris nisi ut aliquip ex ea commodo consequat. Duis aute irure dolor in reprehenderit in voluptate velit esse cillum dolore egoing eu fugiat nulla pariatur. Excepteur sint occaecat cupidatat non proident, sunt in culpa qui officia deserunt mollit anim id est laborum. by egoing

위 정보에서 이름을 바꿔야 한다면 더는 위의 선택 영역에 관심을 가질 필요 없이 $name="egoing"; 부분에만 관심을 집중하면 되기 때문입니다. 즉, $name="leezche";로 바꾸면 변수가 사용된 부분이 바뀌는 모습을 볼 수 있습니다.

【예제 4-6-6】 $name 변수의 값을 "leezche"로 변경 variable.php

```php
... 생략 ...
<h1>Variable</h1>
<?php
    $name = "leezche";
    echo "Lorem ipsum dolor sit amet, consectetur ".$name." adipisicing elit, sed do
eiusmod tempor incididunt ut labore et dolore magna aliqua. Ut enim ad minim veniam, quis
nostrud exercitation ullamco ".$name." laboris nisi ut aliquip ex ea commodo consequat. Duis
aute irure dolor in reprehenderit in voluptate velit esse cillum dolore egoing eu fugiat nulla
pariatur. Excepteur sint occaecat cupidatat non proident, sunt in culpa qui officia deserunt
mollit anim id est laborum. by ".$name;
?>
... 생략 ...
```

앞서 말씀드린 것처럼 아주 많은 데이터가 굉장히 햇갈리는 형태로 반복적으로 등장하고, 그 반복성이 불규칙적인 상태에서 변수라는 도구를 만든 사람은 행복할 것입니다. 상상력을 발휘해서 변수를 통해 행복해지셨으면 좋겠습니다.

이렇게 해서 변수를 통해 행복해질 수 있는 수많은 사례 중 하나를 살펴봤고, 이제 우리 수업에는 변수가 수도 없이 등장할 테니 기대해 주시길 바랍니다. 뒤로 갈수록 변수를 다면적으로 살펴볼 기회가 있을 겁니다. 변수 수업을 마치겠습니다.

이번 시간에는 URL 파라미터에 대해 이야기해 보겠습니다.

저는 어떤 대상을 분석할 때 항상 대상으로 들어오는 입력이 무엇이고, 출력이 무엇인지 살펴봅니다. 소프트웨어도 마찬가지입니다. 소프트웨어들은 각자 성격에 따라 입력과 출력이 다릅니다.

(	)	mc	m+	m−	mr	AC	+/−	%	÷
2nd	x^2	x^3	x^y	e^x	10^x	7	8	9	×
$\frac{1}{x}$	$\sqrt[2]{x}$	$\sqrt[3]{x}$	$\sqrt[y]{x}$	In	$\log_{10}$	4	5	6	−
x!	sin	cos	tan	e	EE	1	2	3	+
Rad	sinh	cosh	tanh	π	Rand	0		.	=

예를 들어 계산기는 **마우스 클릭**을 통해 계산기에 **값을 입력**하고, 화면에 입력한 결과를 보여줍니다. 즉, 입력에 따른 **어떠한 동작**을 한 다음에 그 **결과를 출력**합니다. 모든 소프트웨어들이 동작하는 기본적인 모습입니다. 그런데 지금 배우고 있는 PHP는 이러한 데스크톱 애플리케이션을 위해 고안된 언어가 아니고, 웹 애플리케이션을 위해 고안된 언어입니다. 그래서 여기서는 PHP로 만든 웹 애플리케이션에는 어떤 입력이 있을 수 있고, 그에 따른 출력이 무엇인지 살펴보겠습니다.

먼저 실습을 위해 egoing.html이라는 파일을 만듭니다. egoing.html이라는 파일을 "egoing"에게 인사를 건네는 웹 페이지라고 생각해 봅시다. leezche.html 역시 마찬가지로 "leezche"에게 인사를 건네는 웹 페이지입니다. 이제 여러분이 인사를 하고 싶은 사람들에게 인사를 하려면 그 사람들에게 "egoing"에게는 egoing.html의 주소를, leezche에게는 leezche.html의 주소를 알려줘야 합니다. 그런데 2명이 아닌 1억 명에게 알려줘야 한다고 생각해 보세요. 그리고 1억 명에게 인사를 하려면 1억 개의 웹 페이지가 필요한데, 1억 개의 웹 페이지를 만든 상태에서 '안녕하세요'가 아닌 'hi'로 바꿔야 하는 참담한 경우가 생긴다면 1억 개를 전부 바꿔야 합니다. 이런 상황에 처한다면 행복할까요? 다른 일을 찾아보겠죠. 이처럼 위기에 빠진 여러분에게 PHP를 권합니다. 그리고 PHP의 URL을 통한 입력 방법을 알려드린다면 행복해질 것입니다.

다음과 같이 parameter.php라는 파일을 만들고, '안녕하세요'를 전달하는 웹 페이지를 구성해 보겠습니다.

[예제 4-7-1] parameter.php 파일 생성   parameter.php

```html
<!DOCTYPE html>
<html>
    <head>
        <meta charset="utf-8">
    </head>
    <body>
        안녕하세요. egoing님
    </body>
</html>
```

그런데 저는 "egoing"이란 값을 바꾸고 싶습니다. 입력에 따라서 말이죠. 지금 만들고 있는 이 애플리케이션은 parameter.php라는 이름을 갖고 있는 애플리케이션입니다. 그리고 이 애플리케이션에게 **입력값**을 주고 싶다면 http://127.0.0.1/parameter.php?name=egoing을 웹 브라우저의 주소창에 입력합니다. 이것은 parameter.php라 하는 PHP 애플리케이션에게 'name은 egoing이다'라는 입력값을 준 것입니다. 그럼 parameter.php라 하는 웹 애플리케이션은 name의 값인 "egoing"을 출력하고, 같은 원리로 name의 값을 "leezche"라 지정하면 "egoing"이 있던 자리에 "leezche"를 출력하게 함으로써 단 하나의 parameter.php라는 PHP 애플리케이션을 통해 무한히 많은 웹 페이지의 무한히 많은 사람에게 인사를 건넬 수 있다는 폭발적인 효과를 얻게 됩니다. 이를 위해 코드에서 "egoing"을 출력하는 부분을 바꿔보겠습니다.

【예제 4-7-2】 입력 값 받기　　　　　　　　　　　　　　　　　　　　　　　　　　　　　　　parameter.php

```
... 생략 ...
<body>
    안녕하세요. <?php echo $_GET['name']; ?>님
</body>
... 생략 ...
```

"egoing" 자리에 URL로 전달된 name의 값에 해당하는, PHP에서 약속된 **특수한 이름의 변수**를 넣습니다. 바로 **$_GET['name']**입니다. 먼저 결과를 보겠습니다.

▪ http://127.0.0.1:8080/parameter.php?name=leezche

보다시피 '안녕하세요. leezche님'이 됩니다. 그리고 "leezche" 대신 "graphittie"로 바꾸면 '안녕하세요. graphittie님'이 됩니다.

▪ http://127.0.0.1:8080/parameter.php?name=graphittie

이 상태에서 마우스 오른쪽 버튼을 클릭해서 [페이지 소스 보기]를 선택하면 다음과 같이 출력됩니다.

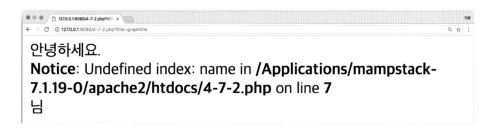

```
1  <!DOCTYPE html>
2  <html>
3      <head>
4          <meta charset="utf-8">
5      </head>
6      <body>
7          안녕하세요. graphittie님
8      </body>
9  </html>
10
```

"duru"를 넣거나 "taeho"를 넣어도 바뀌는 것을 확인할 수 있습니다. 즉 parameter.php라는 애플리케이션을 만들었고, 그 **애플리케이션의 입력값을 URL을 통해 준 것**입니다. 그 URL에 따라 parameter.php라는 애플리케이션은 echo라고 하는 출력 명령을 통해 각 경우마다 다르게 출력할 수 있게 되는 것입니다.

이것을 통해 어떤 폭발적 효과를 얻었나요? 이제 사람이 아무리 많아도 주소의 name 값을 바꾸는 것만으로 인사를 할 수 있는 어마어마한 애플리케이션을 만든 것입니다. 그 과정에서 $_GET['name']에 있는 대괄호는 무엇인지 몰라도 됩니다(이 부분은 나중에 차차 알게 됩니다).

그럼 여러분은 경험적으로 인과관계를 통해 파악하면 됩니다. URL에 name 대신 title로 지정하면 애플리케이션이 작동하지 않습니다.

- http://127.0.0.1:8080/parameter.php?title=graphittie

안녕하세요.
Notice: Undefined index: name in **/Applications/mampstack-7.1.19-0/apache2/htdocs/4-7-2.php** on line **7**
님

하지만 코드의 $_GET['name']을 $_GET['title']로 바꾸면 정상적으로 작동합니다.

【예제 4-7-3】 title 입력 값 받기   parameter.php

```
... 생략 ...
<body>
    안녕하세요. <?php echo $_GET['title']; ?>님
```

```
  </body>
    ... 생략 ...
```

- http://127.0.0.1:8080/parameter.php?title=graphittie

그리고 만약 인사와 주소 둘 다 넣고 싶다면 어떻게 해야 할지 보겠습니다. 먼저 코드에 <?php echo $_GET['address']; ?>를 추가합니다.

【예제 4-7-4】 name, address 두 개의 입력 값 받기   **parameter.php**

```
    ... 생략 ...
  <body>
      안녕하세요. <?php echo $_GET['address']; ?>에 사시는 <?php echo $_GET['name']; ?>님
  </body>
    ... 생략 ...
```

URL은 어떻게 바꾸면 될까요? '127.0.0.1/parameter.php?name=egoing&address=서울'로 바꾸면 됩니다. 이것은 **URL의 규칙**입니다. 이것은 PHP와 상관없습니다. 이 **파일의 이름 뒤에 ?가 오고** 그 뒤에 **파라미터**라고 하는 입력값이 옵니다. 그리고 **입력값과 입력값을 구분하는 구분자는 &라는 특수한 기호**를 씁니다. 만약 입력값을 추가하고 싶다면 &를 추가하고, 나이라면 &age=20처럼 지정하면 됩니다.

- http://127.0.0.1:8080/parameter.php?name=egoing&address=서울

아직 여러분이 알 수 없는 것과 알 수 있는 것이 섞여 있습니다. 알 수 없는 것은 대괄호의 문법입니다. 알 수 있는 것은 $_GET은 변수의 이름이고 이 URL을 통해 전달되는 값을 애플리케이션에서 가져오려면 URL의 값이 name이면 $_GET['name']으로 하면 되고 address이면 마찬가지로 $_GET['address']로 지정하면 된다는 것을 일단 경험적으로 파악하고, 나중에 문법을 배움으로써 이론화하면 되겠습니다.

이렇게 해서 PHP라는 웹 애플리케이션이 URL을 통해 입력값을 전달받고 그것을 출력하는 방법을 살펴봤습니다.

07 | URL 파라미터의 활용

우리 수업의 기본적인 흐름은 생활코딩 홈페이지에 있는 아주 간단한 버전에 해당하는 웹 애플리케이션을 만드는 과정이 기본적인 큰 줄기이며, 그에 필요한 지식과 문법을 알려드리는 것이 수업의 중심 내용입니다.

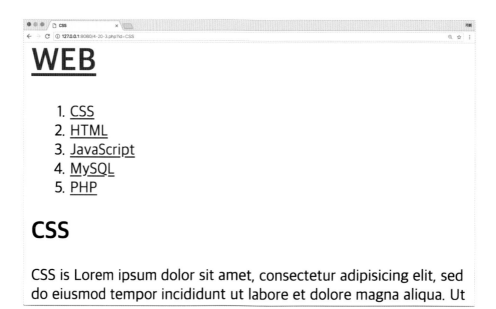

즉, 이 웹 애플리케이션이 우리의 목표라 할 수 있습니다. 보다시피 각 페이지에 접근할 때마다 URL의 id라고 하는 URL 파라미터의 값이 바뀌고, 그에 따라 웹 페이지의 내용이 바뀝니다. 이를 한 번에 할 수는 없고 각 목록을 클릭했을 때 제목이 프로그래밍적으로, 동적으로 바뀌는 애플리케이션을 만들어 보겠습니다.

우선 index.php라는 파일을 만들겠습니다. 기본적인 골격을 만든 다음 이 수업의 큰 제목인 WEB을 입력하겠습니다.

```
<!DOCTYPE html>
<html>
    <head>
        <meta charset="utf-8">
        <title></title>
    </head>
    <body>
        <h1>WEB</h1>
    </body>
</html>
```

제목 아래에 HTML, CSS, JavaScript가 있는 글 목록을 〈ol〉, 〈li〉 태그를 이용해 작성합니다. 그리고 각 목록에 링크를 걸어서 만약 HTML 목록을 클릭하면 주소가 'index.php?id=HTML'로 바뀌도록 만들 것입니다. 따라서 href 속성을 index.php?id= 뒤에 HTML은 'HTML'로, CSS는 'CSS'로, JavaScript는 'JavaScript'로 설정합니다.

【예제 4-7-6】 글 목록 만들기   index.php

```
... 생략 ...
<body>
    <h1>WEB</h1>
    <ol>
        <li><a href="index.php?id=HTML">HTML</a></li>
        <li><a href="index.php?id=CSS">CSS</a></li>
        <li><a href="index.php?id=JavaScrit">JavaScript</a></li>
    </ol>
</body>
... 생략 ...
```

결과를 보면 클릭할 때마다 적당한 주소로 바뀝니다. 그럼 이제 URL의 id 값이 무엇이냐에 따라 현재 페이지의 제목을 정하는 기능을 구현해 보겠습니다. 제목은 〈h2〉 태그 안에 넣을 것이며 'Lorem'을 입력한 뒤 탭 키를 눌러서 아무 의미도 없는 본문을 만들었습니다.

【예제 4-7-7】 URL의 id 값에 따라 페이지의 제목 바꾸기   index.php

```
... 생략 ...
<body>
    <h1>WEB</h1>
    <ol>
        <li><a href="index.php?id=HTML">HTML</a></li>
        <li><a href="index.php?id=CSS">CSS</a></li>
        <li><a href="index.php?id=JavaScrit">JavaScript</a></li>
    </ol>
    <h2>
        <?php
            echo $_GET['id'];
        ?>
    </h2>
    Lorem ipsum dolor sit amet, consectetur adipisicing elit, sed do eiusmod tempor
incididunt ut labore et dolore magna aliqua. Ut enim ad minim veniam, quis nostrud exercitation
```

ullamco laboris nisi ut aliquip ex ea commodo consequat. Duis aute irure dolor in reprehenderit in voluptate velit esse cillum dolore eu fugiat nulla pariatur. Excepteur sint occaecat cupidatat non proident, sunt in culpa qui officia deserunt mollit anim id est laborum.
    〈/body〉
    ... 생략 ...

〈h2〉 태그 안에 PHP 코드의 시작을 알리는 〈?php를 쓰고, **파라미터 값이 id**이므로 **echo $_GET['id'];**라는 코드를 넣으면 URL의 id 파라미터값이 무엇이냐에 따라 자동으로 제목이 프로그래밍적으로 만들어지는 코드를 작성할 수 있습니다.

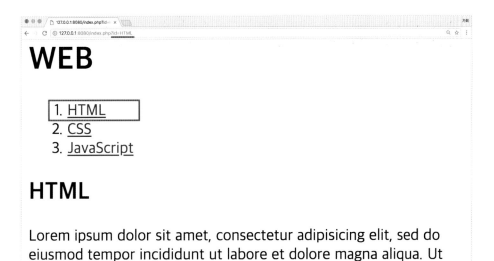

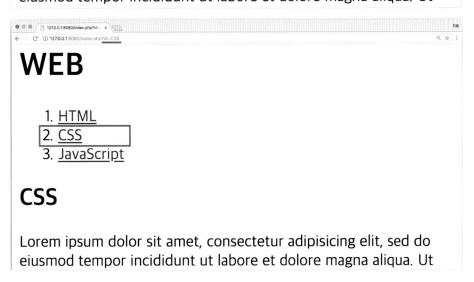

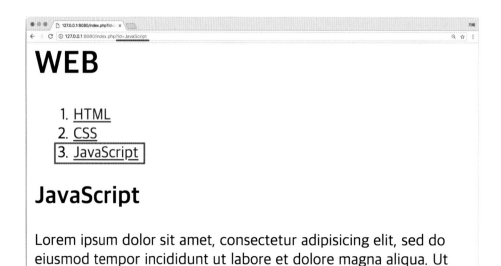

이번 시간은 여기까지입니다. 이 웹 페이지의 기능을 하나하나 바꿔가면서 프로그래밍적으로 생성하는 방법을 바꿔보겠습니다. 그 과정에서 문법도 알려드리겠습니다.

이번 시간의 주제는 **함수**입니다. 프로그래밍 수업을 들어보면 함수는 맨 뒤에 나오거나, 객체라는 것이 나오기 전에 등장합니다. 함수라는 것은 다소 어려울 수 있는 개념입니다. 아직 함수가 무엇인지 잘 모르지만 어쨌든 함수라는 것을 만들어서 사용할 수 있습니다. 함수를 만드는 방법은 이 수업의 후반부에서 다시 배울 것이며, 이번 시간에는 함수를 만드는 것이 아니라 **다른 사람이 만든 함수를 사용하는 방법**을 살펴보겠습니다.

저는 공부할 때 생산자로 출발하면 안 된다고 생각합니다. 소비자로서 충분히 사용해 보고 그것이 무엇인지 이해하고, 나중에 생산자가 되는 편이 훨씬 쉽습니다. 그것을 써본 적이 없는데 생산자가 되면 어렵습니다. 그래서 이번 시간에는 함수를 사용하는 방법을 먼저 살펴보겠습니다.

프로그램이란 말은 무슨 뜻일까요? 옛날에 오페라에서 시간의 순서에 따라 음악이 연주되는데 연주되는 곡의 순서를 프로그램이라고 했답니다. 우리가 지금 배우고 있는 것은 프로그램을 만드는 방법인 프로그래밍입니다. 프로그래밍이라는 것은 여러분이 목적한 의도에 따라 지금부터 배울 함수를 시간 순서대로 실행되도록 코드를 작성하는 행위라고 할 수 있기 때문에 지금부터 살펴볼 함수라는 것은 프로그래밍의 기본적인 원자 또는 부품이라고 할 수 있습니다.

function.php 파일을 만들고 여러 가지 함수와 관련된 코드를 작성해 보겠습니다. 이미 함수는 문자열을 배울 때 배웠습니다. 문자열이 몇 개의 문자로 이뤄져 있는지 알아내는 방법을 배웠습니다. 다음과 같이 $str이라는 변수에 아무 의미 없는 텍스트를 넣어보겠습니다. 이 텍스트에 echo를 사용하면 문자열이 출력되겠죠.

〔예제 4-8-1〕 function.php 파일 생성   **function.php**

```
<!DOCTYPE html>
<html>
    <head>
        <meta charset="utf-8">
        <title></title>
    </head>
```

```
<body>
    <h1>function</h1>
    <?php
        $str = "Lorem ipsum dolor sit amet, consectetur adipisicing elit, sed do eiusmod
tempor incididunt ut labore et dolore magna aliqua.";
        echo $str;
    ?>
</body>
</html>
```

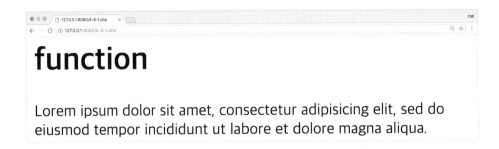

$str이라는 변수에 담긴 문자열이 몇 개의 문자로 이뤄져 있는지 알고 싶다면 검색을 통해 찾아보면 됩니다. 검색 엔진에서 추천 검색어로 'php string length'를 검색해 봅시다.

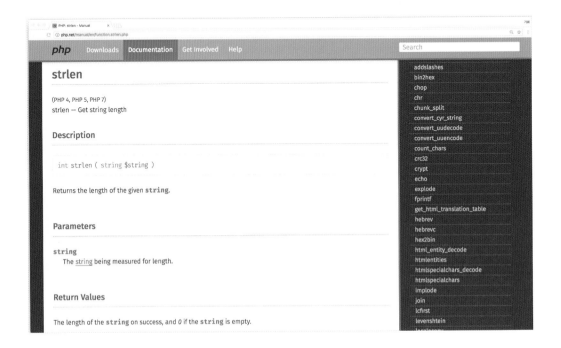

살펴보니 strlen이라는 것을 쓰면 되는데 이것이 바로 **함수**입니다. 그런데 우리는 strlen을 만든 적이 없기 때문에 PHP에 내장된 함수를 사용하면 됩니다. 위 그림에서 Description 부분에 함수의 형식이 나와 있습니다. 이 형식에 따라 함수를 사용해 보겠습니다.

strlen()의 괄호 안에 길이를 알고 싶은 문자를 **넣으라는** 뜻입니다. 괄호 안에 $str을 넣어봅시다. 그러면 **결과는 int**, 즉 정수가 된다는 뜻입니다. 예를 들어, echo 1;은 1에 대한 표현식입니다. echo 1+1;을 봅시다. +는 이항 연산자인데, 좌항에 있는 1과 우항에 있는 1을 더해서 숫자 2로 바꾸는 표현식입니다. 즉, strlen()이라는 함수는 괄호 안에 들어있는 입력값을 계산한 다음, 그 결과를 정수로 교체하는 표현식입니다.

【예제 4-8-2】 strlen( ) 함수로 문자의 개수 확인   **function.php**

```
... 생략 ...
<body>
    <h1>function</h1>
    <?php
        $str = "Lorem ipsum dolor sit amet, consectetur adipisicing elit, sed do eiusmod
tempor incididunt ut labore et dolore magna aliqua.";
        echo $str;
    ?>

    <h2>strlen()</h2>
    <?php
        echo strlen($str);
    ?>
</body>
... 생략 ...
```

즉 함수는 괄호 안으로 입력이 들어오면 복잡한 과정을 거쳐서 계산하고, 그 결과를 반환하는 작은 프로그램이라고 할 수 있습니다.

몇 가지 조금 더 살펴볼까요? 예를 들어 코드에서 문자열을 줄바꿈하기 위해 마침표를 추가하고 줄바꿈했을 때, 페이지를 새로고침하면 결과 문자열도 줄바꿈되나요? 안 됩니다. 그 이유는 코드에서의 줄바꿈을 HTML에서는 무시하기 때문입니다.

【예제 4-8-3】 코드에서 줄바꿈　　　　　　　　　　　　　　　　　　　　　　　　function.php

```
... 생략 ...
<h1>function</h1>
<?php
    $str = "Lorem ipsum dolor sit amet, consectetur adipisicing elit.

    sed do eiusmod tempor incididunt ut labore et dolore magna aliqua.";
    echo $str;
?>
... 생략 ...
```

줄바꿈을 위해서는
을 써야 합니다. 그런데 PHP는 아주 신통하게도 **웹의 화신 같은 언어**이기 때문에 웹에서 사용할 만한 **여러 가지 기능을 제공**합니다. 검색 엔진에서 'php new line to br'로 검색해 보겠습니다.

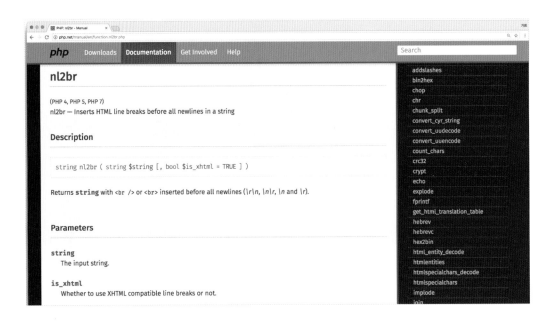

그럼 nl2br( )이라는 함수를 찾아주네요. 이 함수의 설명을 보면 **문자열의 모든 줄바꿈 앞에 줄바꿈 태그를 삽입한다**고 적혀 있습니다. 그리고 입력값으로 문자가 들어오는데, 추가적인 입력값으로 섬세하게 제어할 수 있다는 뜻이며, 지금 당장은 이 부분을 무시합니다. 다음과 같은 코드를 실행해 봅시다.

【예제 4-8-4】 nl2br( ) 함수로 줄바꿈하기　　　　　　　　　　　　　　　　　　　　　function.php

```
... 생략 ...
<body>
    ... 생략 ...
    <h2>nl2br()</h2>
    <?php
        echo nl2br($str);
    ?>
</body>
... 생략 ...
```

이 코드를 사용한 곳에는 줄바꿈이 일어난 것을 확인할 수 있습니다.

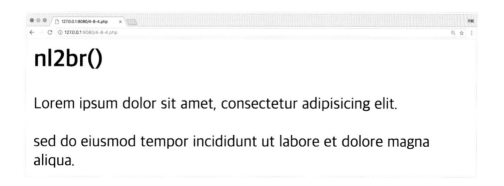

웹 페이지에서 마우스 오른쪽 버튼을 클릭한 다음 [페이지 소스 코드]에 들어가서 코드를 살펴보면 줄바꿈 태그인 〈br〉 태그를 자동으로 추가한 것을 알 수 있습니다.

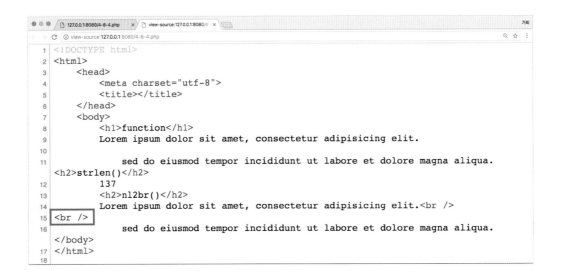

이렇게 해서 지금까지 함수라고 하는 문법을 알게 됐고, 메뉴얼을 보는 법, 검색을 통해 필요한 기능을 찾아내는 법을 살펴봤습니다. 엄청난 사건이 여러분에게 일어난 겁니다. 수업을 시작할 때 말씀드린 것처럼 프로그래밍한다라고 했을 때 여러분이 만들고자 하는 일의 의도에 따라 함수들을 잘 배치해서 시간 순서에 따라 실행되게 하는 것이 프로그래밍의 가장 기본적인 의미라는 것도 한번 생각해 보면 좋을 것 같습니다.

이렇게 해서 함수의 사용자가 되는 방법을 살펴봤고, 뒤에서 이런 저런 함수를 사용해 보고 함수에 대한 시야를 차차 넓히겠습니다.

이전 시간에는 함수의 사용을 살펴봤습니다. 이번 시간에는 배운 것을 써보겠습니다. 지금까지 만들고 있는 예제를 보면 클릭했을 때 제목이 바뀌는 것을 알 수 있습니다. 제목이 바뀌는 것은 이전 시간에 살펴본 $\_GET['id']$를 사용했기 때문입니다. 이것과 함께 본문은 요지부동 상태입니다. 링크를 클릭했을 때 제목이 바뀌듯, 본문도 역시 바뀌게 하겠습니다.

그러기 위해 새로운 디렉터리를 만들겠습니다. 디렉터리의 이름은 data이고, 이 디렉터리에는 본문이 저장될 것입니다.

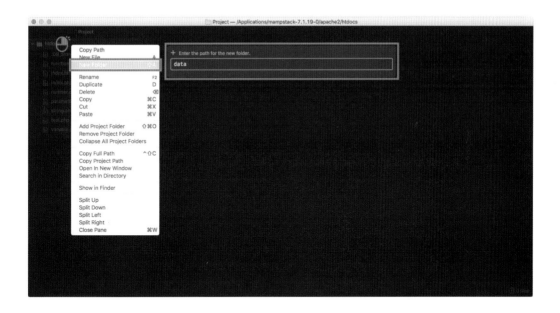

HTML이란 파일을 만들고 'Html is ...'와 같은 내용을 삽입하고, CSS 파일과 JavaScript 파일 역시 동일하게 생성합니다.

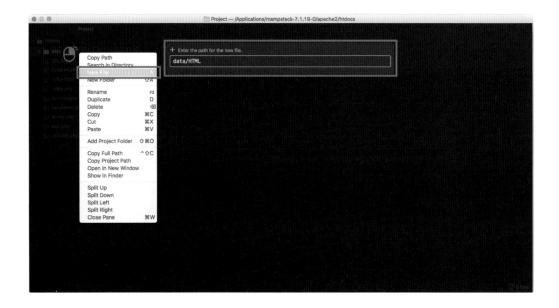

【예제 4-8-5】 data 폴더에 HTML 데이터 파일 생성   data/HTML

HTML is Lorem ipsum dolor sit amet, consectetur adipisicing elit, sed do eiusmod tempor
incididunt ut labore et dolore magna aliqua. Ut enim ad minim veniam, quis nostrud exercitation
ullamco laboris nisi ut aliquip ex ea commodo consequat. Duis aute irure dolor in reprehenderit
in voluptate velit esse cillum dolore eu fugiat nulla pariatur. Excepteur sint occaecat
cupidatat non proident, sunt in culpa qui officia deserunt mollit anim id est laborum.

【예제 4-8-6】 data 폴더에 CSS 데이터 파일 생성   data/CSS

CSS is Lorem ipsum dolor sit amet, consectetur adipisicing elit, sed do eiusmod tempor
incididunt ut labore et dolore magna aliqua. Ut enim ad minim veniam, quis nostrud exercitation
ullamco laboris nisi ut aliquip ex ea commodo consequat. Duis aute irure dolor in reprehenderit
in voluptate velit esse cillum dolore eu fugiat nulla pariatur. Excepteur sint occaecat
cupidatat non proident, sunt in culpa qui officia deserunt mollit anim id est laborum.

【예제 4-8-7】 data 폴더에 JavaScript 데이터 파일 생성   data/JavaScript

JavaScript is Lorem ipsum dolor sit amet, consectetur adipisicing elit, sed do eiusmod tempor
incididunt ut labore et dolore magna aliqua. Ut enim ad minim veniam, quis nostrud exercitation
ullamco laboris nisi ut aliquip ex ea commodo consequat. Duis aute irure dolor in reprehenderit
in voluptate velit esse cillum dolore eu fugiat nulla pariatur. Excepteur sint occaecat
cupidatat non proident, sunt in culpa qui officia deserunt mollit anim id est laborum.

목록 중 CSS를 클릭한다는 것은 data 디렉터리에 있는 CSS 파일의 내용을 본문에 추가하고 싶은 것입니다. 이를 위해서는 무엇이 필요한지 논리적으로 생각해 봅시다. 즉, id 값이 'CSS'라고 한다면 본문의 내용으로 **data/id 값에 해당하는 파일의 내용을 echo로 출력**하면 됩니다. 이를 위해 필요한 것은 **파일을 읽어야** 하는데, PHP에는 파일을 읽기 위해 고안된 내장 함수가 있을 것 같습니다. 검색 엔진에서 'php file read function'으로 검색하면 다음과 같은 페이지가 나옵니다.

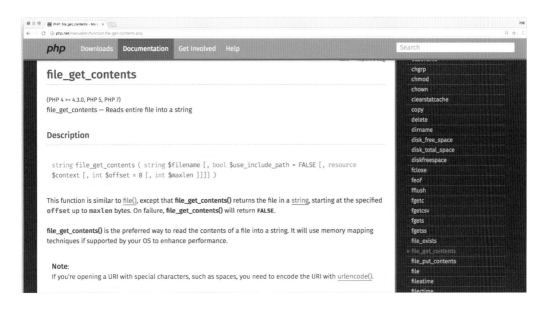

file_get_contents()라는 함수가 있습니다. 첫 번째 자리에 문자열 형식으로 파일의 이름이 오고, 두 번째, 세 번째 값으로는 다른 내용을 지정해 세밀하게 조정할 수 있습니다. 예제를 보겠습니다.

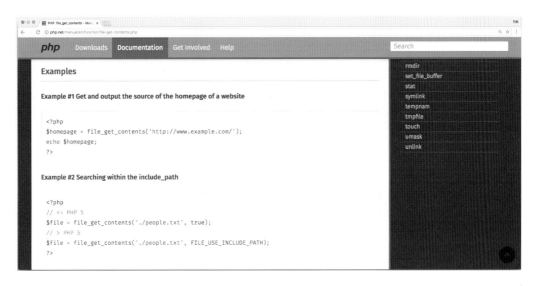

보다시피 file_get_contents() 괄호 안에 파일명을 쓰면 이 함수는 파일의 내용이 된다는 것을 알려줍니다.

그럼 file_get_contents() 함수를 부품으로 사용해 index.php 파일을 우리가 원하는 형태에 가깝게 만들어 봅시다.

【예제 4-8-8】파일을 읽어서 출력하기   index.php

```
... 생략 ...
<body>
    <h1>WEB</h1>
    ... 생략 ...
    <h2>
        <?php
            echo $_GET['id'];
        ?>
    </h2>
    <?php
        echo file_get_contents("data/HTML");
    ?>
</body>
... 생략 ...
```

먼저 file_get_contents() 함수 안의 경로에서는 data 디렉터리 밑의 HTML이라고만 적고, 이것이 정말 data 디렉터리 밑에 있는 HTML 파일을 가져와 그 내용을 표현하는지 확인해 보겠습니다. 페이지를 새로고침해 보면 다음과 같은 결과가 나옵니다.

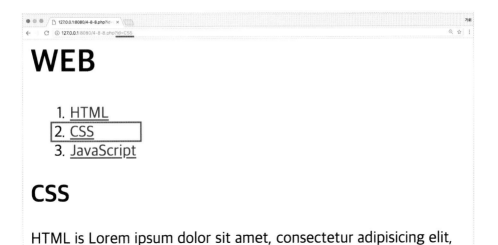

우리가 원하는 것은 ID 값이 무엇이냐에 따라 data 밑에 있는 적당한 파일명을 가져오는 것입니다.
file_get_contents("data/HTML");에서 HTML이라고 돼 있는 부분을 .$_GET['id']로 바꾸고 결과
를 확인해 보겠습니다.

【예제 4-8-9】 id 값에 따라 적당한 파일 가져오기   index.php

```
... 생략 ...
<h2>
    <?php
        echo $_GET['id'];
    ?>
</h2>
<?php
    echo file_get_contents("data/".$_GET['id']);
?>
... 생략 ...
```

놀랍지 않나요? 이처럼 file_get_contents()라는 함수를 통해 **id 값으로 들어온** 것을 이렇게 프로그래밍적으로 PHP를 통해 **경로로 전환한 다음** file_get_contents()의 입력값으로 전달하면 그 함수는 입력값에 들어온 경로에 해당하는 **파일을 찾아 그것을 표현하는 표현식**이라는 것을 볼 수 있습니다. 물론 이 예제는 교육적으로는 좋은 예제지만 현실에서는 이 코드를 그대로 쓰면 안 됩니다. 복잡한 이슈 때문에 언급하진 않았지만 보안 문제나 규모의 문제가 생기기 때문에 신뢰할 수 없는 사람들이 사용할 수 있는 환경에서 이런 코드로 동작하는 웹 애플리케이션을 실행하면 절대로 안 됩니다.

이렇게 해서 함수를 배웠고, 함수를 예제 애플리케이션에 활용하는 사례를 살펴봤습니다.

이번 시간에는 컴퓨터 프로그래머들의 위대한 성취에 대한 이야기를 해보고, 컴퓨터 프로그래밍, 프로그램이란 말의 의미를 곱씹어보겠습니다. **프로그램이란 말** 속에는 '**순서**'라는 의미가 깊숙히 자리 잡고 있습니다.

우리가 **어떤 일을 한다**고 했을 때 그 일을 한다는 것은 두 가지로 구성됩니다. 그 일을 이루고 있는 작업과 이 작업을 시간에 순서에 따라 실행하는 것이죠. **작업**과 **실행 순서**, 이 두 가지가 일을 구성하는 핵심이라고 생각합니다. 컴퓨터를 통해 일을 한다는 것도 마찬가지일 것이라고 생각합니다. 컴퓨터를 통해 일을 한다는 것은 컴퓨터가 가지고 있는 기능들을 우리가 하고자 하는 일의 목적에 맞게 시간 순서에 따라 실행하는 것입니다.

그런데 우리가 하는 일 중에는 반복적인 일이 있습니다. 또는 실수하기 쉬운 일이 있고, 사람이 하기 싫은 일이 있습니다. 또 여러 사람이 필요로 하는 일이 있습니다. 그러한 일일수록 **자동화**하고 싶습니다. 컴퓨터 프로그래머들은 이러한 일들을 자동화할 수 있도록 **컴퓨터 프로그래밍 언어**라는 것을 만들었습니다.

코드를 위에서부터 아래로 쭉 써내려가면 시간 순서에 따라 그 코드가 가리키는 기능들이 실행되는 것입니다.

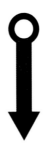

그런데 컴퓨터 프로그래머들은 그것이 가장 중요하긴 한데 그것 말고도 두 가지 중요한 기능을 고안해 냅니다. 조건문과 반복문이라는 것입니다.

조건문은 시간 순서에 따라 실행되다가 **어떤 조건에 따라 다른 작업이 실행되게 하는 것입니다.**

반복문은 시간 순서에 따라 기능이 실행되다가 **어떤 조건을 만족하는 동안에 특정 작업이 반복적으로 실행되게 하는 것입니다.**

즉, 프로그램은 기본적으로 시간 순서에 따라 실행되는데, 그 흐름을 제어해서 조건에 따라 다르게 동작하게 하는 것이 조건문, 반복해서 동작하게 하는 것이 반복문입니다. 그래서 조건문과 반복문은 컴퓨터가 갖고 있는 시간 순서에 흐름이라는 것을 제어한다는 측면에서 **제어문**이라고도 합니다. 이제부터 제어문의 가장 큰 두 가지 축인 조건문과 반복문을 배워보겠습니다. 어때요? 기대되지 않으세요? 지금부터 시작해 보죠.

WEB2

▶️ https://youtu.be/Kfb8N_OdQEY (02분 12초) ◐

10 | 조건문 예고

지금부터 조건문이라는 제어문을 살펴볼 텐데 살펴보기에 앞서 조건문이라는 제어문을 사용해서 할 수 있는 일을 먼저 보고, 조건문의 문법을 살펴보고 그 문법을 활용해 실제로 구현하는 흐름으로 진행해 보겠습니다. 먼저 우리가 만든 웹 애플리케이션을 살펴보겠습니다.

목록의 링크를 클릭할 때마다 페이지가 열립니다. 그런데 'WEB'을 클릭했을 때는 깔끔하게 127.0.0.1/index.php와 같이 나오고 본문에는 'HOME'에 해당하는 콘텐츠가 나오게 하고 싶다면 지금까지 배운 내용만으로는 할 수 없습니다.

그래서 이번에는 조건문이라는 것을 이용해 index.php 뒤의 ? 뒤에 값이 없다면 본문에 'Welcome'이 나오고, ?id 값이 있다면 그 id 값에 해당하는 data 디렉터리에서 찾아서 표현하는 애플리케이션을 만들겠습니다. id 값이 있느냐 없느냐에 따라, 즉 조건에 따라 id 값이 없다면 홈페이지에 적당한 페이지가 나오고 id 값이 있다면 그 id 값에 해당하는 콘텐츠가 나오게 하고 싶은 것입니다. index.php라는 단 하나의 애플리케이션이 특정 조건에 따라 다르게 동작하게 하는 기능을 부여하고 싶은 것입니다.

조건문을 어디에 쓸 것인가에 대한 호기심을 더하는 이야기는 여기까지 하고, 다음 시간에 조건문의 문법을 하나씩 살펴보겠습니다.

이번 시간에는 조건문을 문법적으로 살펴보면 좋겠지만 그에 앞서 조건문으로 가는 길목에서 꼭 짚고 넘어가야 하는 주제가 있습니다. 여기서는 **불리언(Boolean)**이라는 새로운 데이터 타입과 **비교 연산자**라는 것을 배울 것입니다. 불리언과 비교 연산자는 그 자체로는 쓸모가 없기 때문에 조건문까지 가야 비로소 이것이 얼마나 혁명적인 도구인지 알 수 있으니 이번 시간은 지루하더라도 조금만 참아주시기 바랍니다.

새로운 데이터 타입을 배우기 위해 PHP가 갖고 있는 데이터 타입을 살펴보겠습니다. 검색 엔진에서 'php data types'를 검색해 보겠습니다.

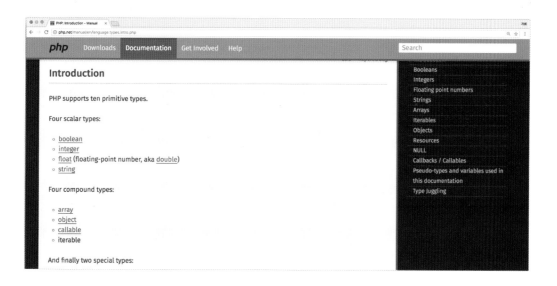

앞에서 배운 데이터 타입 가운데 integer, float은 숫자이고, string은 문자열입니다. 이번에는 boolean이라는 새로운 데이터 타입을 배우기 위해 링크를 클릭해 보겠습니다.

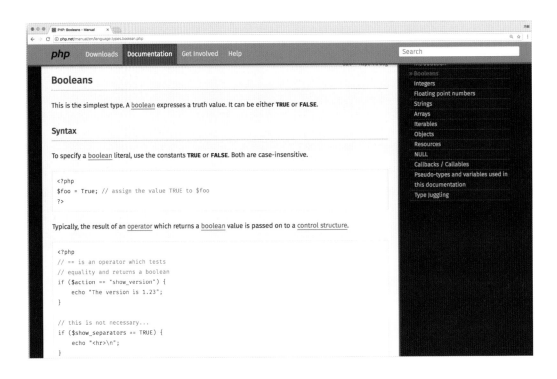

보다시피 'TRUE or FALSE'라고 적혀 있습니다. integer는 정수인데, 정수라는 데이터 타입에는 몇 개의 구체적 데이터가 있을까요? 100, 0, -100 …처럼 무한히 많은 데이터가 있습니다. String이라는 데이터 타입은 어떤가요? '가나다라마바사'뿐만 아니라 라틴어처럼 어마어마하게 많은 데이터가 있겠죠? 그런데 boolean이라는 데이터 타입은 특이하게도 **TRUE 아니면 FALSE**라는 **단 두 개의 데이터**로만 이뤄져 있습니다. 데이터 타입 자체는 의미가 없고 비교 연산자와 관련이 있습니다. 다시 검색해서 비교 연산자를 살펴보겠습니다. 검색 엔진에서 'php comparison operators'로 검색해 보면 PHP의 비교 연산자라는 주제가 나옵니다.

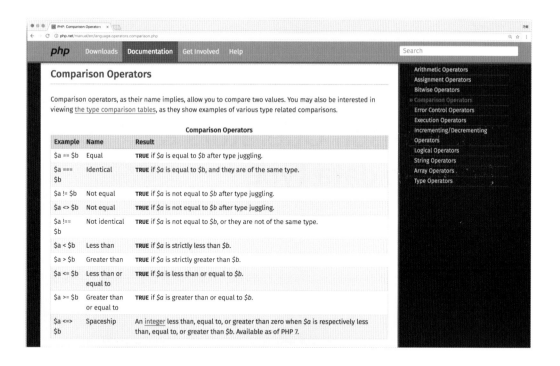

이 내용을 예제를 통해 살펴보겠습니다. comparison.php라는 파일을 만들고, 기본적인 HTML 골격을 작성합니다. 앞서 어떠한 정보를 출력할 때 echo나 print()라는 함수에 값을 넣으면 된다고 설명드렸습니다. 하지만 이번에는 var_dump()라는 것을 사용해 보겠습니다. **var_dump()**에 값을 넣으면 **입력값을 출력**하며, 그와 동시에 **입력값의 데이터 타입**까지 알려줍니다. 만약 var_dump(11);이라고 작성하면 '11'을 출력하면서 int 타입의 정수라는 것까지 알려줍니다.

[예제 4-11-1] comparison.php 파일 생성 및 var_dump() 함수   comparison.php

```
<!DOCTYPE html>
<html>
    <head>
        <meta charset="utf-8">
        <title></title>
    </head>
    <body>
        <h1>Comparison Operators & Boolean data type</h1>
        <?php
            var_dump(11);
        ?>
```

```
    </body>
</html>
```

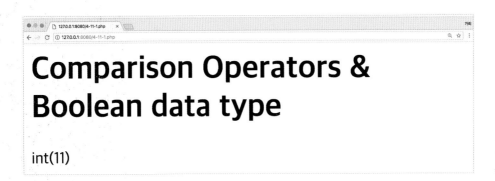

만약 따옴표로 11을 묶으면 '11'은 정수가 아니라 문자열이죠? 프로그램을 실행해 보면 "11"을 출력함과 동시에 "11"이 문자열이고 두 개의 문자로 이뤄져 있다는 것을 알려주는 아주 신기한 함수가 var_dump()입니다.

【예제 4-11-2】 var_dump() 함수로 문자열 확인　　　　　　　　　　　　　　　　　comparison.php

```
... 생략 ...
<h1>Comparison Operators & Boolean data type</h1>
<?php
    var_dump('11');
?>
... 생략 ...
```

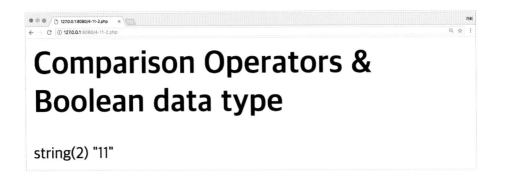

var_dump( )는 실제 서비스에서는 쓸 필요가 없지만 개발 과정에서는 숱하게 사용할 함수입니다. 이번에는 다른 이야기를 해보겠습니다. var_dump(1+1);은 int(2)를 출력합니다. 왜 이렇게 되나요? +라는 산술 연산자는 좌항에 있는 값과 우항에 있는 값을 더한 결과가 되는 표현식이기 때문입니다. 더하기라는 산술 연산자는 좌항과 우항을 더해서 숫자라는 데이터 타입이 되는 산술 연산자이기 때문입니다.

[예제 4-11-3] var_dump( ) 함수로 1+1 확인   comparison.php

```
... 생략 ...
<h1>Comparison Operators & Boolean data type</h1>
<?php
    var_dump(1+1);
?>
... 생략 ...
```

여기에 var_dump(1==1);를 작성하고 실행해 보겠습니다. ==는 비교 연산자라는 것인데, 이것의 역할은 좌항의 값과 우항의 값을 비교해서 두 값이 같다면 true를, 같지 않다면 false를 돌려주는 것입니다.

[예제 4-11-4] var_dump( ) 함수로 1==1 확인   comparison.php

```
... 생략 ...
<h1>Comparison Operators & Boolean data type</h1>
<?php
    var_dump(1==1);
?>
... 생략 ...
```

즉, ==는 true나 false 둘 중 **하나**가 됩니다. 한마디로 불리언이 되는 연산자, 다른 말로는 표현식입니다. ==이 있으면 >와 같은 **부등호**가 있을 수 있습니다. 그럼 var_dump(1>1);의 결과는 어떻게 될까요? false가 됩니다. 만약 1>1 대신 2>1이라면 true가 됩니다. 마찬가지로 <와 같은 반대가 있을 테고 같은 결과를 낼 것입니다. 하나만 더 살펴보자면 >=도 있으며, var_dump(1>=1);의 값은 true가 됩니다.

【예제 4-11-5】 var_dump( ) 함수로 부등호 확인   comparison.php

```
... 생략 ...
<h1>Comparison Operators & Boolean data type</h1>
<h2>1==1</h2>
<?php
    var_dump(1==1);
?>

<h2>1>1</h2>
<?php
    var_dump(1>1);
?>

<h2>1>=1</h2>
<?php
    var_dump(1>=1);
?>
... 생략 ...
```

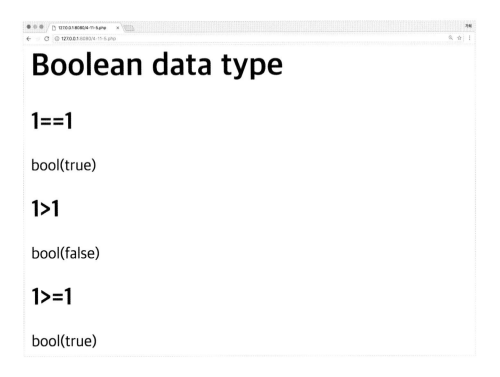

이렇게 해서 비교 연산자라는 것도 살펴봤습니다. 비교 연산자는 불리언 데이터 타입을 만들어냅니다. 그리고 불리언은 true와 false, 한국어로는 참과 거짓으로 이뤄져 있다는 것을 이해하면 됩니다. 이제 불리언과 비교 연산자를 배웠으니 다음 시간에 조건문을 배울 준비가 끝났습니다.

드디어 **조건문**이라는 것을 살펴보겠습니다. 이번 시간에는 조건문의 **기본 문법**을 살펴보겠습니다. 검색을 통해 PHP의 조건문 문법을 살펴볼까요? 검색 엔진에서 'php conditional statements'로 검색해 보면 다음과 같은 페이지를 볼 수 있습니다.

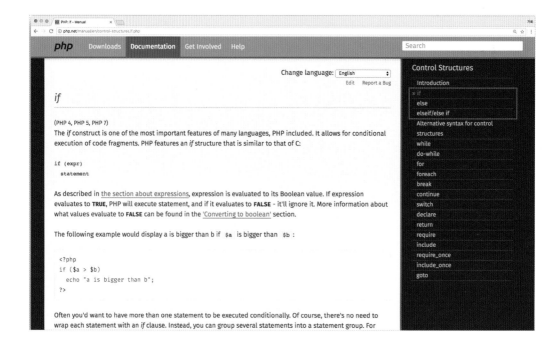

우측의 'Control Structures'를 보면 if가 나오고 else가 나오고 elseif가 나오는데 바로 이 부분이 조건문과 관련된 내용입니다.

```
if (expr)
    statement
```

위 형식을 보면 if가 오고 **괄호 사이에** expr이 나오는데, expr은 **expression의 약자**입니다. 한국어로는 **표현식**입니다. 즉 괄호 안에 값이 온다는 뜻입니다.

conditional.php라는 파일을 만들어봅시다. 앞에서 누누이 설명했듯이 컴퓨터 프로그래밍 언어에서 가장 기본적인 동작 방법은 시간 순서에 따라 동작한다는 것입니다.

【예제 4-12-1】 conditional.php 파일 생성   **conditional.php**

```
<!DOCTYPE html>
<html>
    <head>
        <meta charset="utf-8">
        <title></title>
    </head>
    <body>
        <h1>Conditional</h1>
        <?php
            echo '1<br>';
            echo '2<br>';
            echo '3<br>';
        ?>
    </body>
</html>
```

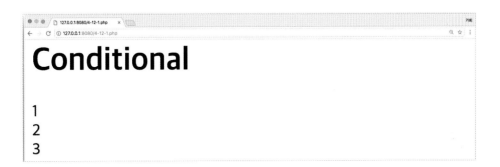

즉, 시간 순서에 따라 **위에서 아래까지 순차적으로 실행**된다는 것이 가장 기본적이고 중요한 컴퓨터 프로그래밍에서의 부동의 원리라는 것입니다. 위와 같이 사실 아무 의미 없는 코드를 작성했지만 적당한 기능, 즉 함수를 배치함으로써 정말 혁명적인 것들을 할 수 있습니다. 코드를 일일이 반복적으로 실행할 필요가 없습니다. 조건문이라는 것을 사용하면 코드가 실행되는 순서의 흐름을 바꿀 수 있습니다. 예를 들어 다음과 같이 수정해 보겠습니다.

【예제 4-12-2】 if 조건문 (true일 때)   conditional.php

```
... 생략 ...
<body>
    <h1>Conditional</h1>
    ... 생략 ...

    <h2>if</h2>
    <?php
        echo '1<br>';
        if(true) {
            echo '2<br>';
        }
        echo '3<br>';
    ?>
</body>
... 생략 ...
```

조건문의 형식을 보면 **if라는 키워드로 시작**합니다. 그리고 **괄호 열고 표현식**이 들어갑니다. 이 **표현식에는 true 아니면 false**, 한마디로 **불리언 데이터 타입**이 들어갑니다. 그리고 **중괄호**가 있고 중괄호 안쪽에는 **실행해야 할 코드**가 들어가야 합니다. if 다음에 오는 괄호에는 true나 false 중 하나가 들어가는데 여러분이 직접 타이핑해서 true를 넣어도 됩니다.

그럼 실행 결과를 보겠습니다.

그런데 결과가 같습니다. 왜일까요? if 문이 어떻게 동작하도록 약속돼 있냐면 **괄호의 값이 true라면 중괄호 안의 코드가 실행되고, false라면 중괄호 안의 코드가 실행되지 않는다**는 특성이 있습니다.

【예제 4-12-3】 if 조건문 (false일 때)   conditional.php

```
... 생략 ...
<body>
    <h1>Conditional</h1>
    ... 생략 ...

    <h2>if</h2>
    <?php
        echo '1<br>';
        if(false) {
            echo '2<br>';
        }
        echo '3<br>';
    ?>
</body>
... 생략 ...
```

아직 실용적인 사례를 보고 있지 않고, 문법적인 형식만 보고 있기 때문에 다소 고통스러우리라는 것을 알고 있습니다. 조금만 더 견뎌주세요.

조금 더 복잡하게 보면 else가 있습니다. else까지 가면 더 재미있는 것을 할 수 있습니다. if 괄호의 값이 true라면 '2-1'이 출력되고 false라면 '2-2'가 출력되게 할 수 있습니다.

```
    ... 생략 ...
    <body>
        <h1>Conditional</h1>
        ... 생략 ...

        <h2>if/else</h2>
        <?php
            echo '1<br>';
            if(true) {
                echo '2-1<br>';
            } else {
                echo '2-2<br>';
            }
            echo '3<br>';
        ?>
    </body>
    ... 생략 ...
```

if 뒤에 오는 값이 **true라면 첫 번째 중괄호 안의 코드가 실행되도록 약속돼 있습니다. 만약 false라면 첫 번째 중괄호 안의 코드는 무시되고 else 뒤에 있는 중괄호 안의 코드가 실행되도록 약속돼 있는** 것입니다. 즉, 조건문이 왜 제어문이냐면 기본적으로 '1' 부분이 실행되고, 그다음으로 if 뒤의 코드가 true라면 '2-1' 부분이 실행되고, '3' 부분이 실행됩니다. 만약 if 뒤의 조건이 false라면 '1' 부분이 실행되고, '2-2' 부분이 실행되고, '3' 부분이 실행되므로 **실행 흐름이 if 문의 값이 무엇이냐에 따라 제어** 되기 때문에 if 문을 **제어문**이라고 하는 것입니다. 제어문의 핵심은 true냐 false냐에 따라 실행 흐름 이 달라진다는 것입니다.

이번 시간에 배운 내용은 다소 어려운 이야기일 수 있기 때문에 다음 시간으로 넘어가기 전에 수업을 멈추고, 곰곰이 생각해 보고 직접 설명해 보세요. if라는 것은 조건문인데 if 뒤에 오는 괄호 안에는 true나 false가 들어옵니다. if 뒤의 값이 true면 if 바로 뒤에 있는 중괄호 안의 코드가 실행되고, false면 실행되지 않습니다. else라는 것까지 쓰면 if 뒤의 값이 true일 경우 첫 번째 중괄호의 코드 가 실행되고, false라면 else 뒤에 오는 중괄호 안의 코드가 실행된다고 배웠습니다. 또한 if 문의 바 로 그러한 특성에 의해 실행해야 할 코드를 다르게 제어할 수 있기 때문에 if 문을 제어문이라고 한다 는 것도 다시 한 번 생각해 보길 바랍니다. 다음 시간에는 조건문을 통해 우리의 문제를 해결해 보겠습 니다.

13 | 조건문의 활용

지금부터 조건문을 활용해 보겠습니다. 예제에 'WEB'에 대한 링크를 달고, 링크의 href 값으로 index.
php를 넣겠습니다. 그럼 'WEB'을 클릭하면 주소가 깔끔하게 index.php인 페이지가 나오고 본문에는
아무것도 안 나옵니다.

【예제 4-13-1】 WEB에 대한 링크 추가   index.php

```
... 생략 ...
<body>
    <h1><a href="index.php">WEB</a></h1>
</body>
... 생략 ...
```

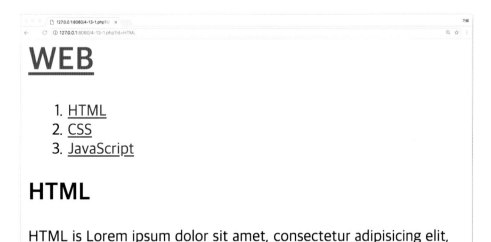

그런데 만약 URL에 id 값이 없다면 'Welcome'을 출력하고 싶다고 해봅시다. 그리고 id 값이 없는 상
태에서 data라는 디렉터리를 대상으로 file_get_contents()를 실행하니 문제가 있습니다. 이를 위한
코드를 한국어로 먼저 적어 보겠습니다.

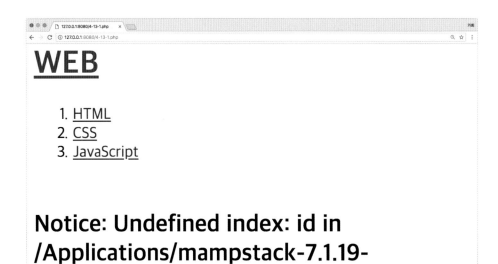

[예제 4-13-2] id 값에 따라 제목 출력(의사코드)   의사코드

```
... 생략 ...
<h2>
    <?php
        만약에 id 값이 있다면
            echo $_GET['id'];가 실행되고
        없다면
            echo "Welcome";
    ?>
</h2>
... 생략 ...
```

위의 내용을 PHP 코드로 바꿔 보겠습니다.

[예제 4-13-3] id 값에 따라 제목 출력(진짜 코드)   index.php

```
... 생략 ...
<h2>
    <?php
        if() {
            echo $_GET['id'];
        } else {
```

```
                echo "Welcome";
            }
        ?>
    </h2>
    <?php
        echo file_get_contents("data/".$_GET['id']);
    ?>
    ... 생략 ...
```

그럼 if 뒤에 있는 괄호에 무엇이 들어가면 되는지 검색을 통해 해결해 봅시다. 검색 엔진에서 'php check value exists'를 검색해 보겠습니다. 그러면 isset()이라고 나옵니다.

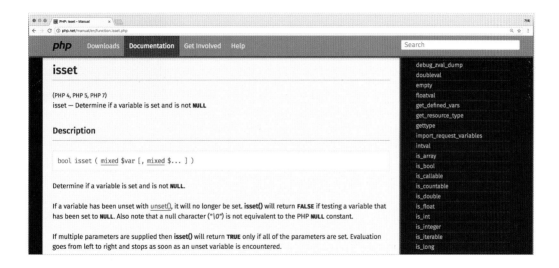

isset()이라는 함수에 값으로 들어온 것이 값을 가지고 있느냐 가지고 있지 않느냐에 따라 불리언 값, 즉 true나 false가 반환된다고 나와 있습니다. 예제를 보겠습니다.

$var라는 변수를 isset( )에 넣으면 isset($var)라는 값은 true가 된다는 뜻입니다. $var는 빈 문자
지만 $var라는 변수의 값이 세팅돼 있기 때문에 값이 세팅됐는지를 판별하는 isset($var)은 true가
되는 것입니다. 그리고 하단 예제를 더 살펴보면 $a를 isset( )에 넣으니 참이 됩니다. 그리고 $a와 $b
를 모두 체크할 수도 있습니다. 그리고 unset( )을 쓰니 값이 지워집니다. 그렇게 해서 isset($a)의 값
은 false가 됩니다.

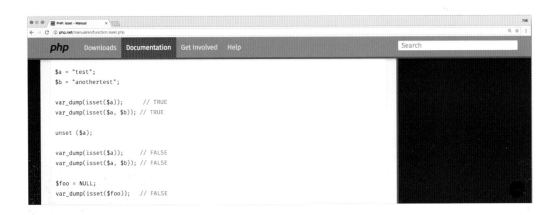

바로 isset( )이라는 것을 이용해 코드를 작성해 보겠습니다.

【예제 4-13-4】 isset( ) 함수를 이용해 조건문 작성   index.php

```
... 생략 ...
<h2>
    <?php
        if(isset($_GET['id'])) {
            echo $_GET['id'];
        } else {
            echo "Welcome";
        }
    ?>
</h2>
<?php
    echo file_get_contents("data/".$_GET['id']);
?>
... 생략 ...
```

위 코드는 무엇인가요? $_GET['id']라는 값이 있다면(isset()) echo $_GET['id'];가 실행될 것입니다. 그러나 isset()이 false가 된다면 "Welcome"이 출력될 것입니다. 확인해 보겠습니다.

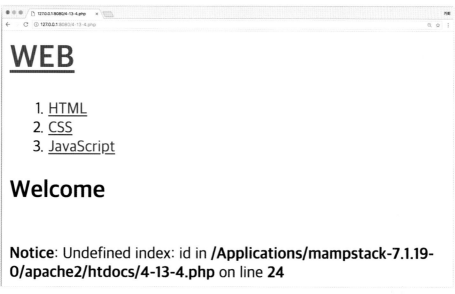

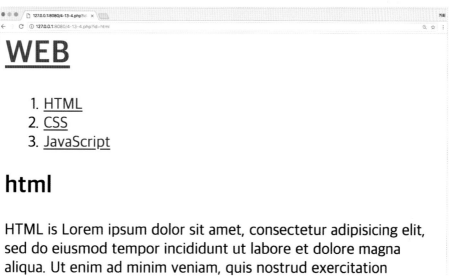

'WEB'을 클릭하면 'Welcome'이 나오고 'HTML' 링크를 클릭하면 HTML이 나올 것입니다. 마찬가지 방법으로 echo file_get_contents("data/".$_GET['id']);도 처리할 수 있겠죠?

```php
... 생략 ...
<h2>
    <?php
        if(isset($_GET['id'])) {
            echo $_GET['id'];
        } else {
            echo "Welcome";
        }
    ?>
</h2>
<?php
    if(isset($_GET['id'])) {
        echo file_get_contents("data/".$_GET['id']);
    } else {
        echo "Hello, PHP";
    }
?>
... 생략 ...
```

만약 $_GET['id']가 있다면 첫 번째 중괄호 안의 코드가 실행될 것이고, 그렇지 않다면 else 중괄호
안의 코드가 실행될 것입니다.

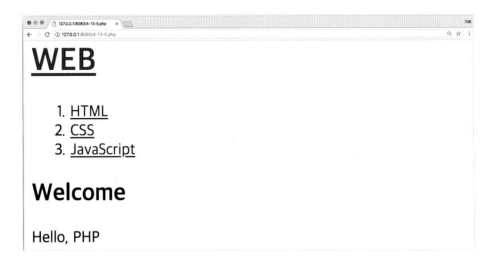

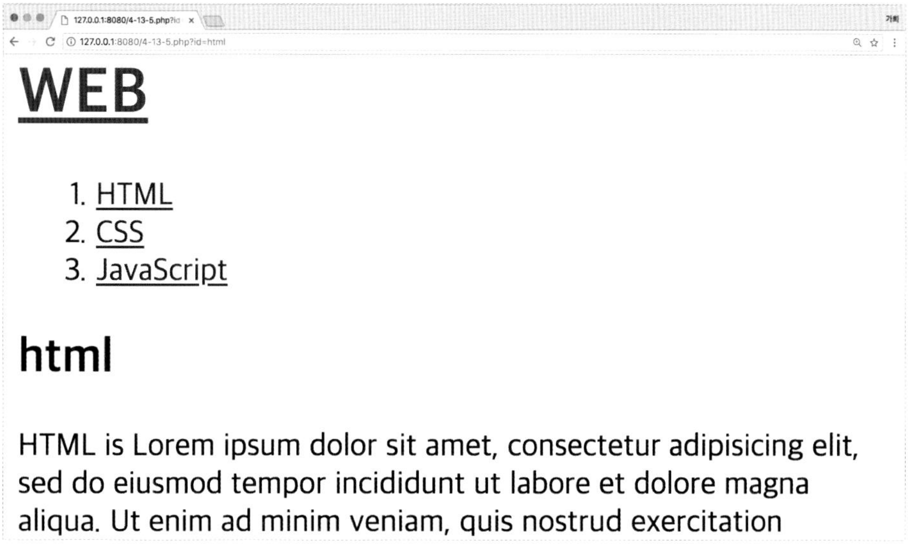

127.0.0.1:8080/4-13-5.php?id=html
WEB
1. HTML
2. CSS
3. JavaScript
html
HTML is Lorem ipsum dolor sit amet, consectetur adipisicing elit, sed do eiusmod tempor incididunt ut labore et dolore magna aliqua. Ut enim ad minim veniam, quis nostrud exercitation

이처럼 id 값이 없다면 'Welcome'과 'Hello, PHP'가 출력되고, 'HTML'을 클릭하면 id 값이 있기 때문에 if 문 뒤의 코드가 실행되는 애플리케이션을 만들 수 있게 되는 것입니다. 즉, 애플리케이션이 특정 상황에서 좀 더 섬세하게 구동할 수 있는 방법을 찾았다고 할 수 있습니다.

이렇게 해서 지금까지 많은 것을 배웠습니다. 일단 불리언이라는 데이터 타입을 배웠고, 비교 연산자를 배웠으며(지금은 쓰지 않았지만 뒤에서 쓸 예정입니다), 조건문의 형식을 배웠으며, 조건문을 활용하는 방법도 배웠습니다. 이번에 정말 중요한 내용을 배웠습니다. 즉, 아무리 복잡한 프로그램도 시간 순서에 따라 실행된다는 점과 조건문과 반복문으로 다 표현할 수 있다는 것을 배웠습니다.

이제 새로운 대단원이 막을 엽니다. 바로 **반복문**이라는 주제인데, 살펴볼 순서는 이렇습니다. 반복문이 없을 때 어떤 문제를 겪게 되는가를 먼저 살펴보고, 반복문의 문법을 배운 다음, 그 반복문을 이용해 문제를 실제로 해결해볼 것입니다. 먼저 우리가 만든 애플리케이션을 살펴봅시다.

주소가 무엇이냐에 따라 data라는 디렉터리에서 적당한 파일을 열어서 웹 페이지를 자동으로 생성하고 있습니다. 이것만으로도 정말 이전과 비교하면 큰 도약이 있었습니다. 새로운 페이지를 추가하기 위해 data 디렉터리에 PHP를 추가해 보겠습니다. 그리고 PHP에 대한 설명을 넣고, 페이지를 새로고침하면 어떻게 되나요? 데이터는 있지만 글 목록이 없기 때문에 아직 접근할 수 없습니다.

【예제 4-14-1】 data 폴더에 PHP 데이터 파일 생성　　　　　　　　　　　　　　　　　　　data/PHP

```
PHP is Lorem ipsum dolor sit amet, consectetur adipisicing elit, sed do eiusmod tempor
incididunt ut labore et dolore magna aliqua. Ut enim ad minim veniam, quis nostrud exercitation
ullamco laboris nisi ut aliquip ex ea commodo consequat. Duis aute irure dolor in reprehenderit
in voluptate velit esse cillum dolore eu fugiat nulla pariatur. Excepteur sint occaecat
cupidatat non proident, sunt in culpa qui officia deserunt mollit anim id est laborum.
```

그러면 수동으로 목록을 추가하고 페이지를 새로고침하면 PHP가 추가되는 것을 확인할 수 있습니다.

【예제 4-14-2】 목록에 PHP 추가　　　　　　　　　　　　　　　　　　　　　　　　index.php

```
... 생략 ...
<h1><a href="index.php">WEB</a></h1>
<ol>
    <li><a href="index.php?id=HTML">HTML</a></li>
    <li><a href="index.php?id=CSS">CSS</a></li>
    <li><a href="index.php?id=JavaScript">JavaScript</a></li>
    <li><a href="index.php?id=PHP">PHP</a></li>
</ol>
... 생략 ...
```

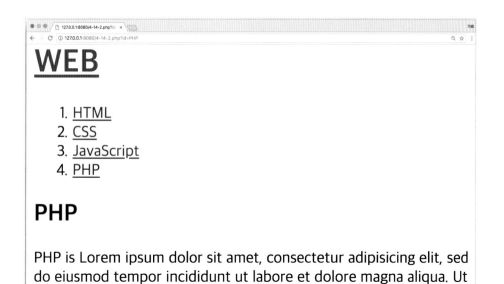

예전과 비교하면 물론 아주 좋아졌지만 사람의 욕심은 끝이 없습니다. 프로그래머들이 상당히 굴욕적으로 느끼는 것 중 하나는 데이터가 바뀌었다고 해서 애플리케이션의 뚜껑을 열고 코드를 바꿔야 되는 상황입니다. 그래서 data 디렉터리에 파일이 추가되면 PHP가 알아서 이를 인식하고 방금 만든 HTML 태그를 프로그래밍적으로 자동으로 생성해준다면 얼마나 좋을까요? 그렇게 하는 수단이 바로 반복문입니다.

```
<ol>
    <li><a href="index.php?id=HTML">HTML</a></li>
    <li><a href="index.php?id=CSS">CSS</a></li>
```

```
        <li><a href="index.php?id=JavaScript">JavaScript</a></li>
        <li><a href="index.php?id=PHP">PHP</a></li>
    </ol>
```

따라서 목록을 만드는 위 코드를 PHP 코드로 바꾸겠습니다. 먼저 한국어로 써보겠습니다. 여기서 중요한 것은 문법보다 우리가 무엇을 하고자 하는지 논리적으로 설명하는 것입니다.

[예제 4-14-3] 자동으로 목록 만들기(의사코드) 의사코드

```
    ... 생략 ...
    <h1><a href="index.php">WEB</a></h1>
    <ol>
        <?php
            data 디렉터리에 있는 파일의 목록을 가져오세요. PHP님
            그 파일의 목록 하나하나를 <li>와 <a> 태그를 이용해 글 목록을 만드세요.
        ?>
    </ol>
    ... 생략 ...
```

위와 같은 작업을 PHP에게 시키고 싶습니다. 그럼 제가 마법을 부려서 한국어로 작성한 내용을 PHP 코드로 바꿔보겠습니다.

※ 예고편에 있는 실습 내용은 뒤에서 실습할 예정이니 따라하지 마세요!

[예제 4-14-4] 자동으로 목록 만들기(진짜 코드) index.php

```
    ... 생략 ...
    <h1><a href="index.php">WEB</a></h1>
    <ol>
        <?php
            $list = scandir('data');
            $i = 0;
            while($i < count($list)) {
                if($list[$i] != '.') {
                    if($list[$i] != '..') {
                        ?>
                        <li><a href="index.php?id=<?=$list[$i]?>"><?=$list[$i]?></a></li>
                        <?php
                    }
                }
```

```
                    $i = $i + 1;
            }
        ?>
    </ol>
    ... 생략 ...
```

강조 표시된 PHP 코드는 이해하려고 하지 마세요. 중요한 것은 이러한 PHP 코드를 통해 data 디렉터리에 있는 파일 목록을 반복해서 꺼내서 프로그래밍적으로 <li> 태그를 생성해 낸다면 data 디렉터리에 MySQL이란 파일을 추가했을 뿐인데, 페이지를 새로고침하면 MySQL이라는 목록이 추가되고 index.php라는 PHP 애플리케이션의 뚜껑을 열고 그 안에 있는 내용을 수동으로 수정하지 않아도 된다는 점입니다. 그러면 data라는 **디렉터리에 콘텐츠를 추가하는 데만 신경 쓰면 된다는 점**입니다. 대단하죠? 엄청 혁신적이지 않나요? 그런데 아직까지 그렇게 하는 방법에 대한 이야기는 하지 않았고, 그에 필요한 개념들을 하나하나 챙겨드리겠습니다.

【예제 4-14-5】 목록에 MySQL 추가   data/MySQL

MySQL is Lorem ipsum dolor sit amet, consectetur adipisicing elit, sed do eiusmod tempor incididunt ut labore et dolore magna aliqua. Ut enim ad minim veniam, quis nostrud exercitation ullamco laboris nisi ut aliquip ex ea commodo consequat. Duis aute irure dolor in reprehenderit in voluptate velit esse cillum dolore eu fugiat nulla pariatur. Excepteur sint occaecat cupidatat non proident, sunt in culpa qui officia deserunt mollit anim id est laborum.

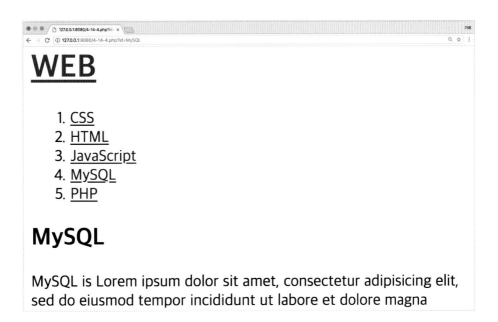

그럼 이번에는 PHP에서의 **반복문**을 살펴보겠습니다. 검색 엔진에서 'php loop statements'로 검색 해서 보면 PHP 공식 문서가 아닌 결과가 많이 나오는데, **공식 문서만 보고싶다면** 'site:php.net php loop statements'로 검색하면 php.net 안에서 검색합니다.

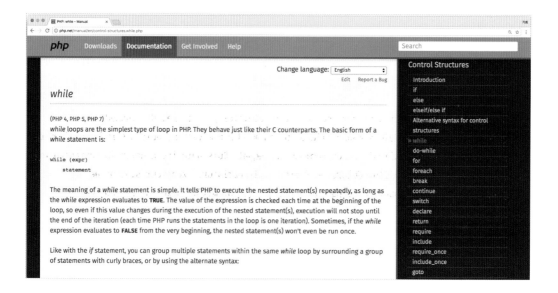

그중에서 while이라고 하는 가장 단순하면서 지금까지 배운 것들을 종합적으로 복습할 수 있고 가장 자유도가 높은 반복문을 사용해 보겠습니다. while 반복문의 형식을 보면 다음과 같습니다.

```
while (expr)
    statement
```

앞서 살펴본 if 문의 형식은 다음과 같았습니다.

```
if (expr)
    statement
```

반복문 역시 똑같습니다. **expr 부분에 표현식**이 오는데 expr이라는 것과 statement의 차이는 expr에는 값이 오는 것입니다. 또는 최종적으로 값이 되는 것이 expr에 옵니다. 예를 들어, 1과 1+1은 expr에 올 수 있습니다. 그러나 if 문 자체는 값이 되지 않기 때문에 statement라 합니다. 그래서 expr에 값이 아닌 statement가 오면 이상합니다. 그리고 staement에는 순수하게 값만 오면 안 되고 while 문이나 if 문이 와야 합니다. 그래서 expr과 statement는 프로그래밍에서 문법을 구성하는 양대 축입니다. 대부분의 문법은 expr과 statemenet 중 하나입니다.

이렇게 해서 while 문의 형식을 확인했습니다. while 문의 **expr 자리**에는 **true**나 **false 같은 불리언 데이터 타입**이 온다고 생각하면 됩니다. 다른 것이 와도 되지만 지금 단계의 학습에서는 앞서 말한 내용처럼 생각하면 됩니다. 그리고 if 문에서의 expr처럼 **expr에 오는 불리언이 참**이면 **while 문의 statement가 실행**되는데 statement가 실행되고, 마지막 statement가 실행되면 다시 PHP는 expr 값을 봅니다. 이번에도 true면 statement가 실행되고, 다시 expr을 봐서 false면 실행이 끝나면서 더는 statement 부분이 실행되지 않도록 약속돼 있습니다. 그래서 **조건을 만족하는 동안 statement가 반복적으로 실행**되므로 반복문을 영어로는 **루프(loop)**라고 합니다. 문법을 실습해 보겠습니다.

먼저 loop.php라는 파일을 만들어보겠습니다.

[예제 4-15-1] loop.php 파일 생성   loop.php

```
<!DOCTYPE html>
<html>
    <head>
        <meta charset="utf-8">
        <title></title>
    </head>
    <body>
        <?php
            echo '1<br>';
            echo '2<br>';
            echo '3<br>';
        ?>
    </body>
</html>
```

위 코드를 실행하면 1, 2, 3이 순차적으로 출력됩니다. 그런데 프로그래밍하다 보면 어떤 조건을 만족하는 동안 2가 여러 번 반복적으로 입력되게 하고 싶을 수 있는데, 이때 **반복문**을 쓰면 됩니다. 그러한 반복문 중 하나가 바로 **while**입니다.

while은 영어로 '**~하는 동안에**'라는 뜻이 있는데, 프로그래밍에서는 **어떤 조건을 만족하는 동안 반복**하는 역할을 하기 때문에 이런 이름이 붙었습니다.

[예제 4-15-2] while 반복문 (실행하지 마십시오)　　　　　　　　　　　　　　　　　loop.php

```
... 생략 ...
<body>
    <h1>while</h1>
    <?php
        echo '1<br>';
        while(true) {
            echo '2<br>';
        }
        echo '3<br>';
    ?>
</body>
    ... 생략 ...
```

위 코드는 지금 바로 실행하지는 마십시오. **괄호 안에는 표현식**이 오는데 표현식에는 **true 아니면 false**, 한마디로 **불리언 데이터 타입**이 옵니다. 그리고 그 값이 true인 동안에 중괄호로 감싼 statement가 반복적으로 실행되는 것이 while 문입니다. 여기서는 while 다음의 괄호 안에 true를 넣고 프로그램을 실행해 볼 예정인데, 여러분은 프로그램을 실행하지 마시고 대신 제 컴퓨터가 엉망이 되는 모습을 보여드리겠습니다.

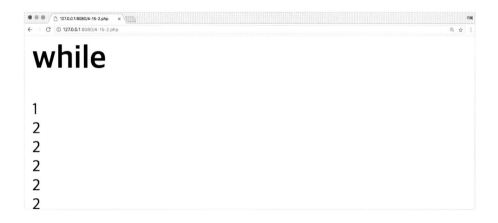

while 문이 계속해서 실행을 끝내지 않고 작업을 합니다(2가 계속해서 출력됩니다). 그리고 제 컴퓨터의 상태를 보니 httpd.bin(웹 서버)의 CPU 점유율이 82%에 육박하고 있는 모습을 볼 수 있습니다.

프로세스 이름	% CPU ∨	CPU 시간	스레드	대기 깨우기	PID	사용자
Google Chrome Helper	100.6	19.62	20	27	11647	
httpd.bin	82.2	18.33	1	0	11881	
활성 상태 보기	22.2	22.77	5	12	10658	
WindowServer	9.4	34:01.70	11	95	195	
Chrome	8.2	6:27.70	37	172	8716	
kernel_task	4.8	50:26.55	148	793	0	
Google Chrome Helper	4.1	4:14.89	9	0	8726	
hidd	1.6	4:22.63	5	0	100	
launchd	1.1	2:09.02	3	1	1	
sysmond	0.4	8.08	3	0	242	
quicklookd	0.2	0.13	8	1	11634	
Finder	0.2	27.97	12	1	381	
Application Manager	0.1	2.97	5	2	11531	
Google Chrome Helper	0.1	30.92	18	2	9047	
opendirectoryd	0.1	42.30	10	1	79	

시스템:	2.52%	CPU 로드	스레드:	1680
사용자:	27.16%		프로세스:	389
대기:	70.32%			

이게 어떤 상황이냐면 echo '2
'; **부분이 무한히 실행**되기 때문에 컴퓨터가 **과부하**를 받는 것이며, 이런 현상을 **무한루프**라고합니다. 그리고 컴퓨터는 경우에 따라 끝나지 않는 작업 혹은 대규모 작업을 해야 하기 때문에 무한루프가 꼭 필요할 때도 있지만 **무한루프는 일반적으로 심각한 결함**입니다.

PHP 프로그램에서는 무한루프를 사용할 일이 별로 없기 때문에 스스로 문제가 있다고 파악하고 멈춰 버립니다. 그러므로 while의 괄호 부분이 상황에 따라 **적절히 true 또는 false가 될 수 있게 코드를 구성**해야 합니다. PHP는 '1'을 출력하고, while 문의 괄호 안의 내용이 true면 중괄호 안의 코드를 하나하나 실행합니다. 그리고 중괄호 안의 코드가 모두 실행되면 다시 while 문의 괄호를 봅니다. 그리고 다시 괄호 안의 값이 true면 중괄호 안의 코드가 실행됩니다. 그럼 언제까지 실행될까요? 괄호 안의 내용이 false가 될 때까지 반복하기로 약속돼 있습니다.

그런데 숫자 '2'를 3번만 출력하고 싶다면 어떻게 해야 할까요? while 문의 중괄호 안의 코드가 3번 출력된 후에 while 문의 괄호 안의 내용이 false가 되면 됩니다. 이를 위해 $i라는 변수에 숫자 0을 넣습니다. 그리고 반복문이 실행될 때마다 $i의 값이 1씩 증가하게 하면 됩니다.

【예제 4-15-3】 변수 i의 값이 1씩 증가하게 만들기   loop.php

```
    ... 생략 ...
    <h1>while</h1>
    <?php
        echo '1<br>';
        $i = 0;
        while(true) {
            echo '2<br>';
            $i = $i + 1;
        }
        echo '3<br>';
    ?>
    ... 생략 ...
```

위 코드를 실행하면 while 문이 실행될 때마다 $i의 값이 1씩 증가할 것입니다. 즉, echo '2
';이 실행되고 $i + 1이 먼저 실행되고, 0 + 1이 돼서 $i = 1;이 실행되어 $i의 값은 1이 되는 것입니다. 그런 다음 역시나 while 문의 괄호 안의 내용이 true이므로 $i의 값은 2가 됩니다. 따라서 true 대신 $i와 숫자 3을 비교해서 $i의 값이 3보다 작은 동안에 ($i < 3) statement를 실행하면 되지 않을까요?

【예제 4-15-4】 변수 i의 값이 3보다 작을 동안 반복문 수행   loop.php

```
    ... 생략 ...
    <h1>while</h1>
    <?php
```

```php
        echo '1<br>';
        $i = 0;
        while($i < 3) {
            echo '2<br>';
            $i = $i + 1;
        }
        echo '3<br>';
    ?>
    ... 생략 ...
```

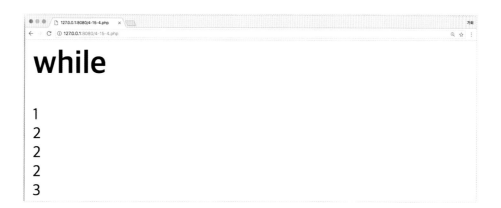

직접 컴퓨터가 되어 한 줄씩 실행해 보겠습니다. $i=0; 부분에서 $i의 값은 0입니다. while($i < 3)
에서 $i 값은 0입니다. 0은 3보다 작나요? 작죠. 그러면 $i < 3은 true가 됩니다. 그리고 echo 부분이
실행되고 $i = $i +1;에서 0에 1을 더하니 $i는 1이 됩니다. 그다음 while($i < 3)에서 $i 값은 1
이 되며, 1이 3보다 작으므로 중괄호 안의 코드가 다시 실행되고, $i의 값은 2가 됩니다. 다시 2는 3보
다 작으니 중괄호 안의 코드가 실행되고, $i의 값은 3이 됩니다. 3은 3보다 작지 않으니 while($i<3)
의 조건은 false가 되면서 while 문이 끝나고, echo '3
';이 실행되면서 위와 같은 결과를 얻게 됩
니다.

$i	0	1	2	3
$i < 3	true	true	True	false
echo '2 ';	출력	출력	출력	
$i = $i + 1;	1	2	3	
echo '3 ';				출력

즉, 반복문이라는 것은 시간 순서에 따라 코드가 실행되는데 while **문의 조건을 만족하는 동안 중괄호 안의 코드가 반복적으로 실행되게 할 수 있기 때문**에 실행되는 순서를 제어하는 **제어문**이라고 할 수 있고, 앞에서 살펴본 조건문과 반복문이라고 하는 것은 어쩌면 우리 인간사에서 일어나는 대부분의 일에서 더는 쪼갤 수 없는 가장 작은 단위라고 할 수 있습니다.

이렇게 해서 반복문 중 하나인 while 문을 살펴봤습니다. 보다시피 while 문은 우리가 배운 내용을 모두 동원하고 있습니다. 불리언부터 시작해서 비교 연산자까지 말이죠. 이번 수업에서는 while 문에 대해 살펴봤고, 다음 시간에는 우리가 알고 있는 바를 최대한 활용해서 우리가 가진 문제를 해결해 보겠습니다.

이번 시간에는 반복문을 이용해 예제 애플리케이션을 개선하면 좋겠지만 **배열**이란 것을 먼저 배우고 가겠습니다. 지금부터 살펴볼 배열이란 주제는 **반복문과 떼려야 뗄 수 없는 관계**에 있습니다. 문법적으로 두 가지는 별개지만 이 두 가지를 별개로 배우면 의미가 없습니다.

배열을 살펴보기 전에 배열이라는 것과 현실에서의 유사성이 있는 사례를 조금 말씀드리고 출발하겠습니다. 여러분이 집을 샀습니다. 처음에는 집만 있어도 되겠죠? 점점 물건들이 쌓이면 수납공간에 관심이 생깁니다. 크게는 방을 구분하고 싶어지고, 작게는 수납상자 또는 선반, 책장 등을 사고 싶어집니다. 왜 그런가요? 그것이 일상의 복잡도와 관련돼 있기 때문입니다. 짐이 많아지면 복잡도가 기하급수적으로 늘어납니다. 짐 하나가 추가되면 다른 짐과 상호간섭하면서 우리의 머릿속에서 정보량이 많아지고, 정보량이 많아지면 우리의 머리는 고통스러워지고 그 고통을 해소하는 방향으로 움직이기 때문에 자연스럽게 수납을 하기 위한 것들을 사고 싶어지는 욕망이 생깁니다. 일상에서 구입하는 수많은 것들이 결국에는 정리 정돈을 위한 것들입니다.

프로그래밍도 마찬가지로 코드나 처리해야 할 데이터가 많아짐에 따라 자연스럽게 그것을 정리 정돈해야 할 필요성이 생깁니다. 그것들을 정리하지 않으면 소프트웨어는 그 복잡도로 인해 더 이상 큰 복잡도에 도전하지 못하며, 고만고만한 소프트웨어로 끝나게 됩니다. 여러분이 소프트웨어를 만들다 보면 데이터가 됐든 코드가 됐든 정리 정돈하는 수단들을 욕망하기 시작합니다. **첫 번째 정리 정돈 수단**으로 **배열**을 살펴볼 것이며, 배열이란 수납상자에는 데이터가 들어갑니다. 우리가 배운 데이터 타입에는 무엇이 있나요? 숫자, 문자열, 불리언과 같은 것들을 배열이란 수납상자에 정리 정돈해서 보관할 수 있습니다.

그럼 지금부터 배열이란 형식을 알아보겠습니다. 'site:php.net array'로 검색해 보겠습니다. 보다시피 배열에 대한 검색 결과가 나옵니다.

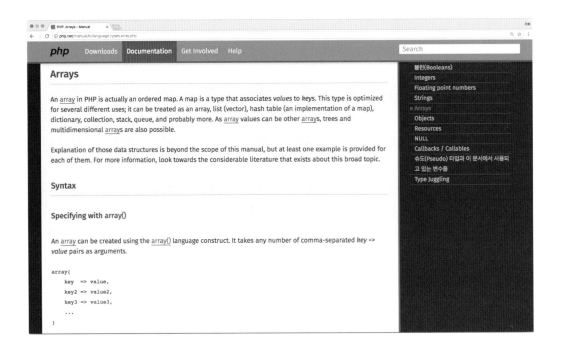

즉 키(key)와 값(value)이 있다고 돼 있습니다. 예제를 보겠습니다.

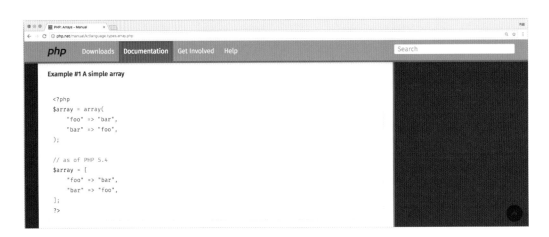

위와 같이 정리 정돈하면 됩니다.

일단 예제를 작성해 보겠습니다. array.php를 만들어보겠습니다. 첫 번째 배열을 만들어 봅시다. 배열을 만들 때는 array('egoing', 'leezche', 'duru '', 'taeho');와 같이 작성합니다. 이것은 4개의 문자열을 담고 있는 배열의 표현식입니다. $coworkers라는 변수에 배열을 담은 것입니다.

```
<!DOCTYPE html>
<html>
    <head>
        <meta charset="utf-8">
        <title></title>
    </head>
    <body>
        <h1>Array</h1>
        <?php
            $coworkers = array('egoing', 'leezche', 'duru', 'taeho');
        ?>
    </body>
</html>
```

검색 엔진에 'site:php.net php data types'를 검색해 보겠습니다. 보다시피 앞에서 배운 **기초적인 데이터 타입**이 있고, **four compound types**가 있는데, 이러한 타입으로 array, object, callable, iterable이 있습니다. 그중 하나가 **배열**입니다. 배열을 배운다는 것은 한편으로 앞서 배운 5번째 데이터 타입을 배우고 있는 것입니다.

array('egoing', 'leezche', 'duru', 'taeho');라는 것은 배열을 표현하는 표현식입니다. 이렇게 배열을 만들고 그것을 변수에 담으면 그 변수는 배열의 이름이 되는 것입니다. 배열이라는 것을 수납상자에 비유했는데 수납상자에 담는 방법을 알았기 때문에 **꺼내는 방법**도 알아야 합니다. 이 배열에서 두 번째 값을 꺼내고 싶다면 다음과 같이 작성하면 됩니다.

```
        ... 생략 ...
        <h1>Array</h1>
        <?php
            $coworkers = array('egoing', 'leezche', 'duru', 'taeho');
            echo $coworkers[1];
        ?>
        ... 생략 ...
```

배열의 순서를 카운팅할 때는 0부터 시작합니다.

그리고 $coworkers[3]은 "taeho"가 될 것입니다.

【예제 4-16-3】 배열에서 네 번째 값 꺼내기　　　　　　　　　　　　　　　　　　　　　　loop.php

```
... 생략 ...
<h1>Array</h1>
<?php
    $coworkers = array('egoing', 'leezche', 'duru', 'taeho');
    echo $coworkers[1].'<br>';
    echo $coworkers[3].'<br>';
?>
... 생략 ...
```

즉, 배열이라는 수납상자는 기본적으로 여러분이 담고 싶은 **어떤 값을 순서대로 담는 것**입니다. 그리고 순서대로 담으면 **첫 번째 자리인 0부터 시작**하고, **순차적으로 번호가 부여**되고 그 **번호를 통해 값을 꺼낼** 수 있습니다. 값을 꺼내는 것까지 했으면 그다음으로 중요한 것은 무엇일까요? 선반이 있다면 경우에 따라 선반에 대한 어떤 정보가 필요할 때가 있습니다. 바로 이 안에 짐이 몇 개가 들어있냐는 것입니다. 검색을 통해 알아보겠습니다.

검색 엔진에서 'php array total count'를 검색하면 count( )가 나옵니다.

count( )는 배열 원소(elements)의 개수를 돌려주는 역할을 합니다. 따라서 아래 코드를 실행하면 3이 출력됩니다. 배열 내 원소의 자릿수는 0, 1, 2며 원소 개수를 셀 때는 1, 2, 3입니다.

【예제 4-16-4】 count( ) 함수로 배열의 원소 개수 알아보기   loop.php

```
... 생략 ...
<h1>Array</h1>
<?php
    $coworkers = array('egoing', 'leezche', 'duru', 'taeho');
    echo $coworkers[1].'<br>';
    echo $coworkers[3].'<br>';
    var_dump(count($coworkers));
?>
... 생략 ...
```

그럼 코드를 실행해 볼까요?

위 출력 결과의 의미는 $coworkers라는 변수가 가리키는 배열에는 **값이 총 4개가 담겨 있다**라는 뜻입니다. 배열을 사용하다 보면 배열의 값을 추가하고 지우고 중간에 넣고 무작위로 섞는 작업들이 필요한데, 이 중에서 한두 가지만 살펴보겠습니다.

먼저 배열에 없는 값을 끝에 추가하고 싶다면 어떻게 해야 할까요? 검색을 통해 알아보겠습니다. 검색 엔진에서 'php array add value'를 검색한 결과에서 array_push( )를 살펴보겠습니다.

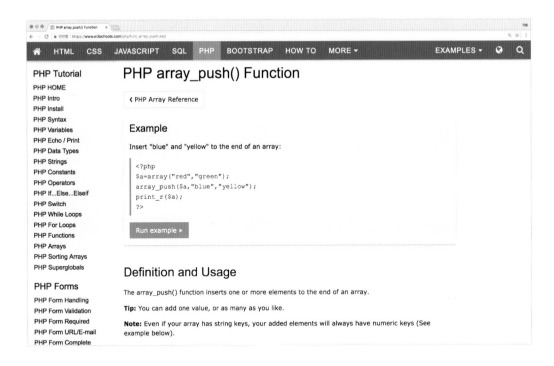

push는 영어로 무슨 뜻인가요? '밀어넣다'라는 뜻입니다. 예제를 보니 $a라는 변수는 두 개의 원소를 담은 채로 출발한 상태입니다. 그런 다음 **array_push()**라는 함수에 **첫 번째 입력값으로 배열을 주고, 두 번째, 세 번째 입력값으로 추가하고 싶은 값을 주면** 됩니다.

[예제 4-16-5] array_push( ) 함수로 배열에 값 추가   loop.php

```
... 생략 ...
<h1>Array</h1>
<?php
    $coworkers = array('egoing', 'leezche', 'duru', 'taeho');
    ... 생략 ...
    echo '<br>';
    array_push($coworkers , 'graphittie');
    var_dump($coworkers);
?>
... 생략 ...
```

위 코드의 결과를 살펴봅시다. 출력 결과 페이지에서 소스 보기를 해봅시다.

$coworkers라는 변수가 가리키고 있는 배열은 **5개의 원소**로 이뤄져 있고, 0번째에는 "egoing", **마지막에는 "graphittie"**가 있다고 돼 있습니다.

$coworkers 변수가 가리키는 배열 끝에 array_push( )와 같은 방식으로 값을 추가하는 것이 아니라 첫 번째 자리에 넣는다거나 중간에 넣는다거나 3번째 자리의 값을 지우려면 어떻게 해야 할까요? 검색을 통해 알아내거나 PHP 공식 홈페이지에서 'php array'라고 돼 있는 항목으로 들어가면 PHP 배열에 대한 소개 페이지가 나옵니다.

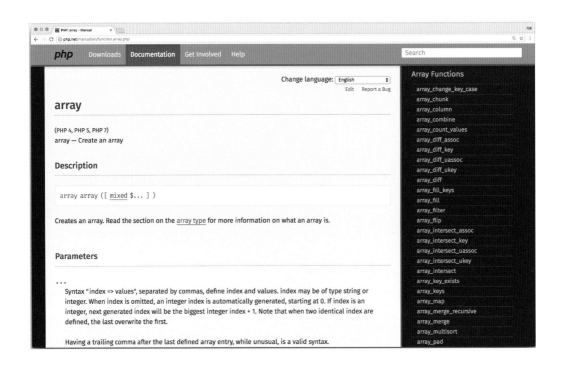

우측에 'Array Functions'라는 항목이 나오는데 이 목록의 이름을 보면 어떤 역할을 하는지 짐작할 수 있습니다.

살다 보면 그동안 하나하나 느낌만으로 알고 있다가 실제로 어떤 것이 필요해질 때가 있습니다. 그럼 그 일을 해결하는 방법을 검색하거나, 질문하거나, 이처럼 매뉴얼에 있는 이름을 보고 추론을 통해 해결하면 됩니다. 이렇게 하지 않고 각 함수나 명령들을 하나하나 순차적으로 공부하게 되면 금방 지루해지고, 더는 공부하지 않게 될 것입니다.

이번 시간에는 지금까지 배운 내용을 총동원해서 우리의 문제를 해결해 보겠습니다. 이번에 해결해야 할 문제의 해법에 대해 단편적으로 가지고 있는 생각들을 분명히 할 필요가 있습니다. 먼저 data 디렉터리 안에 있는 파일의 목록을 알아야 합니다. 그리고 그 목록에 있는 각 항목들을 하나하나 꺼내서 〈li〉와 〈a〉로 이뤄져 있는 각각의 코드로 프로그래밍적으로 생산하고 싶습니다. 이런 경우 어떻게 문제를 해결하는지 저의 마음속 소리를 들려드리겠습니다. 각자가 선호하는 검색 엔진을 열고 'php get file list in directory'를 검색해 봅니다. 위에 있는 검색 결과부터 하나하나 확인하는 과정에서 이해가 되지 않는 것이 있을 수 있습니다. 저만 해도 영어가 해석되지 않는 경우가 있고, 코드 자체가 이면에 좀 더 복잡한 개념을 품고 있어서 아예 이해가 안 갈 수도 있습니다. 코딩을 처음 하시는 분들은 학교 다닐 때의 공부법이 몸에 배어 있을 텐데 학교에서 만나게 되는 문제와 현실에서 만나는 문제는 판이하게 다릅니다.

우리가 시험을 볼 때 푸는 문제들은 두 가지 감정을 갖게 합니다. 하나는 '답이 있다'라는 자신감입니다. 두 번째는 '내가 모르는 것뿐이야'라는 위축되는 패배감입니다. 현실에서는 내가 해결할 수 없거나 인류가 해결할 수 없는 문제가 산적해 있습니다. 제 머릿속에는 10분이면 해결할 수 있는 문제도 있지만 1년, 5년, 10년, 어쩌면 평생 동안 문제 의식을 가지고 정기적으로 방문하면서 제가 혹은 인류가 해결할 수 있게 됐는지를 확인하는 문제도 있습니다. 문제를 해결하는 사람에게 있어서 문제는 우리가 말살해야 하는 적대적 대상이라기보다 그 문제가 있기 때문에 내가 존재하는 의미가 있다라는 점에서 사랑의 대상이기도 합니다. 검색 결과 중에서 scandir( )을 확인해 보겠습니다.

scandir()에서 scan은 그냥 '스캔하다', dir은 '디렉터리'이기에 '디렉터리 안의 무엇인가를 스캔한다'
라고 생각할 수 있고, 그 무엇이 파일이 아닐까라고 추론할 수 있으며, 결국 이 함수가 어떤 특성을 가
진 함수인지 찾아보겠죠. scandir()을 찾았으니 공식 문서에서 찾아봅시다. 'site:php.net scandir'로
검색해서 공식 문서로 확인하는 것도 좋습니다.

scandir( )이라는 함수는 보다시피 **입력값으로 첫 번째 자리에 문자열 형식으로 디렉터리**가 들어옵니다. directory는 **스캔하려는 디렉터리의 경로**를 적는다는 뜻입니다. 그리고 이 함수의 설명 중 대괄호 부분은 써도 좋고 안 써도 좋다는 뜻이고 대괄호로 묶여 있지 않은 것은 반드시 지정해야 하는 필수적인 내용이라는 의미를 갖습니다. 아울러 이 함수를 실행하면 최종적으로 array가 되는 표현식이라 적혀 있습니다.

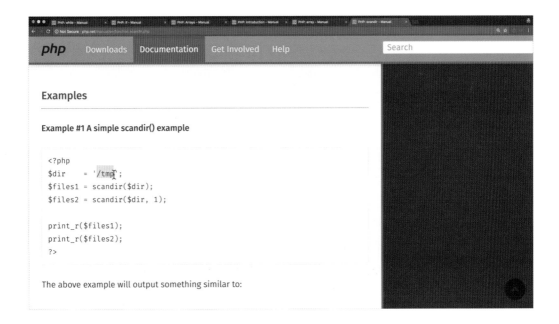

예제를 보면 입력값으로 경로를 지정했을 때 결과가 배열이면서 파일의 이름이 배열에 담겨서 제공됩니다. 이번 시간에는 scandir( )이라는 부품이 왠지 우리가 사용할 수 있는 부품인 것 같습니다. scandir( )의 성격과 특징을 수단과 방법을 가리지 않고 요리조리 살펴보며 부품에 대한 이해도를 높여 봅시다. 본 예제에서 <li> 부분을 지우고 다음과 같이 작성합니다.

【예제 4-17-1】 scandir( ) 함수로 디렉터리 스캔하기   index.php

```
... 생략 ...
<body>
    <h1><a href="index.php">WEB</a></h1>
    <ol>
        <?php
            $list = scandir('./data');
            var_dump($list);
        ?>
    </ol>
    ... 생략 ...
</body>
... 생략 ...
```

제가 스캔하고 싶은 디렉터리는 index.php라는 현재 파일과 같은 디렉터리에 있는 data라는 디렉터리이므로 scandir( ) 안에 **data**라고 적어도 좋고, 좀 더 명시적으로 index.php 파일이 위치하고 있는 **현재 디렉터리 아래라는 의미로** ./를 지정합니다(참고로 ../는 부모 디렉터리를 가리킵니다). 그런 다음 그 결과를 $list라는 변수에 담고 어떤 값을 리턴하는지 확인해 보겠습니다.

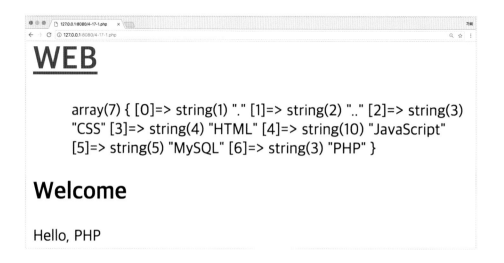

```
 7      <body>
 8          <h1><a href="index.php">WEB</a></h1>
 9          <ol>
10              array(7) {
11  [0]=>
12  string(1) "."
13  [1]=>
14  string(2) ".."
15  [2]=>
16  string(3) "CSS"
17  [3]=>
18  string(4) "HTML"
19  [4]=>
20  string(10) "JavaScript"
21  [5]=>
22  string(5) "MySQL"
23  [6]=>
24  string(3) "PHP"
25  }
26          </ol>
27          <h2>
28              Welcome          </h2>
29          Hello, PHP    </body>
```

$list에 담긴 값은 **배열**이고, **원소가 7개**이며, 첫 번째는 ., 두 번째는 .., 세 번째는 CSS, 네 번째는 HTML, 다음은 차례로 JavaScript, MySQL, PHP임을 알 수 있습니다. 여기까지입니다. 예제에서 굉장히 중요한 첫 번째 부품을 가져왔습니다. 즉, scandir( ) 함수를 통해 data라고 하는 디렉터리 안의 파일을 가져올 수 있고, 그렇게 가져온 파일 목록을 배열에 담아서 돌려준다는 것을 알 수 있습니다. 배열은 이처럼 서로 연관된 데이터를 담는 그릇으로 쓰인다라는 점을 이번 시간에 느끼셨으면 이번 수업은 완전히 성공한 셈입니다. 그럼 다음 시간에는 조건문과 반복문을 합성해서 우리가 만들고자 하는 것을 완성해 봅시다.

이전 시간에 scandir()이라는 보석 같은 함수를 발견했고, 그 함수를 이용하면 특정한 디렉터리에 소속 돼 있는 파일 목록을 배열로 받아낼 수 있다는 것을 알았습니다. 이제부터 무엇을 해야 할지 생각해 보면 서 배열에 담긴 각 원소를 하나씩 반복해서 꺼냅니다. 더 이상 꺼낼 것이 없을 때까지 말이죠. 그렇게 꺼 낸 것을 이용해 〈li〉 태그와 〈a〉 태그를 이용해 글 목록을 프로그래밍적으로 만들어내면 문제를 해결 한 것이겠죠? 우선 $list라는 배열에 담긴 값을 반복문 없이 수동으로 사용해 봅시다.

[예제 4-17-2] 수동으로 $list 배열에 담긴 값을 목록으로 만들기   index.php

```
... 생략 ...
<body>
    <h1><a href="index.php">WEB</a></h1>
    <ol>
        <?php
            $list = scandir('./data');
            echo "<li>$list</li>";
        ?>
    </ol>
    ... 생략 ...
</body>
... 생략 ...
```

큰따옴표로 묶여 있는 경우에 $list라고 지정하면 PHP가 $ 뒤에 있는 이름을 변수라고 생각합니다. $list 배열에 있는 첫 번째 요소를 가져와서 목록으로 만들어 보겠습니다.

[예제 4-17-3] $list 배열에 담긴 첫 번째 값을 목록으로 만들기   index.php

```
... 생략 ...
<body>
    <h1><a href="index.php">WEB</a></h1>
    <ol>
```

```
        <?php
            $list = scandir('./data');
            echo "<li>$list[0]</li>";
        ?>
    </ol>
    ... 생략 ...
</body>
... 생략 ...
```

이렇게 하면 .이 생성됩니다.

이번에는 배열의 모든 요소를 출력해보고, 줄바꿈이 되도록 \n을 추가해 보겠습니다. \n은 HTML이
아닌 일반적인 텍스트 문서에서의 줄바꿈을 의미합니다.

[예제 4-17-4] 배열의 모든 요소를 목록으로 만들기   index.php

```
    ... 생략 ...
    <h1><a href="index.php">WEB</a></h1>
    <ol>
        <?php
            $list = scandir('./data');
```

```
        echo "<li>$list[0]</li>\n";
        echo "<li>$list[1]</li>\n";
        echo "<li>$list[2]</li>\n";
        echo "<li>$list[3]</li>\n";
        echo "<li>$list[4]</li>\n";
        echo "<li>$list[5]</li>\n";
      ?>
    </ol>
    ... 생략 ...
  </body>
  ... 생략 ...
```

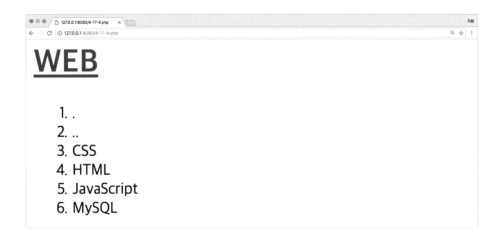

보다시피 점들은 무시하고, $list[2]는 CSS, 그다음 HTML, 그다음 JavaScript가 되는 것입니다. 많은 운영체제가 **현재 디렉터리를 의미하기로 약속된 기호**로 .을 많이 씁니다. 그리고 **현재 디렉터리의 부모 디렉터리를 의미**하는 것으로 ..을 많이 씁니다.

scandir() 함수는 여러분이 원하는 디렉터리 안에 있는 파일 목록과 현재 디렉터리를 의미하는 . 하나와 부모 디렉터리를 의미하는 ..을 배열에 담아 돌려주는 함수입니다. 사실 앞에 있는 .과 ..은 필요 없으니 나중에 처리하겠습니다.

수동으로 코드를 보면 패턴이 있습니다. **각 숫자를 제외한 나머지는 똑같습니다. 반복**되고 있습니다. 이 반복 부분을 반복문을 통해 우리가 직접 코딩하지 않고도 코딩한 것과 똑같은 효과를 낼 수 있습니다. 지금까지 작성한 코드는 /* */로 감싸두겠습니다. **/* */ 안에 코드를 넣으면 PHP가 그 코드는 없는 셈 칩니다.** 이런 것을 **주석**이라고 하며, 주석은 **메모나 특정 코드를 비활성화**할 때 쓰입니다.

【예제 4-17-5】 수동으로 만든 목록을 주석으로 만들기 **index.php**

```php
... 생략 ...
<body>
    <h1><a href="index.php">WEB</a></h1>
    <ol>
        <?php
            $list = scandir('./data');


            /*
            echo "<li>$list[0]</li>\n";
            echo "<li>$list[1]</li>\n";
            echo "<li>$list[2]</li>\n";
            echo "<li>$list[3]</li>\n";
            echo "<li>$list[4]</li>\n";
            echo "<li>$list[5]</li>\n";
            */
        ?>
    </ol>
    ... 생략 ...
</body>
... 생략 ...
```

【예제 4-17-6】 반복문을 이용해 목록 만들기 **index.php**

```php
... 생략 ...
<body>
    <h1><a href="index.php">WEB</a></h1>
    <ol>
        <?php
            $list = scandir('./data');
            $i = 0;
            while($i < 6) {
                echo "<li>$list[$i]</li>\n";
                $i = $i + 1;
            }
            ... 생략 ...
        ?>
    </ol>
```

```
    ... 생략 ...
  </body>
    ... 생략 ...
```

그런데 반복문은 어떻게 썼죠? **$i = 0**을 작성하고, **while** 문을 씁니다. 중괄호에 **$i = $i + 1**을 쓰고, 항목이 0부터 5까지니 6개의 항목이 있습니다. 그래서 **$i가 6보다 작은 동안에 반복문을 실행하도록** 만들면 됩니다. 그리고 주석으로 처리한 코드 하나를 복사한 후 붙여넣어서 무엇을 고치면 될까요? $i라는 변수는 우연인지 필연인지 while 문이 동작하면서 0부터 5까지 숫자가 1씩 올라갑니다. 우리가 하고 싶은 것은 공교롭게도 0, 1, 2, 3, 4, 5입니다. $i의 크기가 달라지는 것과 우리가 출력해야 할 것이 같습니다. 그래서 **$list[$i]**라고 작성하면 됩니다.

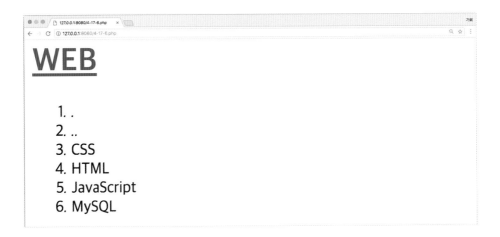

그런데 조금 아쉽습니다. data 디렉터리에 **GIT이란 항목을 추가**해 보겠습니다.

[예제 4-17-7] data 폴더에 GIT 데이터 파일 생성   data/GIT

```
GIT is Lorem ipsum dolor sit amet, consectetur adipisicing elit, sed do eiusmod tempor
incididunt ut labore et dolore magna aliqua. Ut enim ad minim veniam, quis nostrud exercitation
ullamco laboris nisi ut aliquip ex ea commodo consequat. Duis aute irure dolor in reprehenderit
in voluptate velit esse cillum dolore eu fugiat nulla pariatur. Excepteur sint occaecat
cupidatat non proident, sunt in culpa qui officia deserunt mollit anim id est laborum.
```

GIT이란 항목을 추가하고 페이지를 새로고침하면 글 목록이 바뀌긴 했지만 항목이 추가되지 않았습니다. 다시 말해 파일들의 개수에 따라 while 문이 실행되는 횟수가 동적이지 않고 정적입니다. 6보다 작은 동안이기 때문입니다. 즉 5번만 실행됩니다. 그럼 6 대신 **scandir()이 돌려준 배열에 담긴 원소의 개수를 지정**하면 되지 않을까요? 검색해 보겠습니다. 검색 엔진에서 "php array elements count"로 검색해 보면 count()라는 함수가 있다는 것을 알 수 있습니다. 그래서 6 대신 count($list)를 넣으면 다음과 같은 결과를 볼 수 있습니다.

【예제 4-17-8】 data 디렉터리에 있는 파일 개수만큼 목록 만들기   **index.php**

```
... 생략 ...
<body>
    <h1><a href="index.php">WEB</a></h1>
    <ol>
        <?php
            $list = scandir('./data');
            $i = 0;
            while($i < count($list)) {
                echo "<li>$list[$i]</li>\n";
                $i = $i + 1;
            }
            ... 생략 ...
        ?>
    </ol>
    ... 생략 ...
</body>
... 생략 ...
```

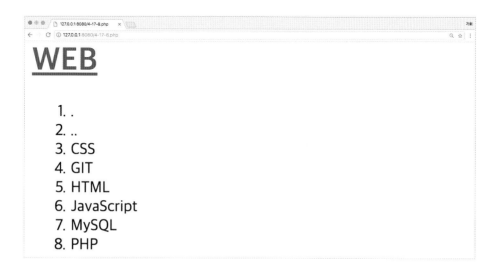

GIT이란 파일을 삭제하면 목록에서 GIT이 사라지는 모습을 볼 수 있습니다. 보다시피 **data 디렉터리 안에 파일의 개수만큼 반복문이 실행**되는 것을 알 수 있습니다.

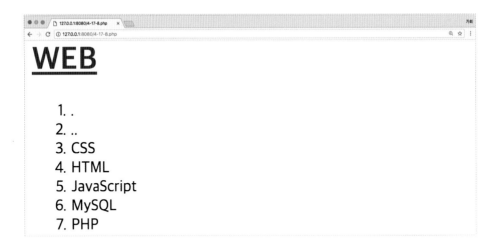

여기서 조금만 더 나아가 보겠습니다. **각각의 글 목록은 클릭했을 때 링크**가 돼야 합니다. $list[$i]를 〈a〉 태그로 감싸고 href의 속성값을 써야 하는데, PHP에서 큰따옴표는 문자가 끝나는 기호이므로 엉망이 됩니다. 그래서 큰따옴표를 입력하기 위해서는 큰따옴표가 PHP에서 문자의 시작과 끝을 나타내는 구분자가 아니라 그냥 문자라는 것을 PHP에게 알려줘야 합니다.

앞에 \을 쓰면 \ 직후에 나타나는 문자를 그 문자가 가지고 있는 문법적인 기능을 무시하고 **일반 문자로 처리**하도록 약속돼 있습니다. **\"\"는 문자열 ""**가 되는 것입니다. 그러므로 href=\"index.php?id=$list[$i]\"라고 쓰고 프로그램을 실행해 보면 각 항목에 링크가 걸립니다.

[예제 4-17-9] 목록에 링크 추가   index.php

```
    ... 생략 ...
<body>
    <h1><a href="index.php">WEB</a></h1>
    <ol>
        <?php
            $list = scandir('./data');
            $i = 0;
            while($i < count($list)) {
                echo "<li><a href=\"index.php?id=$list[$i]\">$list[$i]</a></li>\n";
                $i = $i + 1;
```

```
            }
            ... 생략 ...
        ?>
    </ol>
    ... 생략 ...
</body>
... 생략 ...
```

그럼 페이지의 소스코드를 봅시다.

```
1  <!DOCTYPE html>
2  <html>
3      <head>
4          <meta charset="utf-8">
5          <title></title>
6      </head>
7      <body>
8          <h1><a href="index.php">WEB</a></h1>
9          <ol>
10             <li><a href="index.php?id=.">.</a></li>
11 <li><a href="index.php?id=..">..</a></li>
12 <li><a href="index.php?id=CSS">CSS</a></li>
13 <li><a href="index.php?id=HTML">HTML</a></li>
14 <li><a href="index.php?id=JavaScript">JavaScript</a></li>
15 <li><a href="index.php?id=MySQL">MySQL</a></li>
16 <li><a href="index.php?id=PHP">PHP</a></li>
17         </ol>
18         <h2>
19             Welcome        </h2>
20         Hello, PHP    </body>
21 </html>
```

<li>와 <a>로 이뤄져 있는 코드가 프로그래밍적으로 생성된다는 것을 알 수 있습니다. 여기에 있는 .과 ..은 우리가 원하는 것이 아닙니다. 따라서 이 반복문을 실행하면서 .이나 ..이 나오면 무시하게 하면 됩니다. 이렇게 하는 방법은 다음 시간에 살펴보겠습니다.

지금까지 만든 애플리케이션은 상당히 개선됐지만 개선됨과 동시에 여러 가지 문제가 발생합니다. 소프트웨어를 개발하는 과정은 고된 과정입니다. 기능을 추가할 때마다 기존의 여러 가지 문제와 얽히고설켜 문제가 기하급수적으로 늘어납니다. .과 ..이라는 콘텐츠와는 상관없는 scandir()이 갖고 있는 특성이 노출됐으므로 .과 ..을 어떻게 배제할 것인지 고민이 됩니다. **아주 쉬운 방법**은 i의 값이 0부터 시작하는데, scandir()은 .과 ..을 맨 먼저 알려줍니다. 그러므로 **i를 2부터 시작**하면 쉽게 해결됩니다. 하지만 scandir()이라는 함수가 꼭 첫 번째로 .과 ..을 준다고 확신하기는 어렵습니다. 그래서 이곳에서는 괜찮지만 다른 곳에서는 문제가 될 수 있는 방법입니다. 근본적인 해결책을 살펴보면 이렇습니다. while 문 안에서 현재 항목은 $list[$i]를 통해 알 수 있습니다. **그 값이 .이나 ..이 아닌 경우에 코드가 실행되게** 하면 되지 않을까요? 이제야 비로소 **비교 연산자**가 나오겠네요.

$list[$i] == '.';은 무슨 의미인가요? 좌항과 우항의 값이 같으냐 다르냐에 따라 true나 false, 즉 불리언이 되는 표현식이죠. 제가 원하는 것은 좌항과 우항이 같으냐가 아니라 **다르냐**입니다. 그때 사용하는 비교 연산자가 !=입니다. !=은 **양쪽 항의 값이 다를 때 참**이 됩니다. **같으면 false**가 됩니다. ==와 !=은 서로 정반대의 역할을 합니다. 만약 $list[$i]의 값이 .과 다른 경우에 아래 코드를 실행하면 되지 않을까요?

프로그램을 다음과 같이 수정하고 실행해 보겠습니다.

[예제 4-17-10] .이 아닌지 확인한 다음 목록에 추가　　　　　　　　　　　　　　　　　　　index.php

```
... 생략 ...
<body>
    <h1><a href="index.php">WEB</a></h1>
    <ol>
        <?php
            $list = scandir('./data');
            $i = 0;
            while($i < count($list)) {
```

```
                if($list[$i] != '.') {
                    echo "<li><a href=\"index.php?id=$list[$i]\">$list[$i]</a></li>\n";
                }
                $i = $i + 1;
            }
            ... 생략 ...
        ?>
    </ol>
    ... 생략 ...
</body>
... 생략 ...
```

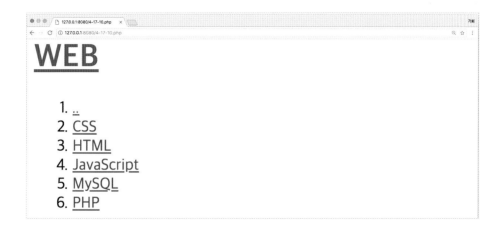

.은 무시됐는데 ..은 무시되지 않았습니다. 아름답지 않지만 조건문에 또 조건문을 넣어보겠습니다.

그럼 .이 아닌 경우와 ..이 아닌 경우에 코드가 실행됩니다.

[예제 4-17-11] .과 ..이 아닌지 확인한 다음 목록에 추가   **index.php**

```
... 생략 ...
<body>
    <h1><a href="index.php">WEB</a></h1>
    <ol>
        <?php
            $list = scandir('./data');
            $i = 0;
            while($i < count($list)) {
```

```
                        if($list[$i] != '.') {
                            if($list[$i] != '..') {
                                echo "<li><a href=\"index.php?id=$list[$i]\">$list[$i]</a></li>\n";
                            }
                        }
                        $i = $i + 1;
                    }
                    ... 생략 ...
                ?>
            </ol>
            ... 생략 ...
        </body>
        ... 생략 ...
```

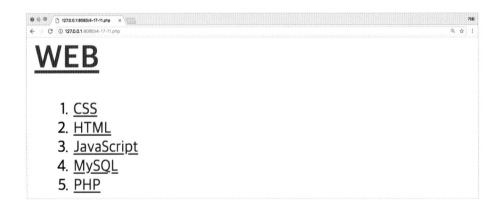

이렇게 해서 문제를 완벽하게 해결했습니다. 물론 PHP가 가지고 있는 문법을 고급스럽게 활용하면 코드의 양을 많이 줄일 수 있습니다.

제가 영어 공부를 하면서 느끼는 건데, 저는 영어를 정말 오랫동안 공부했는데 부끄럽게도 영어로 말을 만들어 내지 못합니다. 정말 단순한 몇 개의 단어로 의미를 만들어내는 연습을 안 해봤기 때문입니다. 단순한 문법이나 단순한 어휘로 의미를 만들어 내는 것은 그것대로 충분한 수련이 필요합니다. 코딩도 마찬가지입니다. 코딩도 최소한의 문법으로, 세련되지 않은 방법으로 문제를 해결하는 과정을 충분히 수련할 필요가 있습니다. 이것이 세련됐는지 아닌지를 파악하기는 어렵지만 더 많은 것들을 배우려는 욕심이 생길 수 있기 때문에 가장 기본적인 것으로 세련되지 않게 문제를 해결하는 수련이 필요하고, 그것이 실력입니다.

이번 시간은 여기까지 하겠습니다. 여기까지 오면 우리 수업의 정상에 도달한 것입니다. 이 예제에 새로운 항목을 추가해 보겠습니다. data 디렉터리에 GIT이란 파일을 추가해 보겠습니다. 그럼 GIT이란 목록이 추가됩니다.

【예제 4-17-12】 data 폴더에 GIT 데이터 파일 생성　　　　　　　　　　　　　　　　　　　data/GIT

```
GIT is Lorem ipsum dolor sit amet, consectetur adipisicing elit, sed do eiusmod tempor
incididunt ut labore et dolore magna aliqua. Ut enim ad minim veniam, quis nostrud exercitation
ullamco laboris nisi ut aliquip ex ea commodo consequat. Duis aute irure dolor in reprehenderit
in voluptate velit esse cillum dolore eu fugiat nulla pariatur. Excepteur sint occaecat
cupidatat non proident, sunt in culpa qui officia deserunt mollit anim id est laborum.
```

즉, 우리의 관심사는 더 이상 index.php가 아니며, data 디렉터리에 파일을 추가하는 것만으로 아무리 많은 웹 페이지도 표현할 수 있는 엄청난 능력을 얻게 된 것입니다. 예전에 HTML로만 만들어진 웹 사이트를 생각해 보면 지금은 완전히 혁명적 변화를 겪은 것이라 생각합니다. 우리가 무엇을 해냈는지 곰곰이 음미하길 바랍니다. 여기가 우리 수업의 정상입니다. 이제부터 하산하는 과정을 진행해 봅시다.

18 | 함수 만들기 예고

지금부터 **함수**라고 하는 대단원이 시작됩니다. 함수는 크게 두 가지 측면이 있습니다. 하나는 내가 만든 함수가 아닌 PHP에서 기본적으로 만들어서 PHP라는 언어를 쓰는 사람이 쓸 수 있도록 제공하는 **함수를 사용하는 것**입니다. 이것은 지금까지 쭉 해봤을 것입니다. 이를테면 scandir( ), strlen( ), count( ) 등을 사용했고, 그러한 함수들은 기본적으로 내장된 함수라는 점에서 **내장 함수(bulit in function)**라고 합니다. 지금까지는 내장 함수를 사용하는 방법을 살펴봤는데 이제부터는 우리도 함수를 직접 만들어서 써봐야 하지 않겠어요? 그래서 이제부터 함수의 소비자뿐만 아니라 생산자도 되어 보겠습니다. 우선 함수를 배우기 전에 함수를 이용해 우리가 처한 상황을 어떻게 개선할지 살펴보고, 함수의 문법을 배우고 그렇게 배운 함수를 이용해 예제 애플리케이션을 좀 더 수준 높은 애플리케이션으로 만들겠습니다.

지금부터 우리가 만들어 왔던 애플리케이션의 코드를 살펴보겠습니다.

[예제 4-18-1] 함수를 사용하기 전 코드   **index.php**

```
<!DOCTYPE html>
<html>
    <head>
        <meta charset="utf-8">
        <title></title>
    </head>
    <body>
        <h1><a href="index.php">WEB</a></h1>
        <ol>
            <?php
                $list = scandir('./data');
                $i = 0;
                while($i < count($list)) {
                    if($list[$i] != '.') {
                        if($list[$i] != '..') {
```

```
                    echo "<li><a href=\"index.php?id=$list[$i]\">$list[$i]</a></li>\n";
                }
            }
            $i = $i + 1;
        }
    ?>
    </ol>
    <h2>
        <?php
            if(isset($_GET['id'])) {
                echo $_GET['id'];
            } else {
                echo "Welcome";
            }
        ?>
    </h2>
    <?php
        if(isset($_GET['id'])) {
            echo file_get_contents("data/".$_GET['id']);
        } else {
            echo "Hello, PHP";
        }
    ?>
    </body>
</html>
```

코드에서 강조된 부분은 무엇을 하는 코드인가요? 이 부분은 웹 페이지에서 제목을 표현하는 코드입니다. 그런데 코드가 쭉 나열돼 있으니 무엇인지 어렵습니다. 상상력을 발휘해서 강조된 코드가 5줄이 아닌 1000줄이라 생각해 봅시다. 무슨 코드인지 파악할 수 있나요? 불가능합니다.

함수라는 것을 직접 만들면 선택한 코드에 이름을 부여해서 **어떤 기능인지 이름을 부여할 수 있습니다.** 예를 들면 print_title();이 실행되면 제목을 만들어내는 코드를 실행하고, print_description(); 을 실행하면 본문을 만들어내는 코드를 실행한다면 위 함수를 보고 내용은 몰라도 어떤 역할인지 알 수 있습니다. 그리고 강조된 코드는 print_list()라고 표현할 수 있지 않을까요?

그리고 현재 〈title〉 태그를 비워뒀는데, 현재 본문의 제목과 주소창의 제목이 똑같이 나오게 만들고 싶다면 이미 만들어 놓은 print_title()을 넣으면 되겠죠.

※ 예고편에 있는 실습 내용은 뒤에서 실습할 예정이니 따라하지 마세요!

【예제 4-18-2】 함수를 도입한 후의 코드   index.php

```php
<!DOCTYPE html>
<html>
    <head>
        <meta charset="utf-8">
        <title>
            <?php
                print_title();
            ?>
        </title>
    </head>
    <body>
        <h1><a href="index.php">WEB</a></h1>
        <ol>
            <?php
                print_list();
            ?>
        </ol>
        <h2>
            <?php
                print_title();
            ?>
        </h2>
        <?php
            print_description();
        ?>
    </body>
</html>
```

함수를 도입하기 전에 비해 함수를 도입한 후의 코드를 보면 **훨씬 더 보기 좋습니다.** 기계에게는 함수를 쓰든 안 쓰든 똑같습니다. 하지만 우리는 기계가 아닙니다. 사람에게는 인지능력이 있고, 인지능력의 한계가 있습니다. 코드가 복잡해지면 우리의 한계를 넘어섭니다. 더는 인지능력이 감당할 수 없는 복잡한 코드는 우리가 감당할 수 없는 코드입니다. 복잡도를 낮추지 않으면 더 큰 복잡도에 도전할 수 없기 때문에 코드가 복잡해지고 애플리케이션의 기능이 많아질수록 복잡도를 낮추는 데 우리의 모든 것을 투자하게 됩니다. 바로 그것의 핵심에 함수라는 것이 놓여있습니다. 함수는 소프트웨어를 개발하는 데 있어서 가장 중심적인 역할을 수행하게 됩니다. 그리고 나중에 객체라는 것을 배우게 돼도 객체라는 것이 역시나 함수로 구성돼 있다는 사실을 알 수 있습니다.

이렇게 해서 애플리케이션에 함수를 적용한다면 우리가 어떻게 행복해지는지 살펴봤습니다. 여기서는 함수를 만들지 않고 함수를 호출하는 방법만 살펴봤는데, 다음 시간에 함수를 만드는 방법을 살펴보겠습니다.

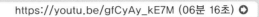
https://youtu.be/gfCyAy_kE7M (06분 16초) ◎

지금부터 **함수의 기본적인 형식**을 살펴보겠습니다.

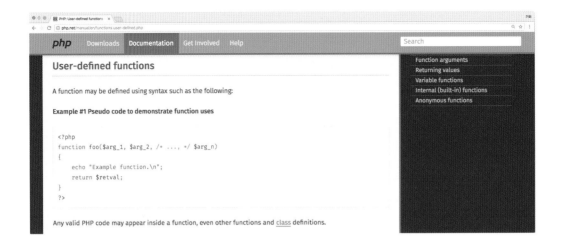

지금 보고 계신 이 문서는 사용자가 정의한 함수를 설명하는 문서입니다. 즉, 사용자가 함수를 어떻게 정의하면 되는지를 설명하는 사용 설명서인 것이죠. 함수를 정의하는 기본적인 골격이 있는데 여기서는 이보다 조금 더 단순하게 해보겠습니다.

function2.php라는 파일에 코드를 작성하겠습니다. 함수의 **기본 형식**을 먼저 살펴보겠습니다. 예를 들면 basic( )이라는 함수를 만들었다면 **basic( );은 이 함수가 실행되는 코드**입니다. 이제 basic( )이라는 함수를 정의한다면 다음과 같이 하면 됩니다.

[예제 4-19-1] 함수의 기본 형식   function2.php

```
<!DOCTYPE html>
<html>
    <head>
        <meta charset="utf-8">
        <title></title>
```

```
    </head>
    <body>
        <h1>Function</h1>
        <h2>Basic</h2>
        <?php
            function basic() {
                print("Lorem ipsum dolor1<br>");
                print("Lorem ipsum dolor2<br>");
            }

            basic();
        ?>
    </body>
</html>
```

function은 **약속된 기호**입니다. PHP는 function이라는 약속된 문자가 오면 지금부터 '함수를 정의하려고 하는구나'라고 생각합니다. 그리고 **그 뒤에 따라오는 문자는 그 함수의 이름**을 나타내므로 '함수의 이름이 basic이구나'라고 생각합니다. 그리고 **중괄호**를 씁니다. 그다음에 중괄호 안에서 **print("아무 텍스트");** 라는 코드를 넣습니다. 그러면 PHP는 'basic'이란 이름의 함수를 정의하면서 그 함수가 호출되면 '중괄호 속 코드가 실행되는구나'라고 생각합니다. 그리고 **basic();** 과 같이 따옴표로 묶여있지 않은 문자가 나오고 괄호가 등장하면 '**함수를 실행하려고 하는구나**'라고 생각하고, 자기가 기억하고 있던 **basic() 함수의 코드를 실행**합니다.

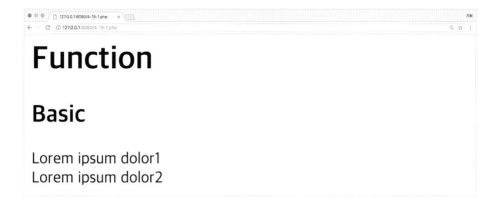

그리고 **basic();** 이라는 코드를 한번 더 실행하면 함수 안에 작성한 **내용이 총 두 번 실행**됩니다.

```php
... 생략 ...
<h2>Basic</h2>
<?php
    function basic() {
        print("Lorem ipsum dolor1<br>");
        print("Lorem ipsum dolor2<br>");
    }

    basic();
    basic();
?>
... 생략 ...
```

이것이 함수의 기본적인 의미입니다. 함수의 코드는 2줄밖에 되지 않지만 1억 줄이라고 상상해 봅시다. 1억 줄의 코드가 있으면 1억 줄짜리 코드를 보고 무슨 의미인지 해석하는 게 가능할까요? 10년이 걸릴 수도 있습니다. 하지만 우리는 이름을 붙일 수 있습니다. basic() 함수가 의미있는 이름을 가지면 함수의 내용을 보지 않고도 그 기능이 무엇인지 알 수 있습니다. 지금은 함수를 한 번만 실행하고 있지만 basic() 함수의 코드가 여러 군데에서 1억 번 호출된다면 얼마나 많은 코드가 중복돼서 출현할까요? 그런데 함수로 정의하면 basic();을 1억 번 호출하면 되는 것입니다. 그리고 basic() 함수의 코드에 문제가 있을 때 함수에 정의돼 있는 코드만 개선하면 함수를 호출하고 있는 1억 군데에서 한방에 동시에 적용되는 폭발적인 효과를 얻게 됩니다.

이렇게 해서 함수의 기본적인 문법을 살펴봤으니 다음 수업에서 함수의 요모조모를 살펴보겠습니다.

앞서 함수의 기본 문법을 살펴봤습니다. 지금까지 살펴본 함수는 호출할 때마다 함수의 중괄호 안쪽에 있는 코드가 반복적으로 재실행되는 것입니다. 앞에서 **코드를 재사용**한다는 측면과 **로직에 이름을 부여**한다는 측면까지 살펴봤는데, 함수는 조금 더 다면적입니다. 함수의 입력값을 주면 이 함수가 입력값을 받고 내부적으로 다르게 동작하도록 개선할 수 있습니다.

함수의 **입력값과 관련된 두 개의 개념**이 있는데 하나는 **매개변수(parameter)**이고, 다른 하나는 **인자(argument)**입니다.

예를 들어, 다음과 같은 함수를 하나 만들어 보겠습니다. 이 함수는 더하기를 하는 함수입니다. sum( ) 이란 함수를 sum(2,4);와 같이 호출하면 입력값으로 들어온 2와 4를 더해서 6을 화면에 출력합니다.

【예제 4-19-3】 두 값을 더하는 sum() 함수　　　　　　　　　　　　　　　　　　　　function2.php

```
... 생략 ...
<h1>Function</h1>
... 생략 ...

<h2>parameter &amp argument</h2>
<?php
    function sum($left, $right) {
        print($left + $right);
        print("<br>");
    }

    sum(2,4);
?>
... 생략 ...
```

여기서 2와 4가 들어가는 부분에 **$left, $right**를 넣습니다(**$**가 붙어있으면 **변수라는 의미입니다**).

그럼 print($left+$right);라고 작성한 후 프로그램을 실행해 결과를 확인해보겠습니다.

보다시피 결과로 6이 나옵니다. 이전에 살펴본 basic()이라는 함수는 언제나 똑같이 동작하는 함수입니다. 하지만 **sum()이란 함수는 입력값이 무엇이냐에 따라 다르게 동작하는 함수입니다.** sum(4,6);을 실행하면 결과는 10이 됩니다.

PHP는 function이라는 키워드를 보고 이제 함수를 만들고 함수의 이름은 sum이며 입력값으로 $left, $right가 올 수 있구나라고 생각합니다. 그리고 sum(2,4)라는 것은 $left라는 변수에 2를, $right라는 변수에 4를 설정해서 중괄호 안에서 $left라는 변수는 2, $right는 4로 사용하게 되는 것입니다. 입력값에 따라 다르게 동작함을 볼 수 있습니다.

[예제 4-19-4] 두 값을 더하는 sum( ) 함수 2   function2.php

```
... 생략 ...
<h1>Function</h1>
... 생략 ...

<h2>parameter &amp argument</h2>
<?php
    function sum($left, $right) {
        print($left + $right);
        print("<br>");
    }

    sum(2,4);
    sum(4,6);
?>
    ... 생략 ...
```

이를 포괄적으로 입력값이라고 불렀는데, 조금 더 섬세하게 표현해 보면 **$left**, **$right** 변수는 매개변수(parameter)라고 합니다. 그리고 **숫자 2와 4라는 구체적인 입력값**, 구체적인 표현식을 **인자(argument)**라고 합니다. 그 값을 받아 매개해서 함수 안에서 사용되는 것을 매개변수라고 합니다.

이렇게 해서 함수의 입력값이라고 하는 측면을 살펴봤습니다.

이전 시간에 함수의 형식을 공부하면서 함수의 입력값으로 매개변수와 인자에 대해 공부했는데, 둘을 구분해도 좋고 안 해도 괜찮습니다. 입력값이라고 포괄적으로 생각해도 괜찮습니다.

입력값이 있으면 **출력값**도 있습니다. sum()을 자세히 보겠습니다. sum()이란 함수는 입력값을 통해 다르게 동작하는 것만으로 아주 혁명적인 변화를 겪었습니다만 자세히 들여다 보면 두 가지 기능이 있습니다. '$left와 $right라는 값 두 개를 더한다'와 '화면에 출력한다'라는 기능 두 가지가 있습니다. 뭔가를 더하고, 화면에 출력하는 것이 필요하면 sum()이란 함수를 쓰면 편리하겠죠? 하지만 어떤 값을 더하고 그렇게 더한 결과를 화면에 출력하는 것이 아니라 파일에 저장하고 싶을 수 있습니다. 또는 이메일로 전송하고 싶을 수 있고, 파일을 업로드하고 싶을 수 있습니다. **이처럼 여러 가지로 사용할 가능성**이 있는데 더하는 기능과 화면에 출력하는 기능을 하나로 통쳐버리면 **그 기능이 대단히 제한적**으로 바뀝니다. 그래서 함수를 만들 때 중요한 관점 중 하나는 **하나의 함수는 하나의 기능만 담는다**라는 관점입니다. 물론 답이 있는 문제는 절대 아닙니다.

함수의 출력값으로 이 문제를 해결해 보겠습니다. 함수에서는 **출력값을 return**이라고 합니다. sum2() 라는 함수를 만들고 sum2(2,4);라고 실행했을 때 sum2() 자체적으로 결과를 출력하는 기능이 없습니다. 그 대신 2와 4를 더한 결과인 6이 되는 표현식을 만들고 싶은 것입니다. print(sum2(2,4));를 통해 6이라는 값을 화면에 출력할 뿐만 아니라, email('egoing@egoing.net', sum2(2,4))[1]와 같이 이메일로 값을 전송할 수도 있고, upload('egoing.net', sum2(2,4))[2]와 같이 업로드할 수도 있으며, file_put_contents('result.txt', sum2(2,4))[3]와 같이 파일로 저장할 수도 있습니다. 즉, **sum()**의 경우에는 **출력한다는 기능이 내장돼 있기 때문에 쓸모가 아주 적습니다.** 하지만 **sum2()**는 내부적으로 이를 **계산한 결과를 반환**하기 때문에 **다양한 용도로 쓸 수 있습니다.**

---

1 실제로 있는 함수가 아닙니다.
2 실제로 있는 함수가 아닙니다.
3 실제로 있는 함수가 아닙니다.

```php
... 생략 ...
<h1>Function</h1>
... 생략 ...

<h2>return</h2>
<?php
    function sum2($left, $right) {
        return $left + $right;
    }

    print(sum2(2,4).'<br>');
    file_put_contents('result.txt', sum(2,4));
    // email('egoing@egoing.net', sum(2,4));
    // upload('egoing.net', sum2(2,4));
?>
... 생략 ...
```

return이라는 약속된 코드를 통해 $left + $right의 결괏값을 돌려줄 수 있습니다. 예제를 실행해 보겠습니다.

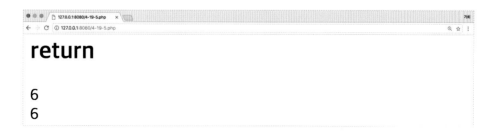

이 프로그램을 실행하면 2와 4를 더한 값인 6이 출력됐을 뿐만 아니라 result.txt라는 파일이 생성되며 거기에는 6이 저장되겠죠?

이렇게 해서 함수의 기본적인 형식을 다뤄봤습니다. **return**이란 코드가 나오면 **그 뒤에 다른 코드가 있어도 return을 만나는 순간에 함수가 종료**되기 때문에 그 밑에 있는 코드는 무시된다는 점도 알아두 길 바랍니다.

지금까지 배운 내용을 다시 한번 정리해 봅시다. 함수를 정의할 때는 function이라는 키워드로 시작하고 그 뒤에는 함수의 이름이 오고 차례로 파라미터가 옵니다. 파라미터는 입력값이고 인자를 전달하면 파라미터가 그 함수 안에서만 사용되는 변수가 되는 것입니다. 그리고 최종적으로 작업한 결과를 return이라는 키워드 뒤에 배치하면 이 함수를 실행한 결과는 return 뒤에 있는 값이 됩니다. 유식하게 표현하자면 표현식입니다.

함수 자체는 statement입니다. 함수를 호출했을 때 return 값이 있다면 값이 되기 때문에 표현식입니다. 이렇게 해서 함수의 기본적인 형식을 살펴봤습니다. 매우 중요하고 어렵고 복잡한 이야기이기 때문에 sum2( )와 관련된 코드를 자기 자신에게 설명해보세요. 설명하는 과정에서 잘 안 된다면 영상을 다시 보세요. 설명을 완벽히 할 수 있을 때까지 꼭 점검해 보세요. 상당히 복잡한 개념들이 많이 들어 있는 상태라는 걸 기억해주시길 바랍니다.

20 함수의 활용

이전 시간에 함수의 형식을 배웠으니 재빠르게 우리 웹 애플리케이션에 도입해 보겠습니다. 그 전에 현재 페이지의 제목이 무엇이냐에 따라 이를 제목 표시줄에도 표시하고 싶기 때문에, 제목을 출력하는 코드를 〈title〉 태그에도 붙여넣겠습니다.

【예제 4-20-1】 제목을 출력하는 코드를 〈title〉 태그에 붙여넣기　　　　　　　　　　　　index.php

```php
<!DOCTYPE html>
<html>
    <head>
        <meta charset="utf-8">
        <title>
            <?php
                if(isset($_GET['id'])) {
                    echo $_GET['id'];
                } else {
                    echo "Welcome";
                }
            ?>
        </title>
    </head>
    <body>
        <h1><a href="index.php">WEB</a></h1>
        ... 생략 ...
        <h2>
            <?php
                if(isset($_GET['id'])) {
                    echo $_GET['id'];
                } else {
                    echo "Welcome";
                }
            ?>
```

```
        </h2>
        ... 생략 ...
    </body>
</html>
```

그럼 **똑같은 코드가 2개** 만들어지는데 두 가지 코드가 똑같은 코드라는 것을 확신하는 것은 코드의 양이 조금만 많아져도 사실상 불가능해집니다. 그리고 그러한 코드에 오류가 있을 때 그 오류의 해결책을 똑같은 의도의 코드에 전파하는 것이 쉬운 일이 아닙니다. 그래서 저는 이 코드들을 하나의 함수로 묶겠습니다.

[예제 4-20-2] 제목을 출력하는 print_title( ) 함수 만들기   **index.php**

```php
<?php
    function print_title() {
        if(isset($_GET['id'])) {
            echo $_GET['id'];
        } else {
            echo "Welcome";
        }
    }
?>
<!DOCTYPE html>
<html>
    <head>
        <meta charset="utf-8">
        <title>
            <?php
                print_title();
            ?>
        </title>
    </head>
    <body>
        <h1><a href="index.php">WEB</a></h1>
        <ol>
            ... 생략 ...
        </ol>
        <h2>
            <?php
```

```
            print_title();
        ?>
    </h2>
    ... 생략 ...
</body>
</html>
```

함수의 이름을 print_title로 지정하고, 코드를 중괄호 안에 붙여넣은 다음, 원래 코드가 있던 자리에는
print_title();과 같이 print_title 함수를 호출하는 코드를 작성합니다. 결과적으로 프로그램의 동작
은 똑같습니다만 코드는 훨씬 더 효율적입니다.

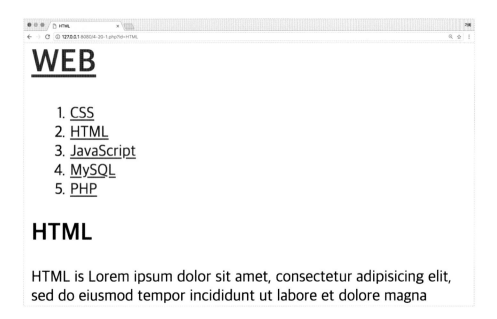

보다시피 print_title();이라는 코드를 보자마자 사람들은 제목을 출력하는 부분이라는 것을 느낄
수 있게 됩니다. 즉, **가독성이 높아집니다.** 그리고 위 코드와 아래 코드가 완전이 동일하다는 것을 확신
할 수 있습니다. 그리고 print_title() **함수의 코드를 개선하거나 변경할 경우** print_title()을 호
출하는 **모든 곳에서 동시에 그 결과가 적용**되는 폭발적인 효과를 얻게 됩니다.

【예제 4-20-3】 print_description(), print_list() 함수 만들기   index.php

```
<?php
    function print_title() {
```

```php
        if(isset($_GET['id'])) {
            echo $_GET['id'];
        } else {
            echo "Welcome";
        }
    }

    function print_description() {
        if(isset($_GET['id'])) {
            echo file_get_contents("data/".$_GET['id']);
        } else {
            echo "Hello, PHP";
        }
    }

    function print_list() {
        $list = scandir('./data');
        $i = 0;
        while($i < count($list)) {
            if($list[$i] != '.') {
                if($list[$i] != '..') {
                    echo "<li><a href=\"index.php?id=$list[$i]\">$list[$i]</a></li>\n";
                }
            }
            $i = $i + 1;
        }
    }
?>
<!DOCTYPE html>
<html>
    <head>
        <meta charset="utf-8">
        <title>
            <?php
                print_title();
            ?>
        </title>
    </head>
    <body>
```

```
<h1><a href="index.php">WEB</a></h1>
<ol>
    <?php
        print_list();
    ?>
</ol>
<h2>
    <?php
        print_title();
    ?>
</h2>
<?php
    print_description();
?>
</body>
</html>
```

또한, 각 로직에 이름표가 붙어있기 때문에 훨씬 더 보기 좋습니다. 그래서 함수를 바라보는 첫 번째 시각은 일종의 정리 정돈을 위한 수납상자라고 이해하면 좋습니다. 물론 함수는 더 다면적입니다.

그리고 함수로 정리 정돈을 한다는 것은 현실의 수납상자는 꿈도 못 꿀만큼 엄청난 마법의 수납상자라고 할 수 있습니다. 비유하자면 선반 같은 수납상자를 샀다고 해봅시다. 그 크기가 손바닥 만하더라도 63빌딩이 들어갈 수 있습니다. 현실에서의 수납상자에 물건을 넣으면 그 물건은 하나만 들어갑니다. 그런데 코드를 함수라는 수납상자에 넣으면 언제든지 꺼내서 1억 번 사용할 수 있다는 것입니다.

이렇게 해서 아주 혁신적인 도구인 함수를 살펴봤습니다. 일단 함수를 정리 정돈을 위한 도구라 생각하고, 함수를 배우는 과정에서 여러 가지 형태의 함수를 볼 것입니다. 그러한 함수들을 접하며 함수에 대한 풍부한 시각을 갖게 될 것입니다. 일단은 빈약하지만 '함수는 정리 정돈의 도구다'라는 것으로 출발합시다. 이렇게 해서 함수의 대단원의 막을 내리도록 하겠습니다.

21

웹앱 완성하기 예고

지금까지 살펴본 내용까지 해서 PHP에서 여러분이 문법적으로 알고 있어야 할 내용은 전부 알려드렸습니다. 물론 더 많은 주제가 있지만 그런 것들은 스스로 공부할 수 있는 준비가 갖춰져 있는 상태라고 평가합니다. 이제는 여러분이 직접 공부해 나가면 되며, 지금까지 살펴본 내용까지만 잘 챙기길 바랍니다.

지금부터는 하산을 위한 작업을 실제로 진행할 텐데, 하산하면서 예제 애플리케이션을 현대적인 면모를 모두 갖춘 아주 세련된 애플리케이션으로 만드는 작업을 하면서 수업을 마치겠습니다.

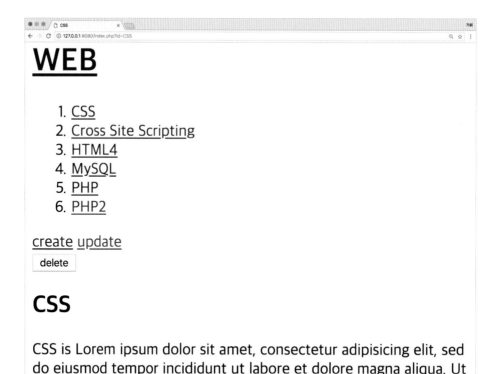

위 그림은 우리가 만들려고 하는 기능성을 갖춘 애플리케이션입니다. 보다시피 지금까지는 data 디렉터리 안에 우리가 추가하고 싶은 파일을 수동으로 만들었습니다. 이것만으로도 충분히 훌륭합니다. 글을 사이트의 주인만 쓰는 경우에 말이죠. 그렇다면 사이트의 방문자도 직접 글을 작성할 수 있게 만들려면 어떻게 해야 할까요? 사용 중인 컴퓨터의 뚜껑을 열어줘야 할까요? 아니죠. 그렇게 하면 큰일 납니다. 그래서 사용자들이 웹을 통해 자신의 콘텐츠를 등록할 수 있는 기능을 추가해 보겠습니다. 예를 들면, create란 링크를 클릭한 다음 제목에는 'Linux'라고 쓰고 내용에는 'Linux is ...'이라고 적어봅시다.

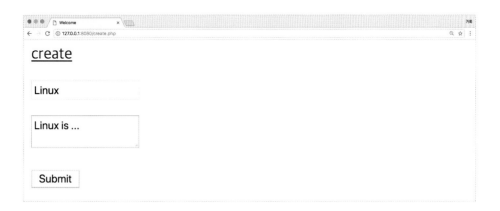

[Submit] 버튼을 누르면 data 폴더가 어떻게 바뀌는지 보세요.

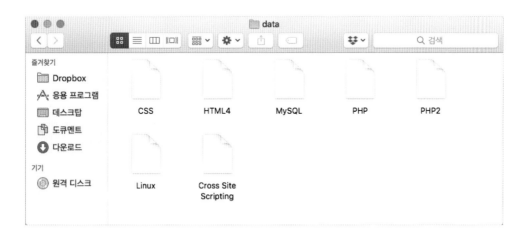

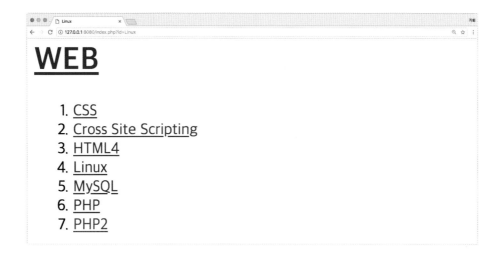

'Linux'가 추가됐고 자연스럽게 글 목록에도 'Linux'가 추가된 모습을 볼 수 있습니다. 그리고 이 내용을 수정하고 싶다면 update 링크를 클릭하고 'Linux OS'라고 바꾸고 저장하면 data 디렉터리에 'Linux' 대신 'Linux OS'로 바뀌는 것을 알 수 있습니다.

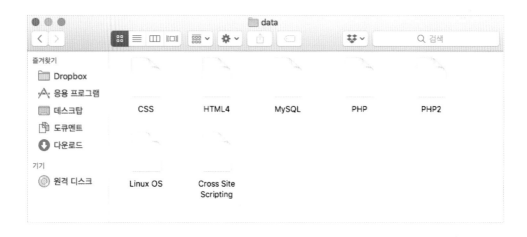

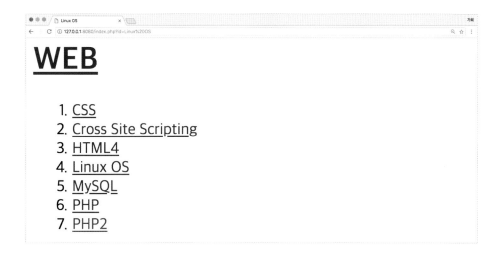

그리고 방금 추가한 'Linux OS'를 삭제하고 싶을 경우 [delete] 버튼을 클릭하면 data 디렉터리에서 'Linux OS' 파일이 없어지고 자연스럽게 'Linux OS' 글 목록이 보이지 않으면서 홈 페이지로 이동하도록 애플리케이션을 만들어 보겠습니다.

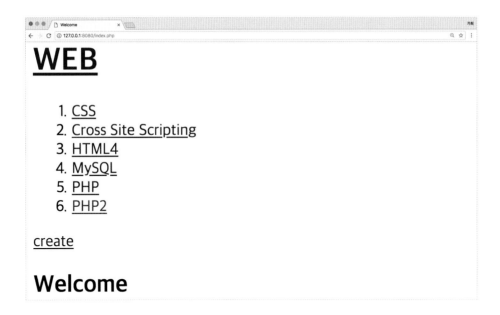

이렇게 되면 방문자들도 웹을 통해 글을 작성할 수 있게 되면서 완전히 새로운 국면을 맞게 됩니다. 즉 웹 사이트의 주인만 콘텐츠를 넣는 것이 아니라 **방문자도 콘텐츠를 제공**할 수 있게 되는 것입니다.

다음 시간부터 사용자들이 어떻게 글을 작성하고, 수정하고, 삭제하는지 살펴보겠습니다. 정보시스템을 다룬다고 하면 그 정보시스템의 핵심은 입력과 출력입니다. 글쓰는 플랫폼이라면 글을 쓰는 것과 글을 화면에 표시하는 것이 본질적으로 맨 먼저 확인하고 공부해야 할 대상입니다. 조금 더 자세하게 설명하자면 이를 CRUD(Create Read Update Delete)라 합니다. 그래서 항상 정보시스템에서 맨 먼저 해야 할 일은 추가하고(create) 읽고(read) 수정하고(update) 삭제하는(delete) 작업을 어떻게 하는지 점검하는 것입니다. 다음 시간부터 이 부분에 중점을 두고 수업을 진행하겠습니다.

22 | 폼과 POST

지금부터 이전 시간에 살펴본 CRUD 중에서 글을 추가하는 기능을 살펴보겠습니다. 그전에 해야 할 것이 있습니다. 사용자의 정보를 서버 쪽으로 전송할 때 사용하는 폼(form)이란 것을 살펴볼 필요가 있습니다. 따라서 이번 시간에는 **폼**이라는 주제를 살펴보겠습니다.

먼저 form.html을 만들겠습니다. **사용자에게 정보를 입력받는 HTML 태그가 있습니다. `<input>`** 태그입니다. 그리고 input 태그의 **type 속성값**을 **'text'로 지정**하면 사용자로부터 **텍스트 정보를 받는 네모상자**인 텍스트 필드가 나옵니다.

【예제 4-22-1】 form.html 파일 생성 후 사용자의 입력을 받는 텍스트 필드 만들기　　　　　　　　form.html

```
<!DOCTYPE html>
<html>
    <head>
        <meta charset="utf-8">
        <title></title>
    </head>
    <body>
        <input type="text" />
    </body>
</html>
```

여기에 placeholder="title"을 지정하면 **텍스트에 'title'이 출력**됩니다. 사용자가 입력하기 위해 텍스트 필드를 클릭한 다음 PHP라고 적으면 입력돼 있던 title 글자는 없어지므로 '여기에는 제목을 적으세요'라고 **사용자에게 알려주는 도우미 역할**을 하는 것입니다.

【예제 4-22-2】 텍스트 필드에 플레이스홀더 추가   form.html

```
... 생략 ...
<body>
    <input type="text" placeholder="Title" />
</body>
... 생략 ...
```

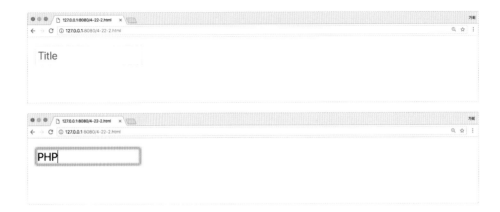

그 정보를 **전송하는 버튼**을 만들고 싶으면 <input> 태그의 type **속성값을 'submit'**으로 지정합니다. 그리고 나서 'PHP'라는 텍스트를 입력하고 submit 버튼을 누르면 'PHP'라는 텍스트 값이 서버로 전송됩니다.

【예제 4-22-3】 전송 버튼 추가   form.html

```
... 생략 ...
<body>
    <input type="text" placeholder="Title" />
    <input type="submit" />
</body>
... 생략 ...
```

그런데 아직은 프로그램이 동작하지 않습니다. 왜냐하면 서버의 **어떤 페이지로 전달할 것인가를** 아직 **알려주지 않았기 때문입니다.** 그렇게 하려면 두 개의 〈input〉 태그를 감싸는 〈form〉 태그를 만들어야 합니다. 그리고 〈form〉 태그에 action이란 속성값으로 form.php를 입력해 보겠습니다.

우리가 입력한 정보를 서버 쪽으로 title이라는 이름으로 전송하고 싶다면 〈input〉 태그 중 type 속성 값이 'text'인 태그에 **name="title"**과 같이 name **속성을 지정**하면 됩니다. 예를 들어, 'PHP'라 입력하고 submit을 하면 어떻게 되는지 확인해 봅시다.

[예제 4-22-4] 입력한 정보를 전송하기 위해 〈form〉 태그 추가   form.html

```
... 생략 ...
<body>
    <form action="form.php">
        <input type="text" name="title" placeholder="Title" />
        <input type="submit" />
    </form>
</body>
... 생략 ...
```

Not Found

The requested URL /form.php was not found on this server.

그럼 form.php 파일이 열립니다. form.php 파일을 만들어 보겠습니다. URL을 통해 title의 값이 'PHP'라는 것을 **URL 파라미터를** 통해 전달했습니다. 이 URL 파라미터는 **$_GET['title']**로 받을 수 있는 **것을** 예전에 배웠습니다. 그런데 $_GET이라는 것이 무엇인가요? 배열임을 알 수 있습니다. 여태까지는 0, 1, 2와 같은 숫자만 들어가는 배열을 배웠지만 숫자 대신 문자로 값을 가져올 수 있는 배열도 있습니다. 이 같은 배열을 연관배열(associative array)이라 합니다.

form.php에 다음과 같은 코드를 작성한 후 페이지를 새로고침하면 어떻게 되나요?

[예제 4-22-5] form.php 파일 생성 후 전달된 값 출력   form.php

```php
<?php
    echo $_GET['title'];
?>
```

이번에는 **좀 더 많은 텍스트를 적기 위해 `<textarea>`라는 태그를 추가**하고 `name` **속성값**으로 'description'을 지정합니다. 그러면 여러 줄의 텍스트를 입력할 수 있는 텍스트 입력 폼이 나옵니다. 각 태그를 줄바꿈하기 위해 `<p>` 태그로 감싸봅시다.

[예제 4-22-6] 더 많은 텍스트를 입력할 수 있는 `<textarea>` 추가   form.html

```html
... 생략 ...
<body>
    <form action="form.php">
        <p>
            <input type="text" name="title" placeholder="Title" />
        </p>
        <p>
            <textarea name="description"></textarea>
        </p>
        <p>
            <input type="submit" />
        </p>
    </form>
</body>
    ... 생략 ...
```

이렇게 해서 타이틀은 'PHP', 본문은 'PHP is …'을 입력하고 전송 버튼을 눌러보겠습니다.

submit 버튼을 누르면 URL이 어떻게 바뀌나요? form.php?title=PHP&description=PHP+is+…과
같이 바뀝니다.

form.php의 코드를 다음과 같이 수정하겠습니다.

【예제 4-22-7】 title, description 값을 전달받아서 출력   **form.php**

```php
<?php
    echo "<p>title : ".$_GET['title']."</p>";
    echo "<p>description : ".$_GET['description']."</p>";
?>
```

페이지를 새로고침하면 어떻게 되나요? title은 'PHP', description은 'PHP is …'이라고 출력되는 모
습을 볼 수 있습니다.

정리해 봅시다. 사용자가 〈form〉 태그 안에 있는 〈input〉과 관련된 사용자의 정보를 받는 각각의 UI에 값을 입력할 것입니다. 그다음 submit 버튼을 누르면 submit 버튼이 속한 〈form〉 태그의 action 속성이 가리키는 URL로 웹 브라우저가 페이지를 바꿉니다. 이때 〈form〉 태그에 있는 각 입력값의 name 속성값을 이름으로 써서 URL 뒤에 title은 'PHP', description은 'PHP is …'이라는 URL을 만들어 전송하는 것입니다.

이 맥락에서 **〈form〉 태그는 사용자가 입력한 정보를 URL 파라미터로 만들어 내는 것**이라고 할 수 있습니다. 이러한 점에 착안해서 무엇을 할 수 있을까요? PHP에서 **파일을 저장하는 함수는 file_put_contents()**입니다. 그리고 이 함수의 **첫 번째 인자로 경로가 들어갑니다. 두 번째 인자로 description을 지정**하면 사용자가 웹 브라우저에서 앞의 주소로 들어갔을 때 PHP가 어떻게 동작할까요? **data 디렉터리에 'PHP'라는 파일을 생성**할 것입니다.

【예제 4-22-8】 title, description 값을 전달받아 파일 생성　　　　　　　　　　　　　　　　form.php

```php
<?php
    file_put_contents('data/'.$_GET['title'], $_GET['description']);
?>
```

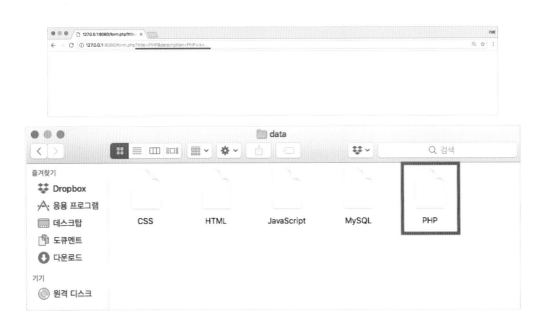

바로 이런 이유로 데이터를 서버로 전송할 때 **URL에 파라미터 정보가 포함되는 방식은 좋은 방식이 아닙니다.** 왜냐하면 사용자들이 이 시스템의 정보가 어떤 것인지 잘 모르니 주소를 복사해서 친구에 게 줄 수 있기 때문입니다. 친구는 저 주소를 클릭했을 뿐이고 자기가 **원하지 않았는데도 글이 작성되 는 심각한 문제**를 겪을 수 있습니다. URL을 통해 form.php에 데이터를 전송하는 방식은 사용자가 서 버로 데이터를 보낼 때 혹은 지울 때 쓰면 안 됩니다. 그 대신 글 목록 HTML을 클릭할 때 주소가 나 오는데, 누군가를 이 페이지로 오게 하고 싶을 때 127.0.0.1/index.php만 보내도 될까요? 아닙니다. 127.0.0.1/index.php?id=HTML까지 보내야 현재 페이지로 올 수 있습니다. 즉 **URL 파라미터를 통 해 서버 쪽에 데이터를 전송하는 것은 북마크에서 사용하기에 적합**한 것입니다. 어떤 콘텐츠를 다른 사 람에게 공유할 때 적합한 방식입니다.

반대로 앞서 살펴본 것처럼 form.html처럼 URL을 통해 데이터를 서버로 전송하는 방식은 이 주소를 공유했을 때 데이터가 추가되는 문제가 있기 때문에 좋지 않습니다. 그럼 어떻게 하면 될까요? **URL을 쓰지 않고 은밀하게 데이터를 전송**해야 합니다. 즉, <form>에 데이터를 어떻게 전송할지를 지정하는 **method 속성값에 'post'**를 쓰면 됩니다. form.html을 다음과 같이 수정해 보겠습니다.

【예제 4-22-9】 은밀하게 데이터가 전송되게 method 속성을 post로 지정   form.html

```
... 생략 ...
<body>
    <form action="form.php" method="post">
        <p>
            <input type="text" name="title" placeholder="Title" />
        </p>
        <p>
            <textarea name="description"></textarea>
        </p>
        <p>
            <input type="submit" />
        </p>
    </form>
</body>
... 생략 ...
```

웹 페이지에서 마우스 오른쪽 버튼을 클릭한 후 검사를 선택하고 Network 탭을 보겠습니다. 그리고 submit 버튼을 누르고 확인해 보겠습니다.

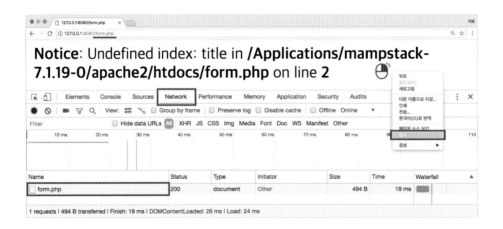

먼저 주소를 보면 **주소가 바뀌지 않습니다.** 그리고 Network 탭에서 form.php를 클릭한 뒤 Headers 탭을 보면 하단의 Form Data에서 title은 'PHP3', description은 'php is …'이라고 적혀 있습니다. 즉 form.php로 title과 description을 은밀하게 전달한 것입니다.

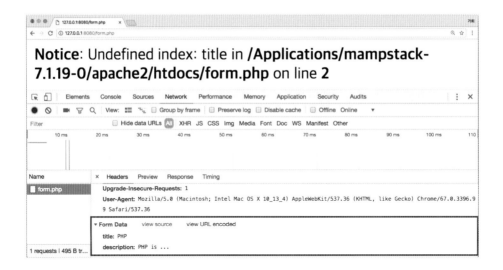

그런데 왜 에러가 날까요? form.php에서 전송된 데이터를 **$_GET**으로 받고 있는데, 우리는 어떤 방식 으로 전달했나요? POST 방식으로 **전달**하고 있습니다. 그럼 데이터를 받는 쪽에서도 $_GET이 아니라 **$_POST**로 받아야 합니다.

```php
<?php
    file_put_contents('data/'.$_POST['title'], $_POST['description']);
?>
```

그럼 PHP는 POST 방식으로 전송된 데이터를 $_POST라고 하는 변수에 배열 형태로 담아서 우리에게 제공합니다. 이것은 숨겨진 작업입니다. 그래서 이를 이해하기보다는 PHP 사용 설명서를 보고 POST 방식으로 전송한 데이터는 $_POST라는 약속된 이름의 변수로 알아낼 수 있구나라고 이해하면 됩니다.

그럼 다시 한번 페이지를 새로고침해 보겠습니다.

보다시피 **PHP2가 추가**됐고, **내용이 추가**된 모습을 볼 수 있습니다. 다시 한 번 반복해 보겠습니다. 이번에는 'PHP3'로 지정하고 submit 버튼을 누르면 URL은 바뀌지 않습니다. 실제로 폼 데이터가 조용히 서버 쪽으로 우리가 알 수 없는 방식으로 전송됐고, form.php에서도 $_POST를 사용했기 때문에 form.html이 form.php로 전송한 title과 description 정보를 사용할 수 있게 되는 것입니다. 그리고 그 결과 'PHP3'라는 파일이 생성됐습니다. 이렇게 해서 폼 데이터라는 것을 살펴봤는데, 하나만 더 말씀드리면 **`<form>` 태그의 method 부분을 생략**하면 `method="get"`과 같습니다. 즉, method를 지정하지 않으면 기본값이 get입니다.

이번 시간에 배운 내용을 정리해 봅시다. 서버로 데이터를 전송할 때 URL을 통해 전송할 때는 get 방식입니다. `method` 속성값을 생략하거나 명시적으로 "`get`"을 지정하면 됩니다. 그럼 URL 파라미터로 데이터가 전송됩니다. 그러나 그것은 북마크 용도로 적합하지 데이터를 수정하고 삽입하거나 삭제할 때는 어울리지 않습니다. 그리고 사용자가 전송한 데이터가 get 방식으로 오면 $_GET, post 방식으로 오면 $_POST를 쓴다는 것을 이해하면 됩니다.

이번 시간에 배운 내용은 어려웠습니다. 스스로에게 배운 내용을 설명해 보세요. 설명이 안 되는 부분이 내가 모르는 지점입니다. 그러면 다시 한 번 강의를 보세요. 그래도 이해가 되지 않는다면 다른 여러 글들을 참고해서 꼭 이해하고 다음으로 수업으로 넘어가야 합니다.

23 | 글 생성

https://youtu.be/ExLCGW51mk0 (08분 48초) ●

이전 시간에는 폼이 무엇인지 알아봤으니 폼을 예제 애플리케이션에 적용해보겠습니다. 먼저 index.
php를 열어보겠습니다. 저는 Welcome이라는 두 번째 제목에 create라는 링크를 추가할 것입니다.
다음과 같이 코드를 추가합니다.

【예제 4-23-1】 create 링크 추가   index.php

```
    ... 생략 ...
<!DOCTYPE html>
<html>
    ... 생략 ...
    <body>
        <h1><a href="index.php">WEB</a></h1>
        <ol>
            <?php
                print_list();
            ?>
        </ol>
        <a href="create.php">create</a>
        ... 생략 ...
    </body>
</html>
```

그리고 index.php 파일을 create.php로 복제합니다. 복제 후 페이지를 새로고침하면 잘 나옵니다.
<form> 태그를 만들고 action 속성값으로 지정하려고 하는데 action 속성은 폼에서 작성된 내용을 서
버의 누구에게 전송할지를 지정하는 것입니다. 예제에서는 create_process.php라는 PHP 애플리케
이션에 post 방식으로 전송하려고 합니다.

그리고 <p> 태그 안에 <input type="text" name="title" placeholder="Title"> 태그를 추가합
니다. 다음으로 <p> 태그 안에 <textarea name="description" placeholder="Description"></

textarea>도 추가합니다. 사용자가 정보를 서버 쪽으로 전송하려면 버튼이 필요하므로 <input type="submit">도 작성합니다. 이 상태에서 페이지를 새로고침하면 다음과 같은 페이지가 나옵니다.

【예제 4-23-2】 create.php 파일 생성 후 폼 추가   create.php

```
... 생략 ...
<!DOCTYPE html>
<html>
    ... 생략 ...
    <body>
        <h1><a href="index.php">WEB</a></h1>
        <ol>
            <?php
                print_list();
            ?>
        </ol>
        <a href="create.php">create</a>
        <form action="create_process.php" method="post">
            <p>
                <input type="text" name="title" placeholder="Title" />
            </p>
            <p>
                <textarea name="description" placeholder="Description"></textarea>
            </p>
            <p>
                <input type="submit" value="Submit" />
            </p>
        </form>
        ... 생략 ...
    </body>
</html>
```

그런 다음 create_process.php라는 PHP 애플리케이션을 만들겠습니다. 다음과 같이 코드를 입력합니다.

```php
<?php
    file_put_contents('data/'.$_POST['title'], $_POST['description']);
?>
```

create.php 페이지에서 'PHP3'와 'PHP3 is ..'를 각각 입력하고 Submit 버튼을 클릭합니다. data 폴더를 보면 'PHP3'가 추가된 모습을 볼 수 있고, 브라우저에서 뒤로가기를 한 후 페이지를 새로고침해 보면 글 목록에 'PHP3'가 추가된 것을 알 수 있습니다.

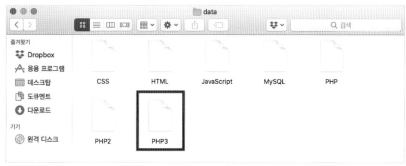

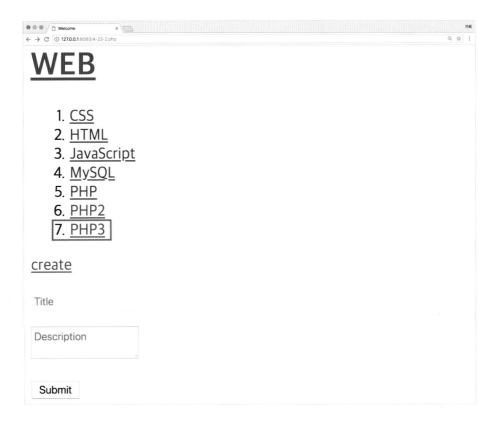

보다시피 여러분은 정말 대단한 것을 해낸 것입니다. 현대적인 애플리케이션과 현대적이지 않는 애플리케이션을 구분하는 정말 중요한 지점입니다. 사용자로부터 정보를 받을 수 있게 되면서 웹이라는 생태계는 폭발적으로 확장할 수 있게 됐습니다.

그럼 다시 한번 create해 보겠습니다. Submit 버튼을 클릭했을 때 흰색 화면만 나오니 사용자 입장에서 당황스럽습니다. 어떻게 하면 좋을까요? 여러 가지 방법이 있습니다. '잘 저장됐습니다. 이전으로 돌아가기'라는 기능을 넣는 방법도 있고, Submit 버튼을 클릭한 직후에 생성된 페이지로 사용자를 이동시키는 방법도 있습니다. 만약 'PHP4'라는 파일을 추가하면 URL의 id가 PHP4인 index.php로 이동하게 하면 됩니다.

지금 당장은 이를 이해하기가 조금 어렵지만 웹 브라우저의 기능 중에 **리다이렉션**이라는 기능이 있습니다. 사용자는 Submit 버튼을 통해 create_process.php로 왔습니다. 이와 마찬가지로 **사용자를 다른 페이지로 보내**버릴 수 있습니다. 이를 **리다이렉션(redirection)**이라 합니다. 리다이렉션을 수행하는 PHP 명령어는 다음과 같습니다.

```
header('Location: 이동할 주소');
```

위 명령어를 이용하면 현재 위치하고 있는 주소(create_process.php)에서 index.php의 id가 $_
POST['title']에 해당하는 주소로 사용자를 보낼 수 있습니다.

【예제 4-23-4】 파일 생성 후 해당 페이지로 리다이렉션　　　　　　　　　　　　　　　　　　create_process.php

```php
<?php
    file_put_contents('data/'.$_POST['title'], $_POST['description']);
    header('Location: /index.php?id='.$_POST['title']);
?>
```

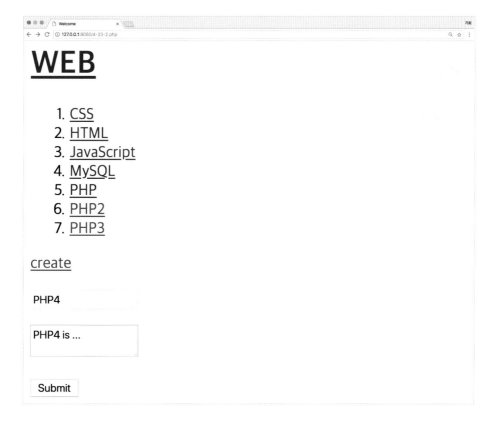

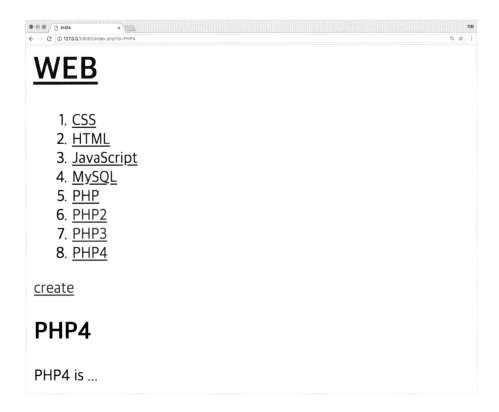

create_process.php의 코드가 실행되자마자 튕겨서 방금 생성한 페이지를 확인할 수 있는 화면으로 와버렸습니다. 이렇게 하면 사용자 입장에서 동선이 줄어들기 때문에 좋은 사용성이라고 할 수 있지 않을까요? 지금까지 CRUD에서 Create를 구현하는 방법을 살펴봤습니다.

24 글 수정

이번 시간에는 CRUD에서 **업데이트(Update)**, 즉 **이미 존재하는 콘텐츠의 내용을 수정하는 방법**을 살펴보겠습니다. 앞에서는 글을 읽는 것(read)과 추가하는 것(create)으로 두 가지를 해봤습니다. 이제부터는 그 두 가지를 조합해서 모두 다 할 수 있습니다.

이번에는 index.php에서 'create' 옆에 'update'를 추가하겠습니다. 그런데 업데이트 기능은 언제 활성화해야 할까요? 홈에 있을 때는 'update'가 있으면 안 되겠죠? 그 대신 특정 글을 선택했을 때 'update'가 나와야 합니다. 어떻게 할까요? 조건문을 쓰면 됩니다.

[예제 4-24-1] update 링크 추가   index.php

```
... 생략 ...
<!DOCTYPE html>
<html>
    ... 생략 ...
    <body>
        <h1><a href="index.php">WEB</a></h1>
        <ol>
            <?php
                print_list();
            ?>
        </ol>
        <a href="create.php">create</a>
        <?php if(isset($_GET['id'])) { ?>
            <a href="update.php">update</a>
        <?php } ?>
        ... 생략 ...
    </body>
</html>
```

이렇게 하면 if 문의 중괄호 사이에 있는 <a> 태그는 id 값이 있어야만 출력됩니다. 따라서 홈으로 가면 안 보이고 각 항목에 가면 update를 볼 수 있습니다.

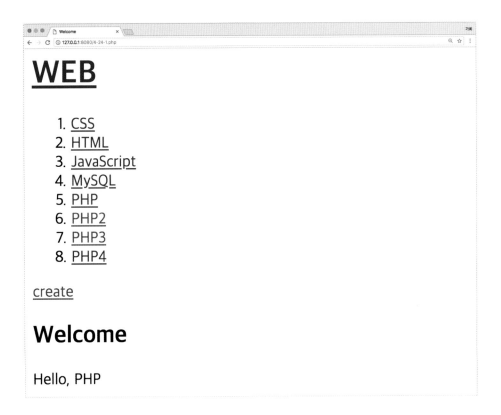

'update'를 클릭했을 때 내용을 수정하려면 수정하려는 내용이 무엇인지 알아야 합니다. 마치 그것은 보고자 하는 것이 무엇이냐를 알려면 id 값을 전달해야 하는 것과 같습니다. update는 현재 우리가 보고 있는 페이지에 대한 id 값을 가져야 가능합니다. 다음과 같이 코드를 수정합니다.

【예제 4-24-2】 update 링크가 id 값을 가지도록 수정   **index.php**

```
... 생략 ...
<a href="create.php">create</a>
<?php if(isset($_GET['id'])) { ?>
    <a href="update.php?id=<?php echo $_GET['id']; ?>">update</a>
<?php } ?>
... 생략 ...
```

아직 update.php는 만들지 않았기 때문에 페이지를 새로고침하면 'Not Found'가 나타나지만 id 값을 가지고 가는 모습을 볼 수 있습니다.

여기서 한 가지 팁을 드리자면 **echo 대신** 다음과 같이 하면 **코드가 더 깔끔**해집니다.

【예제 4-24-3】 echo 코드를 조금 더 깔끔하게 수정   index.php

```
... 생략 ...
<a href="create.php">create</a>
<?php if(isset($_GET['id'])) { ?>
    <a href="update.php?id=<?= $_GET['id']; ?>">update</a>
<?php } ?>
... 생략 ...
```

즉, 다음 두 코드가 같습니다.

```
<?php echo $_GET['id']; ?>
<?= $_GET['id']; ?>
```

그럼 update.php를 추가해 보겠습니다. index.php 파일을 복사해서 update.php로 만들고, 이 상
태에서 제목과 본문을 바꾸면 됩니다. create.php에 있는 <form> 태그를 복사한 다음 update.php로
와서 제목과 본문 자리에 일단 추가하겠습니다.

【예제 4-24-4】 update.php 파일 생성 후 폼 만들기   update.php

```
... 생략 ...
<!DOCTYPE html>
<html>
    ... 생략 ...
    <body>
        <h1><a href="index.php">WEB</a></h1>
        <ol>
            <?php
```

```
                print_list();
            ?>
        </ol>
        <a href="create.php">create</a>
        <?php if(isset($_GET['id'])) { ?>
            <a href="update.php?id=<?= $_GET['id']; ?>">update</a>
        <?php } ?>
        <form action="create_process.php" method="post">
            <p>
                <input type="text" name="title" placeholder="Title" />
            </p>
            <p>
                <textarea name="description" placeholder="Description"></textarea>
            </p>
            <p>
                <input type="submit" value="Submit" />
            </p>
        </form>
    </body>
</html>
```

수정을 하려면 **수정하고자 하는 내용이 폼에 채워져 있어야 합니다.** 코드에서 print_title()과 print_description()의 내용이 들어가 있으면 되지 않을까요? 이때 사용할 수 있는 **<input> 태그의 속성**은 value입니다. **value**라는 속성은 **기본값을 설정하는 것**입니다.

value 값의 name이 'title'인 <input> 태그에는 value 속성에 <?php print_title(); ?>를 추가하고, name이 'description'인 <textarea> 태그에는 <?php print_description();?>을 넣으면 됩니다. 결과를 확인해 보겠습니다.

[예제 4-24-5] update 폼에 내용 채우기   update.php

```
... 생략 ...
<!DOCTYPE html>
<html>
    ... 생략 ...
    <body>
        <h1><a href="index.php">WEB</a></h1>
        ... 생략 ...
```

```
<form action="create_process.php" method="post">
    <p>
        <input type="text" name="title" placeholder="Title" value="<?php print_title();
?>" />
    </p>
    <p>
        <textarea name="description" placeholder="Description"><?php print_description();
?></textarea>
    </p>
    <p>
        <input type="submit" value="Submit" />
    </p>
</form>
</body>
</html>
```

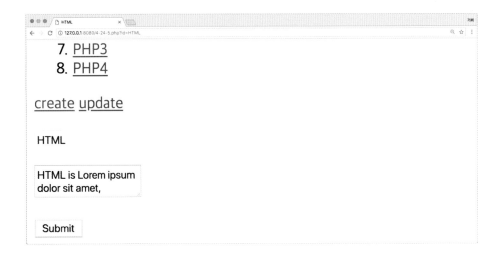

보다시피 **읽기와 쓰기가 모두 필요**하며, 앞에서 배운 내용이 총동원됐습니다. 이제 이 상태에서 Submit 버튼을 클릭했을 때 **이동할 페이지를 지정**하겠습니다. 글을 추가할 때는 create_process .php로 지정했는데 업데이트할 때는 update_process.php로 지정하겠습니다.

【예제 4-24-6】 form의 action 속성에서 이동할 페이지 지정   **update.php**

```
... 생략 ...
<!DOCTYPE html>
```

```
<html>
    ... 생략 ...
    <body>
        <h1><a href="index.php">WEB</a></h1>
        ... 생략 ...
        <form action="update_process.php" method="post">
            ... 생략 ...
        </form>
    </body>
</html>
```

따라서 update_process.php 파일을 만들었다면 내부적으로 코드를 어떻게 작성해야 할까요? 만약 사용자가 'HTML'이라는 제목을 'HTML2'로 바꿨다면 어떻게 해야 할까요? data 디렉터리에 있는 'HTML'이라는 파일명을 'HTML2'로 바꾸고 그 내용을 기록하면 되지 않을까요? 이때 필요한 것은 **파일명을 어떻게 바꿔야 하는가**입니다. 이를 위해 검색해 보겠습니다. 검색 엔진에서 'php file name change'를 검색해 보면 rename이라는 것이 있습니다.

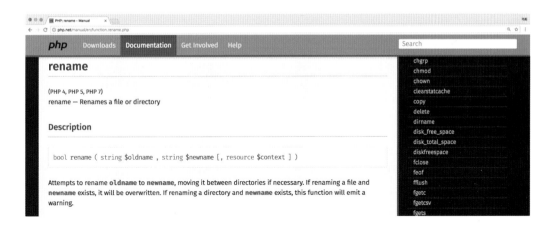

첫 **번째 인자**로 **oldname**이 들어오고 두 **번째 인자**로 새로운 이름을 의미하는 **newname**이 들어온다고 적혀 있습니다. 일단은 update_process.php의 코드를 작성해 봅시다.

[예제 4-24-7] 파일 이름 변경(미완성 코드)   **update_process.php**

```
<?php
    rename('data/'.$_POST['title'], ..);
?>
```

$\_POST['title']$을 첫 번째 인자로 하면 되나요? 방금 수정한 title 제목은 새로운 이름이지 이전 이름이 아닙니다. 그래서 $\_POST['title']$은 두 번째 인자로 들어와야 합니다. 왜냐하면 새로운 이름이 두번째 인자이기 때문입니다. 우리가 서버 쪽으로 데이터를 전송할 때 'title'이라는 name으로는 사용자가 수정한 값이 전달되므로 title이라는 값은 수정될 파일명이고, 이전 파일명에 대한 정보를 따로 서버로 보내야 합니다. 이때 사용하기 좋은 태그가 있습니다. <input> 태그의 type 속성값 가운데 'hidden'이라는 것이 있습니다. 그리고 name은 old_title, value는 공백으로 지정하고 페이지를 새로고침해보겠습니다.

[예제 4-24-8] hidden 타입의 <input> 태그를 추가   update.php

```
... 생략 ...
<form action="update_process.php" method="post">
    <input type="hidden" name="old_title" value="" />
    <p>
        <input type="text" name="title" placeholder="Title" value="<?php print_title();
?>" />
    </p>
    ... 생략 ...
</form>
... 생략 ...
```

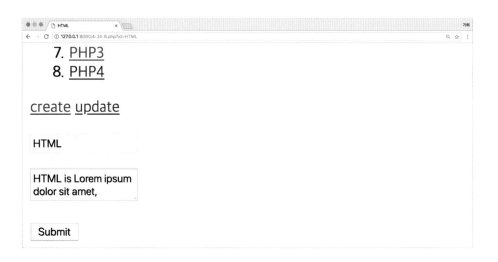

보다시피 〈input〉 태그를 추가했는데 아무런 변화가 생기지 않았습니다. type이 'hidden'이기 때문입니다. 즉 **사용자에게는 노출하지 않으면서** Submit 버튼을 눌렀을 때 action이 가리키는 애플리케이션으로 **어떠한 데이터를 전송하고 싶다면** 그때 쓸만한 폼 UI가 hidden 폼입니다. 이 폼의 **value 속성값**으로 **현재의 id** 값을 주면 됩니다.

[예제 4-24-9] hidden 타입의 〈input〉 태그의 value 값으로 현재 id 설정   update.php

```
... 생략 ...
<form action="update_process.php" method="post">
    <input type="hidden" name="old_title" value="<?= $_GET['id'] ?>" />
    <p>
        <input type="text" name="title" placeholder="Title" value="<?php print_title();
?>" />
    </p>
    ... 생략 ...
</form>
... 생략 ...
```

update_process.php의 코드는 다음과 같이 수정합니다.

[예제 4-24-10] 파일 이름 변경   update_process.php

```
<?php
    rename('data/'.$_POST['old_title'], 'data/'.$_POST['title']);
?>
```

rename()의 **첫 번째 인자로 이전 이름을, 두 번째 인자로 새로운 이름**을 넣으면 됩니다. 수정할 내용에서 title 부분을 'HTML' 대신 'HTML2'로 바꾸고 Submit 버튼을 클릭했을 때 data 디렉터리에 있는 'HTML'이라는 파일이 'HTML2'로 바뀐다면 의도대로 바뀌는 것이겠죠.

그럼 결과를 보겠습니다. 보다시피 'HTML2'로 잘 바꾸었습니다.

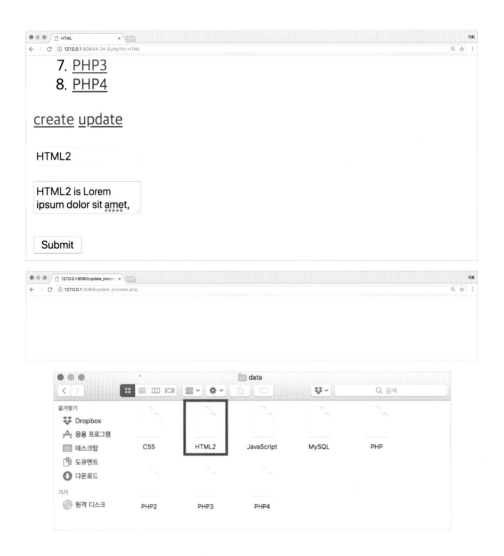

파일명을 수정했으니 수정된 파일의 description 값을 넣으면 됩니다.

【예제 4-24-11】 파일 이름 변경 후 파일 내용 변경   update_process.php

```php
<?php
    rename('data/'.$_POST['old_title'], 'data/'.$_POST['title']);
    file_put_contents('data/'.$_POST['title'], $_POST['description']);
?>
```

이번에는 'HTML2'를 'HTML4'로 바꾸고 description 부분을 'HTML4 is ...'으로 바꾼 다음, Submit 버튼을 클릭했을 때 data 디렉터리 안의 'HTML2'가 'HTML4'가 되고 'HTML4' 파일의 내용으로 'HTML4 is ..'이 나온다면 작업이 마무리된 것입니다.

이제 create_process.php처럼 리다이렉션하는 코드를 추가해서 수정된 페이지로 이동할 수 있게 해 보겠습니다.

```php
<?php
    rename('data/'.$_POST['old_title'], 'data/'.$_POST['title']);
    file_put_contents('data/'.$_POST['title'], $_POST['description']);
    header('Location: /index.php?id='.$_POST['title']);
?>
```

이번에는 'JavaScript'를 'JS'라는 이름으로 바꿔보겠습니다. 'JavaScript'로 가서 Update 버튼을 누르고 제목을 'JS'로, 내용을 'JS is ...'으로 바꾼 뒤 Submit 버튼을 눌러보겠습니다.

결과는 다음과 같습니다.

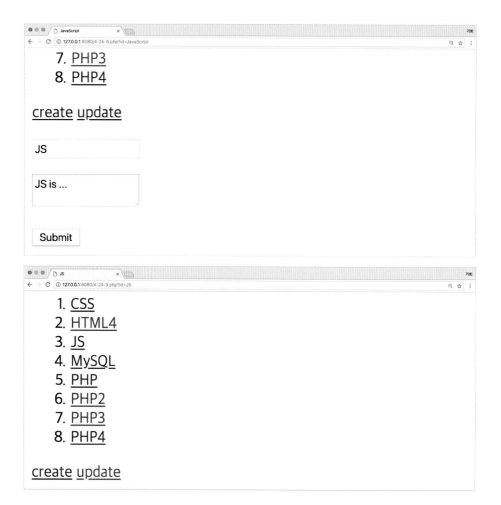

지금까지 update.php를 만들었고 update.php는 우리 수업을 통틀어 가장 많은 것들을 동원해야 이해할 수 있는 내용이었습니다. 하지만 차근차근 이해한다면 어려울 게 하나도 없습니다. 오히려 앞서 폼이 무엇인지, $_POST가 무엇인지가 더 어려운 부분이었습니다. 이렇게 해서 글을 수정하는 방법까지 살펴봤습니다.

여기까지 오느라 고생 많으셨습니다. 강의를 만들다 보면 이렇게 끝이 없네요. 그런데 강의를 듣는 분들은 오죽할까 싶습니다. 만드는 것도 어려운데 듣는 것은 얼마나 힘들까라는 생각이 듭니다. 잘 생각해 보면 여러분이 알고 있는 수많은 어마무시한 회사들, 바로 구글, 네이버, 페이스북, 카카오 등에서 제공하는 서비스들의 본질 또한 CRUD 안에 갇혀 있습니다. 그렇게 대단한 것들조차도 여기서 출발하고 이것을 절대로 벗어나지 않습니다. CRUD를 학습함으로써 여러분은 엄청난 힘을 갖게 되는 것이기 때문에 조금만 힘을 내십시오. 마지막입니다.

CRUD의 마지막인 **D(delete)**에 해당하는 **삭제 기능**을 구현해 봅시다. 그래서 먼저 index.php에 **delete라는 버튼**을 만들겠습니다. 위치는 어디가 좋을까요? 수정 버튼 밑에 두면 좋겠죠? 삭제도 현재 보고 있는 글이 있을 때, 즉 id 값이 있을 때 활성화되는 것이 좋겠죠?

【예제 4-25-1】 delete 링크 추가   index.php

```
... 생략 ...
<?php if(isset($_GET['id'])) { ?>
    <a href="update.php?id=<?= $_GET['id']; ?>">update</a>
    <a href="delete.php?id=<?= $_GET['id']; ?>">delete</a>
<?php } ?>
... 생략 ...
```

그러나 삭제는 수정이나 추가와는 다르게 폼을 거칠 필요가 없습니다. delete 버튼을 클릭했을 때 바로 삭제되면 됩니다. 그래서 href의 값을 다음과 같이 바꾸겠습니다.

【예제 4-25-2】 delete 링크를 클릭했을 때 바로 삭제되게 링크 변경   index.php

```
... 생략 ...
<?php if(isset($_GET['id'])) { ?>
    <a href="update.php?id=<?= $_GET['id']; ?>">update</a>
    <a href="delete_process.php?id=<?= $_GET['id']; ?>">delete</a>
```

```
<?php } ?>
    ... 생략 ...
```

그럼 여기에 나온 delete_process.php 파일을 만들어 보겠습니다. 그리고 이제 무엇을 해야 할까요? data 디렉터리에 있는 **파일을 삭제하는 PHP의 기능**을 찾아야겠죠? 선호하는 검색 엔진을 연 다음 'php file delete'를 검색하면 다음과 같은 페이지를 볼 수 있습니다.

그럼 unlink( )를 보라고 돼 있습니다. 링크를 클릭해 봅시다. 보다시피 파일을 삭제하는 기능이라 소개돼 있고 첫 번째 인자로 파일의 이름을 문자열로 넣으라고 돼 있습니다.

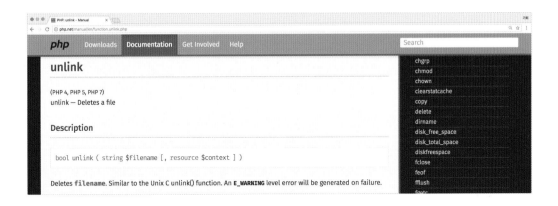

예제를 보면 사용법을 어렵지 않게 알 수 있습니다.

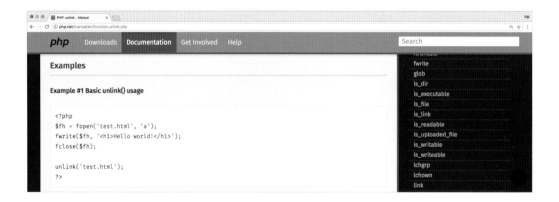

이제 delete_process.php 파일의 코드를 작성해 보겠습니다.

【예제 4-25-3】 delete_process.php 파일 생성   delete_process.php

```php
<?php
    unlink('data/'.$_GET['id']);
    header('Location: /index.php');
?>
```

파일을 삭제한 후에는 홈으로 가면 됩니다. 삭제했는데 글이 있을 리 없기 때문입니다. 가령 delete 버튼을 클릭했을 때 data 디렉터리에서 js라는 파일이 삭제되고 홈으로 가면 됩니다.

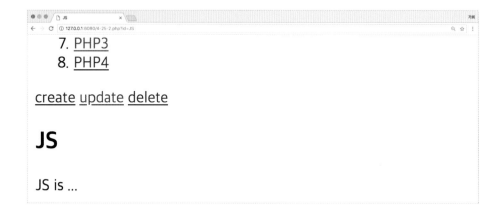

결과를 보면 앞서 설명한 대로 이뤄진 것을 확인할 수 있습니다. 하지만 여기서 끝내면 안 됩니다.

PHP 페이지에서 삭제할 때 delete라 돼 있는데 이것은 **아주 나쁜 방법**입니다. 왜냐하면 delete라는 것은 데이터를 삭제하는 링크인데, 링크를 클릭해서 파일이 삭제된다면 문제가 발생합니다. delete에 해당하는 주소를 친구에게 주었을 때, 친구가 그 **링크를 클릭하면 데이터가 삭제돼 버립니다.**

그리고 예전에 이런 일이 있었습니다. 어느 회사에서 만든 플러그인이 있었는데, 그 플러그인은 사용자들이 방문하지 않은 페이지들을 실제로 사용자가 방문할 때 빨리 열리도록 링크를 미리 읽어두는 것이었습니다. 그런데 많은 웹 개발자들이 삭제 기능을 링크로 구현해 두어서 문제가 생겼습니다. 그 플러그인이 삭제 기능에 해당하는 링크를 방문하게 되면 콘텐츠가 삭제돼 버리는 것입니다.

글을 업데이트할 때 Submit을 **get 방식**으로 하나요? **post 방식**으로 하나요? post 방식으로 합니다. 마찬가지로 delete를 클릭했을 때도 뭔가를 삭제한다면 절대로 링크로 하면 안 되고, **post 방식으로 구현**해야 합니다.

이를 구현하기 위해 `<form>`을 만듭니다. `<form>`의 `action` 값은 `delete_process.php`로 지정하고 `method` 값은 `post`로 지정합니다. 그리고 `<input>` 태그를 만들고 `type`을 'hidden'으로 지정한 후 이곳에 id 값을 저장합니다. 그리고 Submit 버튼을 만들고 `value` 값으로 'delete'를 지정합니다.

【예제 4-25-4】POST 방식으로 삭제하도록 수정　　　　　　　　　　　　　　index.php

```php
... 생략 ...
<?php if(isset($_GET['id'])) { ?>
    <a href="update.php?id=<?= $_GET['id']; ?>">update</a>
    <form action="delete_process.php" method="post">
```

```
        <input type="hidden" name="id" value="<?= $_GET['id'] ?>" />
        <input type="submit" value="delete" />
    </form>
<?php } ?>
    … 생략 …
```

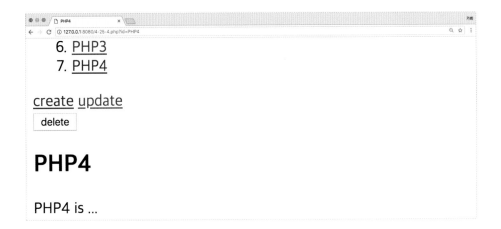

그리고 UI가 상당히 이질적인데 CSS를 배우면 링크를 버튼으로 만들 수도 있고, 버튼을 링크처럼 보이게 만들 수도 있습니다. 나중에 CSS로 디자인을 100% 바꿀 수 있으니 아무 문제도 되지 않습니다. 지금 당장은 **기능에 집중**하세요.

delete_process.php 파일의 코드를 다음과 같이 수정합니다.

【예제 4-25-5】 POST 방식으로 값을 전달받아서 삭제   delete_process.php

```
<?php
    unlink('data/'.$_POST['id']);
    header('Location: /index.php');
?>
```

그런 다음 다시 delete 버튼을 클릭해 보겠습니다. 'PHP'가 삭제되고 홈으로 오면 제대로 구현한 것입니다.

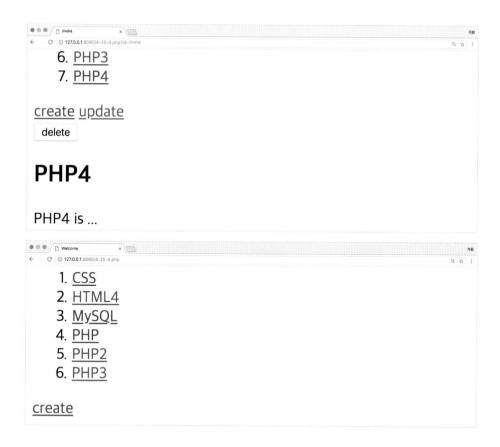

보다시피 파일이 삭제되고 홈으로 이동한 것을 확인할 수 있습니다. 아울러 삭제 작업을 수행할 때 POST 방식으로 하는 것도 해냈습니다.

이제 끝났습니다. 여러분이 제 앞에 있으면 춤이라도 함께 추고 싶은 심정입니다. 저도 이렇게 힘든데 오죽하겠나 싶습니다. 고생하셨습니다. 이제 다 끝났습니다. 본질적인 작업들을 모두 해냈습니다. 충분히 자부심을 가지셔도 됩니다.

다음 시간부터는 이 수업을 서서히 마무리하는 과정으로 넘어가보겠습니다. 이제 여러분은 CRUD를 할 줄 아는 사람입니다.

이번 시간에는 새로운 기능을 추가하는 것은 아니고, 앞에서 **벌려놓은 코드를 좀 더 효율적으로 개선하**는 작업을 해보겠습니다. 이런 것을 **리팩터링**이라 합니다. 리팩터링은 공장에 재입고시킨다라는 의미가 아닐까요? 기능은 그대로 두고, **내부적인 코드를 훨씬 더 보기 좋게, 유지보수하기 편하게, 중복된 코드를 제거하는 과정**을 리팩터링이라 합니다. 처음부터 이상적인 코드를 짤 수는 없기 때문에 리팩터링을 계속해서 반복해가며, 자신이 짠 코드를 효율적으로 만드는 작업을 끊임없이 해나가야만 애플리케이션이 흉가가 되지 않습니다. 그런 것을 리팩터링이라 하고 이 작업은 매우 중요합니다. 이번 시간에는 기존 코드를 보면서 어떤 문제점이 있는지 살펴보겠습니다.

```
<?php
    function print_title() {
        if(isset($_GET['id'])) {
            echo $_GET['id'];
        } else {
            echo "Welcome";
        }
    }

    function print_description() {
        if(isset($_GET['id'])) {
            echo file_get_contents("data/".$_GET['id']);
        } else {
            echo "Hello, PHP";
        }
    }

    function print_list() {
        $list = scandir('./data');
        $i = 0;
        while($i < count($list)) {
            if($list[$i] != '.') {
                if($list[$i] != '..') {
                    echo "<li><a
                    href=\"index.php?id=$list[$i]\">$list[$i]</a></li>\n";
                }
            }
            $i = $i + 1;
        }
    }
?>
<!DOCTYPE html>
<html>
    <head>
        <meta charset="utf-8">
        <title>
```

어떤 느낌이 드나요? 제 눈에는 **굉장히 비효율적인 모습**이 보입니다. index.php의 코드 상단과 create.php 코드 상단의 내용이 **중복돼** 있습니다. 만약 print_title()이라는 것에 어떠한 현상을 추가하면 index.php뿐만 아니라 create.php, update.php까지 꼼꼼히 체크하며 수정해야 하는데 그 과정에서 뭔가를 놓치기 쉽습니다. 그래서 프로그래밍하는 과정에서 몇 차례 말씀드렸지만 좋은 코드를 만드는 아주 쉬운 실천 방법은 바로 **중복을 제거하는 것**입니다.

중복을 제거하는 것은 프로그래밍이나 정보기술에서 정말 중요합니다. 아주 많은 기술들이 중복의 제거와 관련돼 있습니다. 다른 말로 정리 정돈과 관련 있다고 할 수 있습니다. 그래서 **여기서는 코드의 중복을 제거**해 보겠습니다. 프로그램에서 재사용할 만한 코드나 로직을 잘 정리 정돈해 놓으면 그것을 도서관이라 합니다. 도서관이 무엇인가요? 꺼내보기 쉽게 책을 정리 정돈하는 것입니다. 코드를 나중에 재사용하기 좋도록 잘 정리 정돈한 것도 도서관이라고 합니다. 도서관을 영어로 하면 라이브러리(library)인데 이름을 다 쓰면 길기 때문에 **lib**이라는 이름의 디렉터리를 만들고 재사용 가능성이 있는 것들을 이곳에 잘 정리 정돈해 모아두겠습니다. 저는 print.php라는 파일을 만들어서 lib 디렉터리 밑에 두겠습니다.

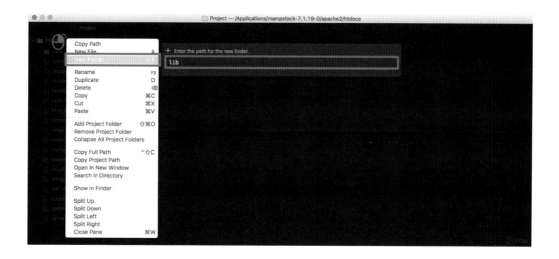

index.php 상단의 코드를 지우고, 지운 코드를 print.php에 가져다 놓습니다.

【예제 4-26-1】 print.php 파일 생성 후 index.php 상단에 있는 코드 붙여넣기　　　　　　　　lib/print.php

```php
<?php
    function print_title() {
        if(isset($_GET['id'])) {
            echo $_GET['id'];
        } else {
            echo "Welcome";
        }
```

```
        }

    function print_description() {
        if(isset($_GET['id'])) {
            echo file_get_contents("data/".$_GET['id']);
        } else {
            echo "Hello, PHP";
        }
    }


    function print_list() {
        $list = scandir('./data');
        $i = 0;
        while($i < count($list)) {
            if($list[$i] != '.') {
                if($list[$i] != '..') {
                    echo "<li><a href=\"index.php?id=$list[$i]\">$list[$i]</a></li>\n";
                }
            }
            $i = $i + 1;
        }
    }
?>
```

그리고 나서 print.php가 원래 index.php 상단에 있었던 것처럼 PHP에게 알려주면 됩니다.

[예제 4-26-2] print.php 코드가 index.php 상단에 있던 것처럼 가져오기   index.php

```
<?php
    require('lib/print.php');
?>
<!DOCTYPE html>
<html>
    ... 생략 ...
</html>
```

위 코드의 의미는 'PHP야 index.php는 **lib 밑에 있는 print.php 코드들을 필요로 해.**'라는 뜻입니다. 그리고 index.php의 이 코드를 create.php와 update.php에도 가져다 놓으면 index.php, create. php, update.php에서 모두 print.php를 가져다 쓰고 있기 때문에 print.php 파일에서 'Welcome' 부분을 바꾸거나 수정하면 모든 페이지가 동시에 바뀌는 폭발적인 효과가 일어납니다.

[예제 4-26-3] print.php 코드가 create.php 상단에 있던 것처럼 가져오기　　　　　　　create.php

```php
<?php
    require('lib/print.php');
?>
<!DOCTYPE html>
<html>
    ... 생략 ...
</html>
```

[예제 4-26-4] print.php 코드가 update.php 상단에 있던 것처럼 가져오기　　　　　　　update.php

```php
<?php
    require('lib/print.php');
?>
<!DOCTYPE html>
<html>
    ... 생략 ...
</html>
```

어때요? 함수와 require()를 통해 PHP 코드를 외부로 꺼내는 점이 굉장히 비슷합니다. 왜냐하면 본 질적으로 같은 행위이기 때문입니다. 그리고 중복을 끝까지 추적한다고 했습니다. 즉, index.php와 update.php를 보면 어느 부분이 중복돼 있는지 또한 볼 수 있습니다.

보다시피 강조된 코드가 중복된 것을 알 수 있습니다. 이 중복된 부분을 라이브러리화하면 되는데 보통 **재사용할 수 있는 로직들을 라이브러리화**합니다. 이처럼 **보여지는 것과 관련된 코드**는 라이브러리화하기보다는 별도로 빼는 경향이 있습니다.

그래서 저는 view라는 디렉터리를 만들고, </body></html>가 모든 페이지에서 똑같이 반복되므로 view 디렉터리 아래에 bottom.php라는 파일을 만들고 이곳으로 중복되는 코드를 옮기겠습니다.

【예제 4-26-5】 bottom.php 파일 생성 후 하단 중복 코드 붙여넣기   view/bottom.php

```
    </body>
</html>
```

index.php 하단에서 중복되는 코드를 제거하고 다음과 같이 작성합니다.

```php
      ... 생략 ...
    <?php
        print_description();
    ?>
<?php
    require('view/bottom.php');
?>
```

이 코드를 모든 페이지에 똑같이 배포합니다. 물론 두 줄밖에 안 되는 것을 군이 할 필요는 없습니다. 하지만 공통적인 내용을 추가하면 모든 페이지를 통합적으로 관리할 수 있는 장점이 생깁니다.

```php
      ... 생략 ...
    <?php
        print_description();
    ?>
<?php
    require('view/bottom.php');
?>
```

```php
      ... 생략 ...
    <form action="update_process.php" method="post">
        ... 생략 ...
    </form>
<?php
    require('view/bottom.php');
?>
```

그다음으로 아까 이야기한 상단에도 코드 중복이 있습니다. 앞서와 마찬가지로 view 디렉터리 밑에 top.php를 만들고, 해당 코드를 잘라내서 붙인 다음, index.php 상단에 다음과 같은 코드를 작성합니다.

```
<!DOCTYPE html>
<html>
    <head>
        <meta charset="utf-8">
        <title>
            <?php
                print_title();
            ?>
        </title>
    </head>
    <body>
        <h1><a href="index.php">WEB</a></h1>
        <ol>
            <?php
                print_list();
            ?>
        </ol>
```

[예제 4-26-10] top.php 파일 가져오기   index.php

```
<?php
    require('lib/print.php');
    require('view/top.php');
?>
        <a href="create.php">create</a>
        ... 생략 ...
```

그리고 페이지를 새로고침해 보면 잘 동작하는 모습을 확인할 수 있습니다.

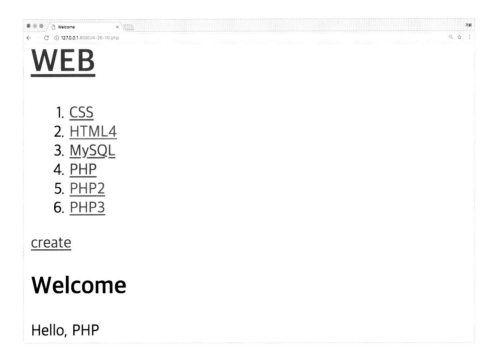

그리고 나서 top.php를 다른 쪽에도 전파하겠습니다.

【예제 4-26-11】 top.php 파일 가져오기   create.php

```php
<?php
    require('lib/print.php');
    require('view/top.php');
?>
        <a href="create.php">create</a>
        ... 생략 ...
```

【예제 4-26-12】 top.php 파일 가져오기   update.php

```php
<?php
    require('lib/print.php');
    require('view/top.php');
?>
        <a href="create.php">create</a>
        ... 생략 ...
```

물론 제가 짠 코드는 이상적인 코드는 아닙니다. 왜냐하면 **print_title()**이 있는데, 이 함수는 lib/print.php에서 왔습니다. top.php 기준으로 **print_title()**이 있는데 이것은 어디에서 왔나요? 알 수 없습니다. 그래서 인과관계가 항상 드러날 필요가 있습니다. top.php 위에도 다음과 같은 코드를 추가해 보겠습니다.

[예제 4-26-13] print.php 파일 가져오기   view/top.php

```php
<?php
    require('lib/print.php');
?>
<!DOCTYPE html>
<html>
    <head>
    ... 생략 ...
```

print_title()이 어디에서 왔는지 분명해집니다. 하지만 페이지를 새로고침하면 에러가 생깁니다.

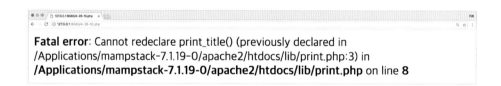

Fatal error: Cannot redeclare print_title() (previously declared in /Applications/mampstack-7.1.19-0/apache2/htdocs/lib/print.php:3) in **/Applications/mampstack-7.1.19-0/apache2/htdocs/lib/print.php** on line **8**

에러의 내용을 살펴보면 print_title()이란 **함수가 중복으로 선언됐다는** 뜻입니다. 그 이유는 index.php에서는 require()라는 것을 통해 print.php를 가져오고 있기 때문입니다. 그럼 print.php에서 **print_title() 함수를 선언한 코드가 실행**될 테고, 그러면 print_title()이라는 함수가 애플리케이션에서 정의됩니다. 그다음 top.php의 require()를 통해 print.php에서 **print_title() 함수의 선언이 또 한 번 실행**되는 것입니다. PHP에서는 한 번 만들어진 함수는 **다시 재정의할 수 없게 돼 있습니다**(어려운 이야기라서 이해되지 않아도 괜찮습니다). 그래서 이런 문제를 방지하는 방법으로 require()라고 하는 함수는 **require_once()**로 바꾸고, top.php에도 require_once()로 바꿉니다. require_once()가 실행되면 lib 밑의 print.php가 실행됩니다. 그런데 top.php가 실행되며 lib 밑의 print.php를 실행하려고 하면 PHP가 이미 require_once()를 수행했기 때문에 top.php의 require_once()를 무시합니다. 그러면 **중복으로 print.php가 호출되는 것을 방지**하기 때문에 에러가 발생하지 않습니다.

```php
<?php
    require_once('lib/print.php');
?>
<!DOCTYPE html>
<html>
    <head>
    ... 생략 ...
```

```php
<?php
    require_once('lib/print.php');
    require('view/top.php');
?>
        <a href="create.php">create</a>
        ... 생략 ...
```

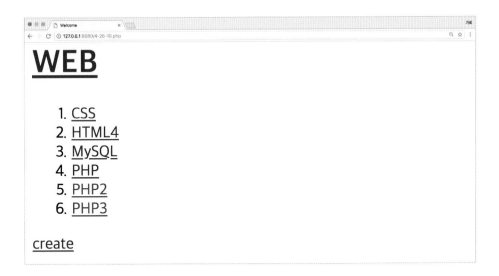

그러므로 가급적 require( ) 대신 require_once( )를 쓰는 것이 정신 건강에 좋습니다. 그리고 require( )를 중복해서 써야 하는 경우는 여러분이 알고 그렇게 하면 됩니다.

어때요? 코드가 아름다워졌죠? 물론 저한테는 아쉬운 부분들이 보입니다. 그런 것을 다 챙기려 하면 수업이 불필요하게 장황해집니다. 이것은 우리 모두가 원하는 것이 아니며, 일단 프로그램이 동작하는 것으로 만족하고, 우아하고 아름답게 수정하는 방법은 여러분이 곧 발견할 것입니다. 이렇게 해서 리팩터링과 require( )라고 하는 기능에 대한 이야기는 마무리하겠습니다.

이번 시간에는 **보안**에 대한 이야기를 해 보겠습니다. 제일 먼저 이야기할 것은 우리 수업의 내용만 가지고 만들어진 애플리케이션을 여러분의 삶에서 아주 중요한 온라인 서비스로 사용하면 안 된다는 것입니다. 이 수업은 PHP 애플리케이션을 공부하는 데 있어서 가장 중요한 본질적인 것들만 담으려고 노력한 수업입니다. 현실의 복잡성을 철저히 배제한 수업입니다. 현실은 시궁창입니다. 눈 감으면 코 베어가는 세상입니다. 이 상태 그대로 세상에 내놓으면 바로 문제가 생길 가능성이 높다는 점을 미리 말씀드립니다.

지금부터 살펴볼 내용은 여러분이 직면하게 될 보안 문제에서 **약 70% 정도 차지하는 문제를 방어하는 방법**입니다. 이를 통해 보안과 관련된 문제가 생기는구나라고 감을 잡으셨다면 수업의 목적은 달성한 셈입니다. 하지만 30%는 막아드리지 못하기 때문에 우리 수업을 여기서 끝내면 안 됩니다. 나머지 수업은 보안 수업을 통해 챙겨드릴 테니 꼭 기억해 주십시오.

이번에 살펴볼 해킹 사례는 **크로스 사이트 스크립팅**(Cross Site Scripting)이라고 합니다. 줄여서 XSS라고도 합니다. 웹 사이트를 대상으로 말하자면 **`<script>` 태그를 주입하는 것**으로 'update' 버튼에 `<script>` 태그를 넣는 것입니다. 그런데 `<script>` 태그는 자바스크립트라는 컴퓨터 언어를 웹 브라우저에서 실행하는 역할을 합니다. 예를 들어, `<script>alert('babo');</script>`라고 작성하고 Submit 버튼을 클릭하면 'babo'라는 경고창이 나타납니다. 단순히 페이지를 방문해도 'babo'라는 경고창이 나타납니다.

그럼 이번에는 조금 더 심각한 사례를 보겠습니다. 자바스크립트로 **현재 사용자를 특정한 사이트로 보내는 예제**입니다. 다음과 같이 쓰고 Submit 버튼을 클릭하면 해당 사이트로 이동합니다.

```
<script>location.href='https://opentutorials.org/course/';</script>
```

그리고 해당 링크를 누르면 해당 사이트로 이동합니다. 이런 것들을 **크로스 사이트 스크립팅**이라고 하는데, 사실 지금 본 것은 비교적 악성 코드는 아닙니다. 하지만 자바스크립트를 좀 더 고도로 사용하면 굉장히 심각한 정보를 숨길 수 있습니다. 로그인을 대신 하거나 글을 지운다거나, 비밀스러운 정보를 유출하는 것이 가능하기 때문에 크로스 사이트 스크립팅은 **매우 위험한 보안 문제**라고 할 수 있습니다.

그럼 어떻게 하면 될까요? PHP가 제공하는 함수 중에서 크로스 사이트 스크립팅을 방지하는 함수가 두 가지 있습니다. 먼저 다음과 같이 XSS.php라는 파일을 만들고, 기본적인 HTML 골격에 PHP 코드를 넣어보겠습니다.

【예제 4-27-1】 XSS.php 파일 생성   XSS.php

```
<!DOCTYPE html>
<html>
    <head>
        <meta charset="utf-8">
        <title></title>
    </head>
    <body>
        <h1>Cross site scription</h1>
        <?php
            echo '<script>alert("babo");</script>';
        ?>
    </body>
</html>
```

이 PHP 코드를 실행하면 이전과 같이 'babo'라는 경고창이 나타납니다.

그런데 PHP가 제공하는 함수 중에서 htmlspecialchars()라는 함수가 있습니다. 다음과 같이 코드를 수정해 봅시다.

[예제 4-27-2] htmlspecialchars() 함수   XSS.php

```
... 생략 ...
<?php
    echo htmlspecialchars('<script>alert("babo");</script>');
?>
... 생략 ...
```

프로그램을 실행한 결과는 다음과 같습니다.

결과를 보면 **<script> 코드가 그대로 문자로 출력**됩니다. 마우스 오른쪽 버튼을 클릭해서 '소스 보기'
를 선택하면 HTML에서 태그를 나타내는 **<**가 **>**와 같은 식으로 표시됩니다. HTML에서 이러한 문
자를 그대로 표현하고 싶을 때 약속에 따라 특수한 문자로 바꿔버리는데, 이 약속이 적용된 것입니다.
그리고 자바스크립트 코드가 더는 동작하지 않기 때문에 위협이 되지 않습니다.

print.php로 가서 **사용자가 입력한 정보가 출력되는 부분은 모두 의심해야 합니다. 사용자가 변조
할 수 있는 정보** 말이죠. 따라서 print.php의 기존 코드에서 사용자가 변조할 수 있는 정보는 모두
htmlspecialchars() 함수로 감싸줍니다.

- print_title()에서 echo $_GET['id'];는 echo htmlspecialchars($_GET['id']);로 변경

- print_list()에서 $title = htmlspecialchars($list[$i]);를 지정하고 하단의 $list[$i]를 $title로 대체

- print_description()에서 echo file_get_contents("data/".$_GET['id']);는 htmlspecialchars(echo file_get_contents("data/".$_GET['id']));로 변경

【예제 4-27-3】 htmlspecialchars() 함수를 이용해 변조 방지   print.php

```php
<?php
    function print_title() {
        if(isset($_GET['id'])) {
            echo htmlspecialchars($_GET['id']);
        } else {
            echo "Welcome";
        }
    }

    function print_description() {
        if(isset($_GET['id'])) {
            echo htmlspecialchars(file_get_contents("data/".$_GET['id']));
        } else {
            echo "Hello, PHP";
        }
    }

    function print_list() {
        $list = scandir('./data');
        $i = 0;
        while($i < count($list)) {
            $title = htmlspecialchars($list[$i]);
            if($list[$i] != '.') {
                if($list[$i] != '..') {
                    echo "<li><a href=\"index.php?id=$title\">$title</a></li>\n";
                }
            }
            $i = $i + 1;
        }
    }
?>
```

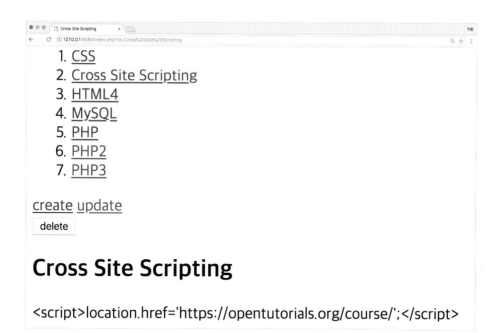

결과를 보면 **자바스크립트 코드가 그대로 화면에 출력**되는 모습을 알 수 있습니다. 그렇다면 XSS 공격을 막았다고 할 수 있습니다. 그런데 본문에 htmlspecialchars() 함수를 적용하면 이미지 태그나 줄바꿈처럼 몇몇 필수적으로 필요한 태그를 이용하지 못할 수 있습니다. 그래서 PHP에서는 **strip_tags()**라고 하는 함수를 제공합니다. 이 함수는 검색해서 나중에 필요할 때 써 보시길 바랍니다. 이 함수를 이용하면 **태그를 모두 날리는데, 특정 태그는 허용하도록 옵션을 조정**할 수 있습니다.

이렇게 해서 크로스 사이트 스크립팅이라고 하는 웹 애플리케이션을 운영할 때 아주 큰 위협을 차단하는 방법을 살펴봤습니다. 핵심은 사용자가 입력한 정보를 무조건 불신하라는 것입니다.

WEB2
27 | 보안 – 파일 경로 보호

https://youtu.be/t0qRL6BvkjE (06분 30초) ◉

이번 시간에 살펴볼 것은 **URL을 이용해 여러분을 공격하는 것과 관련된 주제**입니다. 예를 들어, 어떠한 이유로 인해 password.txt라는 파일을 가지고 있고, 이 파일에 비밀번호를 적어놨습니다.

【예제 4-27-4】 password.txt 파일 생성   password.php

```
egoing / 111111
```

그러면 URL을 이용해 이 파일을 읽을 수 있습니다. 먼저 127.0.0.1:8080/index.php?id=password.txt라고 적으면 안 됩니다. 왜냐하면 password.txt라는 파일은 data라는 디렉터리 안에는 없기 때문입니다. 공격자가 여러 가지 정황들을 파악해서 data라는 디렉터리 바깥쪽에 password.txt가 있다는 것을 알아내면 현재 디렉터리의 부모 디렉터리를 의미하는 ../을 붙여서 127.0.0.1:8080/index.php?id=../password.txt로 접속해 password.txt를 읽을 수 있습니다.

```
127.0.0.1:8080/index.php?id=../password.txt
```

즉, data 디렉터리의 부모 디렉터리 밑에 있는 password.txt를 읽을 수 있으므로 비밀번호를 갖다 바치는 꼴입니다. 따라서 **파일시스템을 사용할 때는 정말 조심해야** 합니다. PHP의 함수 중에는 **basename()**이라는 함수가 있습니다. basename()은 **파일의 경로에서 파일명만 추출하는 함수**입니다.

기존 코드를 basename()을 써서 다음과 같이 고쳐보겠습니다.

[예제 4-27-5] basename() 함수 예제 print.php

```
... 생략 ...
function print_description() {
    if(isset($_GET['id'])) {
        echo $_GET['id'];
        echo "<br>";
        echo basename("data/".$_GET['id']);
        echo "<br>";
        echo htmlspecialchars(file_get_contents("data/".$_GET['id']));
    } else {
        echo "Hello, PHP";
    }
}
... 생략 ...
```

프로그램을 실행해 보겠습니다.

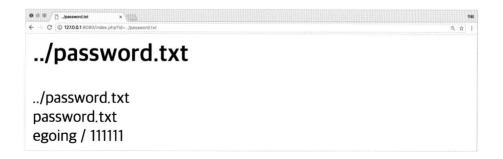

보다시피 ../password.txt가 들어왔는데 ../가 없어지고 파일명만 나옵니다. 따라서 basename()을 이용하면 부모 디렉터리에 접근하는 것과 같은 나쁜 짓을 못하게 됩니다. 따라서 다음과 같이 코드를 수정해 보겠습니다.

[예제 4-27-6] basename() 함수를 이용해 파일명만 추출 print.php

```
... 생략 ...
function print_description() {
    if(isset($_GET['id'])) {
```

```
        $basename = basename($_GET['id']);
        echo htmlspecialchars(file_get_contents("data/".$basename));
    } else {
        echo "Hello, PHP";
    }
}
... 생략 ...
```

다시 프로그램을 실행해 보면 다음과 같은 에러가 나타납니다.

위와 같은 에러가 나타나면 잘 되는 겁니다. 왜냐하면 **부모 디렉터리로 가지 못하기 때문**입니다. 이것
역시 보안 문제가 발생할 수 있는 사례이며, 여기서는 이를 해결할 수 있는 방법도 알아봤습니다.

또 다른 파일과 관련된 보안 위협을 살펴보겠습니다. 예를 들어 파일을 삭제하는 명령을 내리면 역시나
나쁜 의도를 가지고 있는 사람들은 최대한 정보를 수집하기 마련입니다. 웹 페이지를 마우스 오른쪽 버
튼으로 클릭한 다음 '검사'를 클릭해 개발자 도구를 엽니다. [Network] 탭의 [Preserve log]를 체크하
면 서버와 주고받는 여러 가지 정보를 계속 쌓아둘 수 있습니다.

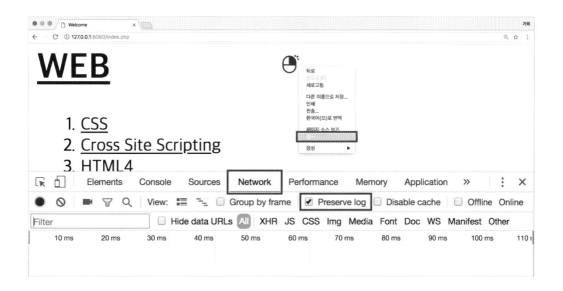

[delete] 버튼을 누르면 서버와 어떤 데이터를 어떠한 방식으로 주고받는지 살펴봅니다.

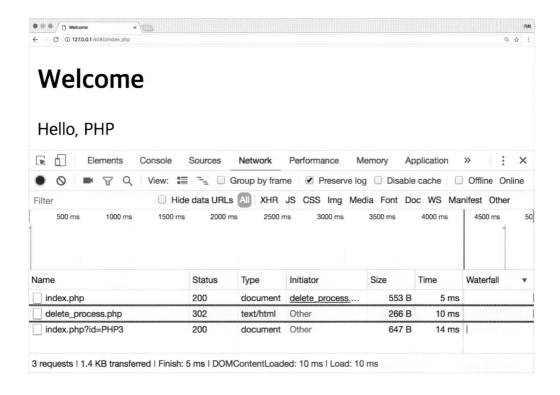

위 결과를 보면 서버를 대상으로 delete_process.php를 호출한다는 사실을 알 수 있고, 이를 클릭해 보면 맨 하단의 [Form Data]로 id 값을 전달한다는 점과 **전송 방식이 POST 방식**이라는 것을 알 수 있습니다. 그럼 공격자는 post 방식으로 delete_process.php에 id 값(예를 들면 ../index.php)을 전

송해서 파일을 삭제할 수 있습니다. 이런 문제를 방지하기 위해서는 **삭제 대상을 data라는 디렉터리로 한정**할 필요가 있습니다. delete_process.php의 코드를 다음과 같이 변경해 보겠습니다.

[예제 4-27-7] basename() 함수를 이용해 파일명만 추출   delete_process.php

```php
<?php
    unlink('data/'.basename($_POST['id']));
    header('Location: /index.php');
?>
```

보다시피 basename( )을 써서 id 값에 파일명만 들어갈 수 있게 한다면 좀 더 안전해질 겁니다.

이렇게 해서 파일을 보호하기 위한 몇 가지 방법을 살펴봤는데 이것만으로는 부족합니다. 하지만 이런 공격이 있을 수 있고, '눈 감으면 코 베어가는 세상이구나'라는 것을 느끼고, 내가 하고자 하는 일이 무엇이냐에 따라 보안과 관련된 부분에 신경 쓰는 수준을 달리해야 한다거나 정말 중요한 시스템이라면 도움을 받아야겠구나, 라는 문제 인식의 출발점으로서 이 수업이 사용됐으면 좋겠습니다. 보안에 대한 이야기는 더 하고 싶지만 여기까지 하겠습니다.

지금부터 UI와 API라는 주제로 이야기해 보겠습니다.

UI vs API

UI는 User Interface의 약자입니다. API는 Application Programming Interface의 약자입니다. 이 단어들은 인터페이스라는 공통점과 사용자와 애플리케이션 프로그래밍이라는 차이점만 가지고 있습니다.

UI

WEB

1. CSS
2. HTML
3. JavaScript
4. PHP

create update

PHP

PHP is ...

Submit

API

```
<a href="http://php.net">
   PHP
</a>
```

```
<?php
scandir('data');
?>
```

먼저 UI라는 것은 무엇일까요? 애플리케이션이 있다면 이 애플리케이션을 사용하는 **사람들이 접하게 되는 모든 것**이 UI입니다. **링크**라든지, **폼**이라든지, 또는 **시각적으로 눈에 보이는 텍스트**가 UI에 해당합니다. 사용자는 UI를 통해 시스템을 조작하고 시스템이 제공하는 정보를 볼 수 있습니다.

그럼 **API**는 무엇일까요? 우리가 애플리케이션을 만들 때 모든 것을 처음부터 끝까지 만드나요? 그렇지 않습니다. 인간은 신이 아닙니다. **링크**를 만들기 위해서는 웹 브라우저의 **〈a〉 태그를 호출**해야만 링크를 만들 수 있습니다. 또 어떤 **특정 디렉터리의 파일 목록**을 알기 위해서는 PHP가 제공하는 `scandir()`을 **호출**해야 파일 목록이 담긴 배열을 받을 수 있습니다. 이때 웹 브라우저의 〈a〉 태그, PHP의 scandir()과 같은 함수를 API라 할 수 있습니다. 즉, 애플리케이션을 만든다는 것은 컴퓨터 언어의 문법에 따라 기반이 되는 시스템(여기서는 웹 브라우저나 PHP가 여기에 해당합니다)이 제공하는 API를 호출하는 것이라고 할 수 있습니다.

API가 **부품**이라면 **언어의 문법**은 그 부품을 결합해서 **새로운 기능을 만들어 내는 결합 방법**이라고 할 수 있습니다. API가 무엇인지 알았으니 이제 어떻게 공부하면 좋을지 사견을 말씀드리겠습니다.

저는 여러분이 공부만 하지 않으면 좋겠습니다. 모든 것을 공부하고 난 뒤 프로젝트를 하겠다는 생각에 저는 반대합니다. 제가 추천하고 싶은 방법은 최소한의 문법과 최소한의 API를 이용해 자신의 문제를 최대한 해결해 보는 것입니다. 그 방법이 효율적이지 않고 아름답지 않을 수 있습니다. 오히려 효율적이지 않고 아름답지 않을수록 좋다고 생각합니다. 나중에 효율적이고, 아름다운 방법을 찾아서 바꿀 수 있습니다. 지금은 시작하는 단계이므로 공부하고 공부한 내용을 써먹고 한계에 부딪치고 다시 공부하고 공부한 내용을 써먹고 한계에 부딪치는 과정을 반복하면서 앞으로 나아가시면 어떨까요? 처음부터 모든 한계를 뛰어넘을 수는 없으니까요. 저는 공부에는 때가 없지만 프로젝트에는 때가 있다고 생각합니다. 더 늦기 전에 자신만의 프로젝트를 꼭 시작하길 바랍니다. 이미 너무 많은 것을 배운 상태이기 때문에 여러분에게 안겨진 숙제는 더 많은 것을 배우는 것이 아니라 지금까지 배운 것을 털어내고 최소한의 지식으로 문제를 최대한 해결하는 노력을 해보는 것이라고 생각합니다.

29 | 수업을 마치며

https://youtu.be/uMv5KpczgRg (17분 44초)

이제 이번 수업의 마지막 수업입니다. 제가 마음이 놓이지 않아서 앞으로 여러분이 어떤 문제를 겪게 될 수 있고 그런 문제는 어떤 방식으로 해결할 수 있는지에 대한 중요한 사례를 짚고 물러나겠습니다. 우선 첫 번째로 구경할 것은 **PHP의 API**입니다. 앞선 수업에서 말씀드렸다시피 PHP의 API를 사용하지 않고는 할 수 있는 일이 거의 없습니다. API를 잘 아는 것은 애플리케이션을 만드는 데 있어서 선택이 아니라 필수입니다.

PHP 매뉴얼에서 documentaion은 '문서'라는 뜻인데, 적당한 언어를 선택하고 쭉 내려가 보면 이 언어의 문법도 나오고, 보안에 대한 내용도 나오며, PHP의 특성들도 나오는데 그중 아주 중요한 것이 'Function Reference'라는 부분입니다.

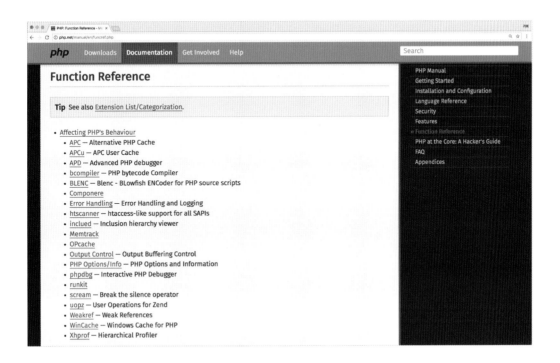

PHP는 객체지향 언어이긴 한데 객체지향을 처음부터 지원하는 언어는 아니었기에 PHP의 API는 대체로 **함수 형태로 제공**됩니다. 이 함수의 목록을 보면 PHP가 어떤 기능성을 가지고 있는지 파악하는 데 도움이 됩니다.

지금 단계에서 이해하기 쉬운 것으로 **Audio formats Manipulation**이 있습니다(사용 빈도는 높지 않겠지만요). 예를 들면 MP3 파일이 있는데 그 파일의 재생시간, 누가 만든 MP3 파일인지 등과 같은 **정보를 추출할 때 쓰는 함수**들입니다. 그리고 **Compression**은 가령 압축된 파일이 있을 때 PHP 코드를 통해 파일의 **압축을 풀 수도 있고, 어떤 파일을 압축할 수도** 있습니다. 이때 사용할 수 있는 여러 API들이 Compression에 나와 있습니다. 아주 중요한 내용 중 하나인 보안에 대한 내용도 있습니다. **Cryptography Extensions**라고 적힌 부분인데, **암호화**는 정보기술에서 굉장히 중요한 부분이기 때문에 지금 바로 관심을 가질 필요는 없지만 여러분이 중급 개발자에서 고급 개발자로 가는 과정에서 굉장히 중요한 주제라고 할 수 있습니다. 그 밖에 **Database** 부분도 나오고, **파일을 제어하는 여러 가지 방법**도 나옵니다. 또 **문자를 처리하는 방법**과 관련된 부분도 나옵니다. 그리고 예를 들면 큰 이미지를 작은 이미지로 **썸네일**을 만들고 싶다면 **Image Processing and Generation**이라는 부분을 참고해서 작업할 수 있습니다. 또 PHP를 이용해 **이메일**을 보내고 싶다면 **Mail Related Extensions** 부분이 도움을 줄 수 있을 테고, **수학과** 관련된 여러 가지 처리를 하고 싶다면 **Mathematical Extensions** 부분이 도움될 것입니다. 그리고 기타 등등 여러 가지 기능이 엄청나게 많이 있으니 차근차근 살펴보면 됩니다. 그래서 PHP로 만들어진 애플리케이션들은 PHP가 기본적으로 제공하는 API에 갇혀있습니다. 이것을 넘어서는 일은 할 수 없는 것입니다. 그래서 API를 외울 필요는 없지만 무엇이 있는지 정도는 알아두면 큰 도움이 될 것입니다.

그리고 'php composer'로 검색해 보면 다음과 같은 화면이 나옵니다.

```
https://getcomposer.org/
```

보다시피 Composer라는 것의 공식적인 설명은 'Dependency Manager for PHP'라고 돼 있습니다.
다른 말로는 '패키지 매니저'라 불리는 소프트웨어입니다. 이 Composer의 역할을 잠깐 살펴보겠습니
다. 일단 'Browse Packages'라는 곳에 들어가보겠습니다. 패키지라는 것은 우리가 만든 소프트웨어
안에서 사용되는 작은 부품이 되는 소프트웨어라고 생각하면 됩니다. 물론 소프트웨어 자체를 패키지
라고도 합니다.

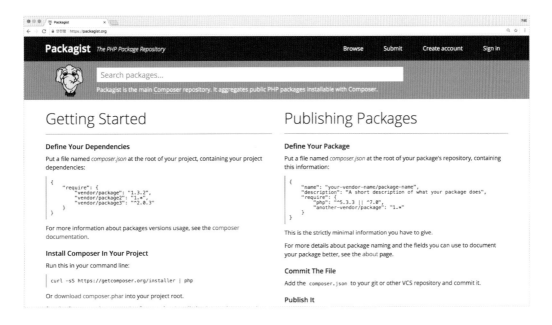

아무튼 소프트웨어를 만드는 현대적인 방법은 혼자서 처음부터 끝까지 만드는 것이 아니라 **다른 사람이 만든 소프트웨어를 부품으로 삼아 레고 블록처럼 조립해서 만드는 것이 기본적인 방법**입니다. 그래서 필요한 것이 있을 때 그것을 Packagist라는 사이트에서 검색해 보는 것입니다. 상단의 Browse를 눌러볼까요?

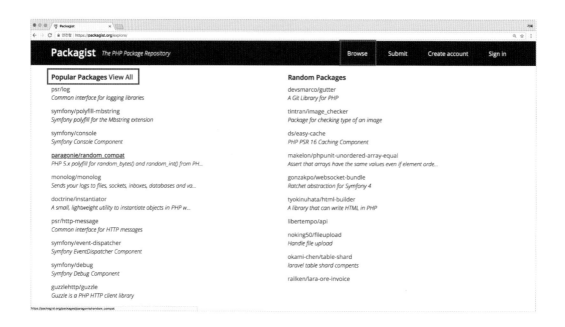

그러면 Popular Packages라고 돼 있는 것이 있습니다. 예를 들면, 이곳에서 볼 수 있는 **psr/log**라는 것은 여러분이 소프트웨어를 만들다 보면 **여러 가지 에러나 로그가 발생**하는데 그것들을 **체계적이고 효율적으로 저장할 때 사용하는 패키지**입니다. 이것을 직접 만들려면 어렵지만 누군가가 만들어 놓은 것을 사용하면 소프트웨어를 개발하는 데 상당히 큰 도움을 받을 수 있습니다. 이러한 패키지를 검색해서 Composer라는 패키지 매니저의 사용법에 따라 사용하면 필요한 패키지를 직접 내려받아 직접 압축을 해제하고 사용하는 것이 아니라 인터넷을 통해 자동으로 내려받고, 만약 패키지가 업그레이드돼서 버전이 높아지면 한 줄의 명령어로 한번에 일괄적으로 업데이트한다거나 하는 귀찮은 일들을 자동으로 할 수 있습니다. 이러한 현대적인 애플리케이션을 만드는 데 있어서 Composer는 그것이 어떤 애플리케이션이냐에 상관없이 패키지 매니저와 같은 역할을 합니다. 패키지 매니저들을 중심으로 여러 소프트웨어를 조합해 소프트웨어를 만들기 때문에 현대적인 애플리케이션을 구축하는 데 있어서 패키지 매니저를 이해하고 사용법을 익히는 것은 매우 중요합니다. 그래서 우리 수업에서는 패키지 매니저를 쓰지 않았지만 이후의 후속 수업에서는 패키지 매니저도 다뤄보고 싶습니다.

다음 주제로 넘어가기에 앞서 먼저 예제 애플리케이션을 봅시다. 보다시피 예제 애플리케이션은 data 라는 디렉터리에 들어있는 파일을 통해 사용자의 콘텐츠를 저장하고 열람합니다.

파일의 좋은 점과 나쁜 점이 있는데, **좋은 점**은 **아주 쉽다**는 것입니다. 파일은 그냥 읽고 쓰는 방법만 알면 쓸 수 있기 때문입니다. 파일의 **나쁜 점**은 사실 나쁜 점이라기보다는 **파일의 대체재가 갖고 있는 장점**이 너무 크기 때문에 파일의 나쁜 점이 됩니다. 파일의 대체재는 **데이터베이스입니다**. 데이터베이스도 내부적으로 파일을 쓰지만 어쨌든 데이터베이스라는 소프트웨어는 훨씬 더 **데이터를 체계적이고 안전하고 빠르게 관리**할 수 있습니다.

예를 들어 data라는 디렉터리에 1억 개의 파일이 있고, 이곳에서 PHP라는 텍스트를 검색하고 싶다면 아마 여러분은 PHP의 반복문을 이용해 파일을 하나씩 열어서 그 안에 텍스트가 있는지 조사해야 할 것입니다. 그런데 만약 파일이 1억 개라면 파일 하나를 처리하는 데 0.1초가 걸린다고 하면 총 150일이 걸립니다. 0.01초라 해도 15일이 걸리는데 이를 어디에 쓰겠습니까? 그래서 성능을 높이기 위해서는 검색할 때 모든 파일을 검색하는 방법으로는 한계가 있습니다. 그 대신 정보가 생성될 때마다 사용자들이 검색할 만한 정보의 위치를 미리 어딘가에 적어두는 방법이 있습니다. 이런 식으로 처리할 수 있지만 이렇게 하기란 굉장히 탁월한 엔지니어에게도 어려운 일이 될 수 있습니다. 이를 위해 일군의 천재적인 소프트웨어 엔지니어들이 **데이터베이스**라고 하는 소프트웨어를 만들었습니다(데이터베이스는 특정 제품명이 아니라 제품군입니다). 그래서 여러분은 천재적인 엔지니어들이 일생 동안 노력하고 어마어마한 돈을 투자해서 만든 데이터베이스라고 하는 고도의 애플리케이션을 그냥 쓰기만 하면 됩니다.

이어서 데이터베이스와 PHP를 연동하는 수업을 제작할 계획인데, 데이터베이스 수업에서는 이번 수업의 그대로 내용을 활용하고, 여기서 다룬 **파일 부분만 데이터베이스로 바꾸는 내용**을 다루려고 합니다. 그래서 여러분이 데이터베이스를 도입하면 예제 애플리케이션의 기본적인 기능은 그대로 유지하면서 데이터베이스가 가진 환상적인 기능을 갖춘 애플리케이션으로 예제 애플리케이션을 탈바꿈시킬 수 있습니다. 정말 기대되지 않으세요? 바로 이것이 데이터베이스이며, 파일이 갖고 있는 여러 가지 한계를 극복하기 위해서는 데이터베이스를 도입하면 됩니다. 현대적인 애플리케이션은 사실 데이터베이스 없이 구축하는 경우는 없다고 봐도 과언은 아닙니다. 하지만 우리 수업에서는 수업의 복잡도를 낮추기 위해 데이터베이스를 일부러 배제했기 때문에 제 의도를 좋게 봐주셨으면 좋겠습니다.

이번에는 다른 주제를 알아보겠습니다. 나중에 예제 애플리케이션의 규모가 커질 수 있는데, 지금은 애플리케이션을 통해 불특정 다수가 글을 쓸 수 있고, 삭제 또한 할 수 있는 상태입니다. **사용자에 따라 글을 삭제하거나 글을 쓸 수 있게** 만들면 좋겠습니다. 그리고 자신의 글에 대해 쓰고 수정하고 삭제하는 기능을 주고 싶을 수 있습니다. 이 문제는 어떤 키워드를 통해 해결할 수 있는지 알아보겠습니다. PHP에는 **쿠키(Cookie)**라는 기능이 있습니다. 사실 이것은 **브라우저의 기능**입니다. 쿠키라는 기능을 통해 사이트에 접속하는 **각각의 접속자를 식별**할 수 있습니다. 하지만 보안상 여러 가지 제약사항이 있기 때문에 사용자 인증을 할 때는 쿠키를 사용하기보다는 **세션(Session)**이라는 것을 통해 구현하는 경우가 많습니다. 검색 엔진에서 'php session'을 검색하면 사용자를 관리할 때 가장 중요한 기능이라고 할 수 있는 세션을 볼 수 있습니다.

또한 회원가입과 관련된 여러 가지 자료를 통해 세션 기능을 이용하면 회원 관리를 할 수 있고 회원마다 다른 권한을 줄 수 있다는 사실을 배울 수 있습니다. 그리고 현대 애플리케이션은 각 사이트가 직접 회원 관리 기능을 구현하기보다는 페이스북이나 구글이나 네이버나 아마존 웹 서비스 같은 거대 기업이 제공하는 **인증 시스템**을 빌려쓰는 경우가 있습니다. 오픈튜토리얼스의 경우 로그인할 때 '페이스북으로 로그인'이라는 버튼을 볼 수 있습니다. 이 경우 어떤 점이 좋은지 설명하자면 이 사이트의 회원으로 받아들이고 싶은 사람이 페이스북에 가입돼 있다면 버튼을 한 번 클릭하는 것만으로 아주 손쉽게 회원 가입을 할 수 있다는 장점과 회원의 구체적인 정보(이름, 성별, 기타 등등)는 페이스북이나 구글과 같은 회사에 저장돼 있고 우리는 지금 접속하고 있는 사람이 누구인가를 식별하는 용도로만 사용할 수 있기 때문에 회원의 중요 정보를 최소한으로 가지고 있어도 된다는 점에서 **훨씬 더 안전**하다고 볼 수 있습니다. 특히 거대 기업들은 보안을 위해 인력과 돈을 많이 투자하고 있습니다. 그렇기 때문에 우리가 보안과 관련된 위험을 짊어지는 것보다 더 좋은 방법일 수 있습니다. 다만 나쁜 점은 그러한 **서비스에 종속**될 수 있다는 것입니다. 아무튼 이런 기능들을 구현하고 싶다면 역시나 검색을 통해 알아볼 수 있습니다. 한국어로는 '타사 인증'으로 검색하거나 영어로는 'federation authentication facebook php'와 같이 검색하면 됩니다. 찾아보면 페이스북 로그인 예제가 나올 테고, PHP로 구현하는 방법도 나올 것입니다. 이런 내용들을 참고해서 구현하면 되는데 조금 어렵긴 합니다. 기회가 되면 나중에 제가 수업으로 만들겠습니다.

또한 **파일을 업로드**하고 싶다면 'php file upload'로 검색하면 PHP가 어떻게 파일을 업로드하는지에 대한 정보를 찾아볼 수 있습니다.

여기까지입니다. 저는 끝날 때가 되면 여러 가지 아쉬움이 많이 들고 자꾸 여러 가지를 챙겨드리고 싶어서 잔소리가 많아집니다. 그렇지만 참겠습니다. 지금까지 이야기한 것만으로도 앞으로 여러분에게 필요한 내용의 70 ~ 80%를 알려드린 것 같습니다. 나머지는 검색이나 질문을 통해 해결하길 바랍니다. 이제부터 여러분들 혼자 가셔야 합니다. 저는 여기에 남아서 여러분들을 응원하고, 나중에 필요한 것이 있을 때 손 닿는 곳에 있도록 노력하겠습니다. 함께 해주셔서 고맙습니다.

생활코딩!
PHP+MySQL

지금부터 'PHP & MySQL' 수업을 시작하겠습니다. 이 수업은 PHP 수업과 MySQL 수업에 의존하는 수업입니다. PHP나 MySQL이 처음이라면 PHP와 MySQL 수업들을 보시고 이 수업을 볼 것을 권해드립니다. 이미 경험이 있다면 여기서부터 시작하면 됩니다.

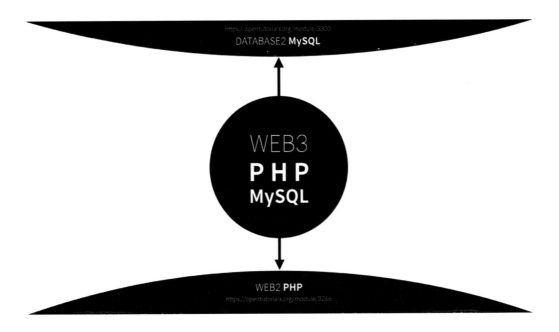

앞서 WEB2 PHP 수업을 통해 정보를 **파일에 저장하는 웹 애플리케이션**을 만들었습니다. HTML을 수동으로 만들던 시절과 비교했을 때 생산성이 비약적으로 향상됐습니다. 처음에는 그것만으로도 행복했으나 사람의 욕심은 끝이 없죠. 처음에는 PHP만으로 행복했는데 여러 가지 불만이 쏟아져 나옵니다. 이를테면 하나의 파일 안에 본문뿐 아니라 저자의 이름, 글을 작성한 시간, 방문자들의 댓글과 같은 **다양한 정보를 저장**하고 싶을 거예요. 또한 이 정보들을 바탕으로 글 목록의 순서를 정렬하고 원하는 정보를 가지고 있는 글 목록만을 사용자에게 보여지도록 **필터링**하고 싶어질 것입니다. 또한 웹 사이트가 흥해서 1억 개의 웹 페이지가 만들어졌다면 사용자들에게 **검색 기능**을 제공하고 싶어질 겁니다. 1억 개의 웹 페이지에서 원하는 정보를 하나하나 찾으려면 성능 좋은 컴퓨터로도 몇 시간이 걸릴 수 있습니다. 또 수백만 명이 동시에 파일을 읽고 쓰려고 한다면 파일의 데이터가 유실되는 최악의 상황이 벌어질 수 있습니다. 정보의 양과 종류, 사용자가 많아짐에 따라 이전에는 고민할 필요가 없었던 문제가 대두되기 시작합니다. 이런 문제를 해결하지 못한다면 우리의 웹 애플리케이션은 더 이상 성장할 수 없게 됩니다. 물론 여러분이 이런 문제를 직접 해결할 수 있습니다. 하지만 이런 문제를 직접 해결하는 것은 우리의 인생을 모조리 바쳐도 할 수 있을까 말까 한 일입니다. 바로 이런 맥락에서 우리를 구원해줄 부품이 바로 **데이터베이스**입니다. 데이터베이스를 이용하면 이런 기능을 직접 구현하기 위해 인생을 모조리 바치지 않아도 됩니다.

지금부터 파일에 직접 저장했던 데이터를 데이터베이스 중 하나인 **MySQL**에 저장할 것입니다. 파일에 저장하던 데이터를 MySQL에 저장하기만 하면 우리의 웹 애플리케이션은 MySQL이 가진 성능과 편의성, 그리고 보안성을 그대로 물려받은 놀라운 성능의 현대적인 웹 애플리케이션이 될 것입니다. 준비됐나요? 출발합시다.

MySQL

구체적으로 PHP와 MySQL을 어떻게 연동하는지 살펴보기에 앞서 전체적으로 그림을 그리고 시작하겠습니다. 이번 수업의 목표는 원리를 소개하는 것이 아니라 PHP와 MySQL이 상호작용하는 마법을 여러분이 신비롭게 느끼게 하는 것이며, 이후에 나오는 수업에서는 그것이 더 이상 신비한 것이 아니라 공학적인 것이기 때문에 이제 마법처럼 남아있는 것을 기술로 바꿔가는 과정을 다루겠습니다.

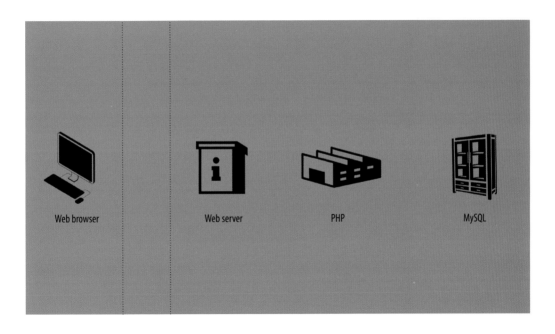

위 그림을 보면 점선으로 영역이 나뉘는데, **왼쪽은 웹 브라우저가 설치된 컴퓨터**이고 **오른쪽은 서버 컴퓨터**입니다. 중간에 인터넷이 놓여있는 상태이고, 웹 브라우저의 사용자가 index.php라 입력하고 엔터 키를 누르면 웹 브라우저는 index.php를 가지고 있는 **웹 서버에 접속**합니다. 그리고 웹 서버 측에서는 사용자가 요청한 데이터의 파일명을 보고 **확장자가 PHP일 경우** PHP는 직접 처리할 수 없다는 사실을 알고 php라고 하는 프로그램에 이 index.php에 대한 **처리를 위임**하게 됩니다. 그럼 php는

index.php에 해당하는 파일을 읽어서 그중 php에 해당하는 코드를 PHP 문법에 따라 해석해서 동작합니다.

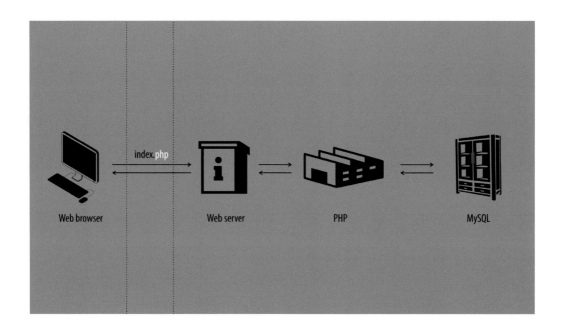

이러한 PHP의 코드 중에서 이전의 PHP 수업에서는 데이터를 파일에 저장해서 사용하는 코드가 있었는데, 이번 수업에서 앞으로 배우게 될 코드는 파일 대신 **MySQL과 관련된 함수**가 들어갈 것입니다. 그럼 PHP는 MySQL 서버에게 **SQL 문**을 던집니다. 그럼 MySQL 서버는 SQL에 적혀있는 대로 동작해서 그 **결과를 PHP에게** 알려주면 PHP는 최종적으로 **순수한 HTML 코드를 생성**합니다. 그럼 웹 서버는 그 HTML 코드를 **웹 브라우저에게 전송**함으로써 그 과정이 끝나는 것입니다. 즉 서버에는 웹 서버와 PHP, MySQL이라고 하는 세 가지 소프트웨어가 설치돼 있고, 이 세 가지 소프트웨어들은 각각이 갖고 있는 장점에 따라 **역할을 분담**하게 된다는 것입니다. 자, 이것을 조금 더 살펴보겠습니다.

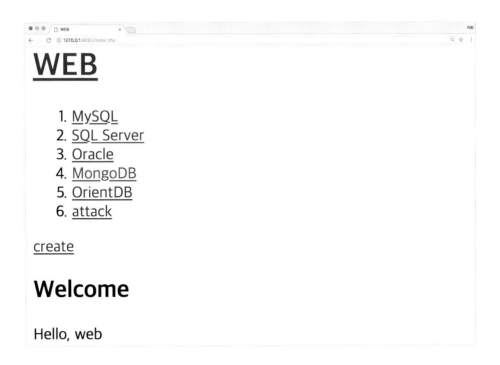

우리가 최종적으로 만들려고 하는 애플리케이션입니다. 이전에 PHP 수업에서 만든 것과 똑같은 애플리케이션이 표시됩니다. 그런데 내부적으로 완전히 달라져 있습니다. 왜냐하면 **데이터베이스를 사용**하기 때문입니다. 웹 페이지의 글 목록은 더 이상 data라는 디렉터리에 있는 파일들의 목록을 가져오는 것이 아니라 데이터베이스에 있는 topic이라는 테이블에 저장돼 있는 데이터를 가져오는 것입니다. 이 중에서 다음과 같은 SQL 문을 이용해 id 값이 8인 'MongoDB'를 지워보겠습니다.

※ 예고편에 있는 실습 내용은 뒤에서 실습할 예정이니 따라하지 마세요!

```
bin — mysql.bin --defaults-file=/Applications/mampstack-7.1.19-1/mysql/my.cnf -uroot -p -hlocalhost — 84×14
mysql> SELECT * FROM topic;
+----+------------+-----------------+---------------------+
| id | title      | description     | created             |
+----+------------+-----------------+---------------------+
|  5 | MySQL      | MySQL is ...    | 2018-07-24 17:32:45 |
|  6 | SQL Server | SQL Server is ...| 2018-07-25 04:59:23 |
|  7 | Oracle     | Oracle is ...   | 2018-07-25 08:38:36 |
|  8 | MongoDB    | MongoDB is ...  | 2018-07-25 08:38:58 |
|  9 | OrientDB   | OrientDB is ... | 2018-01-01 00:00:00 |
| 14 | attack     | attack          | 2018-07-28 18:09:49 |
+----+------------+-----------------+---------------------+
6 rows in set (0.00 sec)

mysql>
```

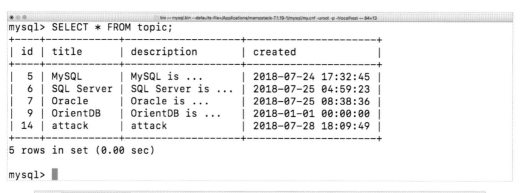

```
mysql> DELETE FROM topic WHERE id = 8;
Query OK, 1 row affected (0.00 sec)

mysql>
```

그런 다음 topic 테이블을 다시 조회해보면 'MongoDB'가 사라진 상태이고, 웹 페이지를 새로고침하면 'MongoDB'가 없어집니다.

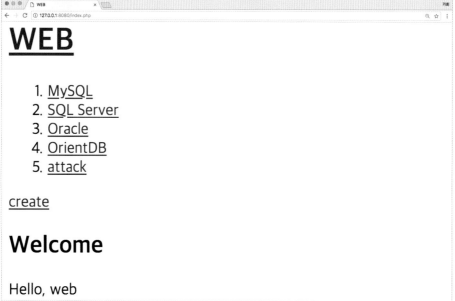

```
mysql> SELECT * FROM topic;
+----+------------+----------------+---------------------+
| id | title      | description    | created             |
+----+------------+----------------+---------------------+
|  5 | MySQL      | MySQL is ...   | 2018-07-24 17:32:45 |
|  6 | SQL Server | SQL Server is ... | 2018-07-25 04:59:23 |
|  7 | Oracle     | Oracle is ...  | 2018-07-25 08:38:36 |
|  9 | OrientDB   | OrientDB is ... | 2018-01-01 00:00:00 |
| 14 | attack     | attack         | 2018-07-28 18:09:49 |
+----+------------+----------------+---------------------+
5 rows in set (0.00 sec)

mysql>
```

WEB

1. MySQL
2. SQL Server
3. Oracle
4. OrientDB
5. attack

create

Welcome

Hello, web

즉, 웹 애플리케이션이 데이터베이스에 저장된 데이터를 가지고 웹 페이지를 생성하고 있다는 것입니다. 그리고 여기서 create 링크를 통해 앞서 삭제했던 MongoDB를 생성한 후 다시 topic 테이블을 조회해보면 MongoDB가 생성된 것을 볼 수 있습니다.

```
● ● ●                    bin — mysql.bin --defaults-file=/Applications/mampstack-7.1.19-1/mysql/my.cnf -uroot_-p -hlocalhost — 84×14
mysql> SELECT * FROM topic;
+----+------------+----------------+---------------------+
| id | title      | description    | created             |
+----+------------+----------------+---------------------+
|  5 | MySQL      | MySQL is ...   | 2018-07-24 17:32:45 |
|  6 | SQL Server | SQL Server is ...| 2018-07-25 04:59:23 |
|  7 | Oracle     | Oracle is ...  | 2018-07-25 08:38:36 |
|  9 | OrientDB   | OrientDB is ...| 2018-01-01 00:00:00 |
| 14 | attack     | attack         | 2018-07-28 18:09:49 |
| 15 | MongoDB    | MongoDB is ... | 2018-07-28 21:55:50 |
+----+------------+----------------+---------------------+
6 rows in set (0.00 sec)

mysql>
```

즉, 이를 통해 데이터베이스가 가지고 있는 엄청나게 효율적인 **데이터 관리 기능과 웹이 가지고 있는 접근성**이라는 두 가지 장점만을 취한 현대적인 애플리케이션을 만들 수 있다는 것입니다. 그 과정에서 무엇을 이용하나요? 바로 PHP를 이용합니다. 즉, 이 맥락에서 PHP는 웹이라는 부품과 MySQL 데이터베이스라는 부품을 합성하는 접착제 또는 본드로서 기능하게 됩니다. 이러한 PHP와 같은 기술을 '중간에 있다'라는 뜻으로 **미들웨어(middleware)**라고 합니다.

```php
<?php
    $conn = mysqli_connect ('localhost', 'root', '111111', 'opentutorials');

    $sql = "SELECT * FROM topic";
    $result = mysqli_query($conn, $sql);
    $list = '';

    ... 생략 ...
?>
```

그럼 코드를 살펴보겠습니다. 다시 말씀드리지만 모르는 코드가 나오더라도 마음 편하게 생각하세요. 뒤에서 배우겠지만 앞에서 못 봤던 코드들이 등장합니다. **mysqli_connect()**는 배운 적이 없지만 이름만 보면 MySQL에 접속하는 역할이라고 짐작할 수 있습니다. MySQL 모니터를 통해 MySQL에 접속할 때는 다음과 같이 입력합니다.

```
./mysql -hlocalhost -uroot -p
```

그다음에는 어떻게 했죠? 다음과 같은 명령어를 입력합니다.

```
use opentutorials;
```

이때 `mysqli_connect()`가 바로 MySQL 모니터를 이용해서 했던 것과 똑같은 것입니다. 왜냐하면 MySQL 모니터가 MySQL 서버에 대해 클라이언트인 것과 마찬가지로 지금 공부하고 있는 PHP가 이 맥락에서 MySQL 서버에 대해 MySQL 클라이언트로 동작하기 때문입니다.

```php
<?php
    $conn = mysqli_connect('localhost', 'root', '111111', 'opentutorials');

    $sql = "SELECT * FROM topic";
    $result = mysqli_query($conn, $sql);
    $list = '';

    while( $row = mysqli_fetch_array($result) ) {
        $escaped_title = htmlspecialchars($row['title']);
        $list = $list."<li><a href=\"index.php?id={$row['id']}\">{$escaped_title}</a></li>";
    }
    ... 생략 ...
?>
```

글 목록이 출력되는 것은 위 화면에서 강조된 코드로 인해 가능한 것입니다. 그럼 이번에는 SQL 문을 echo를 통해 출력해 보겠습니다.

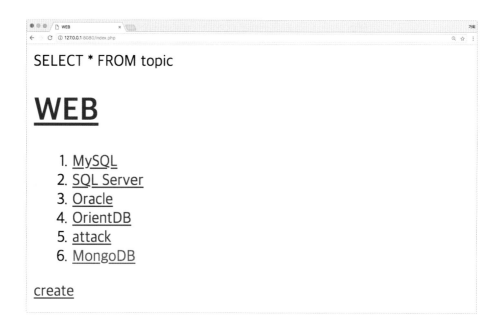

SELECT * FROM topic을 실행했을 때 topic 테이블의 모든 행이 나오는데, 그 행들을 리스트로 화면에 표시하는 것입니다. 이번에는 목록에서 MySQL을 클릭해 보겠습니다.

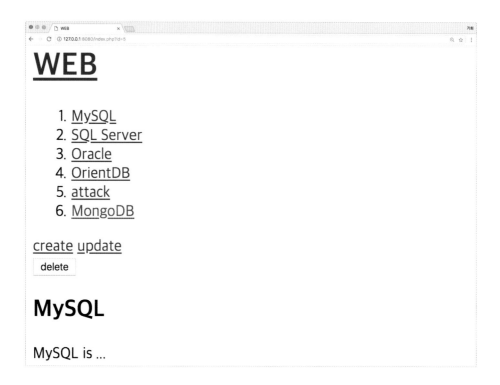

MySQL을 클릭했을 때 MySQL에 대한 '자세히 보기'가 나오는 이유는 아래에 강조한 코드 때문입니다.

```php
<?php
    ... 생략 ...

    if( isset($_GET['id'])) {
        $filtered_id = mysqli_real_escape_string($conn, $_GET['id']);
        $sql = "SELECT * FROM topic WHERE id={$filtered_id}";
        $result = mysqli_query($conn, $sql);
        $row = mysqli_fetch_array($result);
        $article['title'] = htmlspecialchars($row['title']);
        $article['description'] = htmlspecialchars($row['description']);

        $update_link = '<a href="update.php?id='.$_GET['id'].'">update</a>';
        $delete_link = '
            <form action="process_delete.php" method="post">
                <input type="hidden" name="id" value="'.$_GET['id'].'">
                <input type="submit" value="delete">
            </form>
        ';
    }
?>
```

여기서 echo $sql을 실행하면 보다시피 PHP에 의해 **SELECT * FROM topic WHERE id = 5**라고 하는 SQL 문이 동적으로, 프로그래밍적으로 생성되는 모습을 볼 수 있습니다.

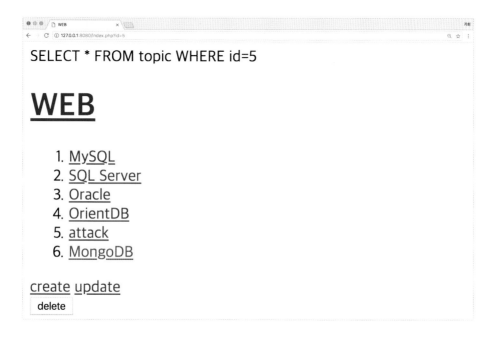

그리고 이 코드를 보면 아직 배우지 않은, 미지의 함수인 mysqli_query라는 함수의 입력값으로 SQL 문을 전달하면 데이터베이스 서버가 그것을 받아 PHP에게 응답하고 PHP는 그 데이터를 받아 HTML 코드로 만드는 역할을 합니다. 웹 페이지에서 create 버튼을 누르고 'OrientDB'를 제목으로, 'OrientDB is …'을 본문으로 삼아 [Submit]을 클릭할 때 어떤 일이 일어나는지 살펴보면 process_create.php로 데이터가 전송될 것입니다(참고로 exit를 실행하면 그 아래에 있는 코드는 실행되지 않습니다. exit는 PHP가 종료되는 명령입니다). 그 위에 $sql을 출력해 보겠습니다.

```php
<?php
    $conn = mysqli_connect ('localhost', 'root', '111111', 'opentutorials');

    $filtered = array(
        'title' => mysqli_real_escape_string($conn, $_POST['title']),
        'description' => mysqli_real_escape_string($conn, $_POST['description'])
    );

    $sql = "
        INSERT INTO topic
            (title, description, created)
            VALUES(
                '{$filtered['title']}',
                '{$filtered['description']}',
                NOW()
            )
    ";

    echo $sql;
    exit;

    $result = mysqli_multi_query($conn, $sql);
    if( $result === false ) {
        echo '저장하는 과정에서 문제가 생겼습니다. 관리자에게 문의해주세요';
        error_log(mysqli_error($conn));
    } else {
        echo '성공했습니다. <a href="index.php">돌아가기</a>';
    }
?>
```

보다시피 INSERT INTO topic이라는 SQL 문이 PHP에 의해 프로그래밍적으로 생성되고 있음을 볼 수 있습니다. exit라는 코드를 지우면 그 SQL 문이 mysqli_query라는 함수에 입력값으로 전달되고 데이터베이스 서버에 전송되면 데이터베이스 서버는 topic 테이블에 OrientDB라는 데이터베이스에 대한 정보를 행으로 추가하게 됩니다. 이것이 바로 PHP와 MySQL의 복잡 미묘한 관계입니다.

이 구조를 파악하는 것은 너무나 중요한 일이기 때문에 다시 한번 살펴보고 이번 시간을 끝내겠습니다. 사용자가 **index.php라는 파일에 접속**하면 index.php에 대한 **요청이 웹 서버에게** 가고, 웹 서버는 그 요청을 자신이 직접 처리하지 못하기 때문에 **PHP에게 전달**합니다. 그럼 PHP는 mysqli_xxx라는 여러 가지 명령어들을 이용해 MySQL 서버에게 여러 가지 **SQL 문을 전송**합니다. 이런 맥락에서 PHP는 MySQL 서버에 대해 클라이언트로서 동작하고 있는 것입니다. 조금 달리 설명하면 PHP는 웹 서버에게는 서버로서 동작합니다. 마치 웹 브라우저의 서버가 웹 서버인 것처럼. 서버와 클라이언트는 상대적인 것입니다. 아무튼 MySQL이 **데이터를 PHP에게 돌려주면** PHP는 그 정보를 받아 최종적으로 웹 브라우저가 해석할 수 있는 **순수한 HTML 코드를 프로그래밍적으로 생성**해서 **웹 서버에게 전달**하고, 웹 서버는 그것을 다시 **웹 브라우저에게 전송**합니다. 순수한 웹 페이지를 웹 브라우저에게 전송하는 역할을 하는 웹 서버와 데이터를 관리하는 데 최적화돼 있는 MySQL이라는 데이터베이스 사이에서 PHP가 중계자, 본드와 같은 역할을 하기에 그러한 맥락에서 **미들웨어**라고 부릅니다.

이렇게 해서 전체적인 이야기를 해봤습니다. 이번 시간은 마법으로 가득 차 있었습니다. 이 마법들을 하나하나 기술로 바꿔나가 봅시다.

자, 그럼 실습 준비를 해봅시다. 두 가지 갈림길이 있습니다. 첫 번째는 일단 **웹 쪽에서 준비**하는 것이고, 또 하나는 **데이터베이스에 준비**하는 것입니다. 이번 시간에는 웹 쪽에서 먼저 준비해 보겠습니다.

먼저 새로운 파일을 만들고 이름을 index.php로 지정합니다. 기본적인 HTML 골격을 잡고, 문자집합은 UTF-8로 지정합니다.

【예제 5-3-1】 index.php 파일 생성   **index.php**

```
<!DOCTYPE html>
<html>
    <head>
        <meta charset="utf-8">
        <title>WEB</title>
    </head>
    <body>
        <h1>WEB</h1>
        <ol>
            <li>HTML</li>
        </ol>
        <h2>Welcome</h2>
        Lorem ipsum dolor sit amet, consectetur adipisicing elit,
    </body>
</html>
```

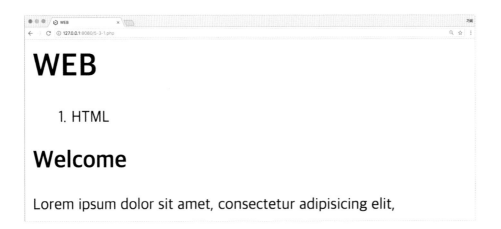

이것이 기본적인 HTML 골격입니다. 이를 기반으로 하나하나 PHP를 이용해 데이터베이스를 연동하는 작업을 해보겠습니다. 일단 웹 쪽 준비물은 여기까지고, 다음 시간에는 데이터베이스 쪽에서 준비해야 할 사항들을 살펴보겠습니다.

03 수업 준비(데이터베이스)

이번 시간에는 예제 웹 애플리케이션의 테이블을 보관할 데이터베이스, 다른 말로 스키마를 만들어 보겠습니다. MySQL에서 다음 명령을 실행합니다.

【예제 5-3-2】 opentutorials 데이터베이스 생성   MySQL Monitor

```
CREATE DATABASE opentutorials;
```

그러면 데이터베이스가 생성됩니다. 다음 명령으로 확인해 보겠습니다.

【예제 5-3-3】 opentutorials 데이터베이스 생성 확인   MySQL Monitor

```
SHOW DATABASES;
```

데이터베이스가 생성된 것을 확인했으면 다음 명령어를 이용해 사용할 데이터베이스를 opentutorials 로 변경합니다.

```
bin — mysql.bin --defaults-file=/Applications/mampstack-7.1.19-1/mysql/my.cnf -uroot -px xxxxxxx — 84×16
mysql> CREATE DATABASE opentutorials;
Query OK, 1 row affected (0.00 sec)

mysql> SHOW DATABASES;
+--------------------+
| Database           |
+--------------------+
| information_schema |
| mysql              |
| opentutorials      |
| performance_schema |
| sys                |
+--------------------+
5 rows in set (0.00 sec)

mysql>
```

```
USE opentutorials;
```

이제 예제 웹 애플리케이션의 데이터를 저장할 수 있는 **표**를 만들어 보겠습니다. 표의 이름으로 'topic' 을 지정하겠습니다.

	A	B	C	D
1	id	title	description	created
2				
3				
4				
5				
6				
7				
8				
9				
10				

여기서는 id **값과 제목**(title), **본문**(description), **글의 생성 시각**(created)이 포함된 표를 만들겠습니다. title은 텍스트, description은 긴 텍스트, created는 날짜/시간을 나타내는 datetime이라는 데이터 타입으로 표현할 것이며 id 값은 **각 행을 식별하기 위한 식별자**이기 때문에 **행이 추가될 때마다 자동으로 숫자가 1씩 증가되게** 할 것입니다. 이 내용을 토대로 다음과 같은 명령으로 테이블을 만듭니다.

```
CREATE TABLE topic (
    id int(11) NOT NULL AUTO_INCREMENT,
    title varchar(45) NOT NULL,
    description text,
    created datetime NOT NULL,
    PRIMARY KEY(id)
) ENGINE = InnoDB;
```

id 값은 정수이고 11글자까지 보여주겠다는 뜻입니다. **id 값은 식별자**이기 때문에 없으면 안 된다는 의미에서 **NOT NULL**을 지정했고, 행을 추가할 때 특별히 id 값을 insert 문에 언급하지 않으면 **자동으로 값이 1씩 증가하도록 AUTO_INCREMENT를 지정**합니다. 다음으로 제목(title)은 끝없이 길어질 정보는 아니기에 45자 정도로 지정합니다. 제목 또한 있어야 하므로 NOT NULL을 지정합니다. 본문 (description)에는 아주 긴 텍스트가 들어올 수 있으니 text로, 다음으로 생성일은 날짜 시간을 지정 하는 것이 적절하므로 datetime이라는 데이터 타입을 쓸 것이며 비워둘 필요가 없으므로 NOT NULL을 지정합니다. 그다음에 **주키(primary key)를 id로 지정**합니다. 주키가 되면 두 가지 장점을 갖게 됩니다. 첫 번째로 똑같은 id 값을 가지고 있는 행이 추가되려고 하면 데이터베이스가 이를 거절하게 됩니다. 그렇기에 **중복되지 않음을 보장**할 수 있습니다. 데이터베이스는 내부적으로 색인이라는 것을 만들 고 색인 중에서도 **가장 강력한 색인**을 걸기 때문에 id 값을 기반으로 데이터를 가져올 때 순식간에 가져올 수 있게 됩니다. 이것은 다른 MySQL 수업에서도 언급하지 않았기 때문에 이 정도로만 알고 있어도 됩니다.

그다음 내용은 지정해도 되고 지정하지 않아도 되지만, 여기서는 지정하고 넘어가겠습니다. 즉, ENGINE=InnoDB에서 InnoDB가 무엇인지 설명하겠습니다. MySQL의 가장 핵심적인 부분은 교체 가능합니다. 그 핵심적인 것이 무엇인지 설명하는 것은 조금 어려운 이야기지만 그러한 핵심적인 부분 은 여러 종류가 있습니다. 그중 하나가 InnoDB입니다. InnoDB가 기본값이기 때문에 InnoDB를 안 써도 InnoDB가 지정될 것입니다.

그럼 테이블이 잘 만들어졌는지 확인해 봅시다.

【예제 5-3-6】 테이블이 잘 생성됐는지 확인   MySQL Monitor

```
SHOW TABLES;
```

보다시피 topic이라는 테이블이 생성됐습니다.

```
mysql> SHOW TABLES;
+-------------------------+
| Tables_in_opentutorials |
+-------------------------+
| topic                   |
+-------------------------+
1 row in set (0.00 sec)

mysql>
```

그럼 아래 명령으로 이 테이블의 구조를 봅시다.

【예제 5-3-7】 테이블의 구조 확인   MySQL Monitor

```
DESC topic;
```

```
bin -- mysql.bin --defaults-file+/Applications/mampstack-7.1.19-1/mysql/my.cnf -uroot -px xxxxxxx -- 84×13
mysql> DESC topic;
+-------------+-------------+------+-----+---------+----------------+
| Field       | Type        | Null | Key | Default | Extra          |
+-------------+-------------+------+-----+---------+----------------+
| id          | int(11)     | NO   | PRI | NULL    | auto_increment |
| title       | varchar(45) | NO   |     | NULL    |                |
| description | text        | YES  |     | NULL    |                |
| created     | datetime    | NO   |     | NULL    |                |
+-------------+-------------+------+-----+---------+----------------+
4 rows in set (0.01 sec)

mysql>
```

여기까지 문제 없이 진행되면 성공적으로 진행된 것입니다. 다음 시간에는 PHP와 데이터베이스를 연동하는 내용을 진행하겠습니다.

04 | MySQL 클라이언트로서의 PHP

지금부터 PHP와 MySQL의 연동 작업을 본격적으로 살펴볼 텐데 다음 내용을 이해하면 반은 이해했다고 볼 수 있습니다. MySQL 서버가 하나 있고 이 **MySQL 서버에 실제 데이터가 저장되는 것**입니다. 그럼 지금까지 MySQL 서버를 어떻게 제어했나요? MySQL 모니터라는 프로그램을 이용해 MySQL 서버를 제어해 왔습니다. MySQL 모니터와 MySQL 서버 사이의 관계를 정리하자면 **MySQL 모니터에 SQL 문을 입력하면 MySQL 서버에 SQL 문이 요청**됩니다. 그 **결과를 MySQL 서버가 모니터에게 응답**합니다. 바로 이런 맥락에서 MySQL 모니터라는 프로그램은 MySQL 서버에 대해 클라이언트라고 할 수 있습니다.

MySQL Server   MySQL Monitor

여기서 중요한 것은 이와 마찬가지로 **수많은 MySQL 클라이언트**가 있다는 것입니다. 워크벤치(Workbench)라든지 phpMyAdmin과 같은 여러 가지가 있습니다. 그중에서 PHP 역시 MySQL 서버에 대해서는 클라이언트로 동작할 수 있습니다. 어떻게 동작한다는 뜻일까요? PHP에서 제공하는 함수를 이용하면 PHP가 클라이언트가 돼서 MySQL 서버에 SQL 문을 전송하고 여러 가지 작업을 처리할 수 있다는 것입니다.

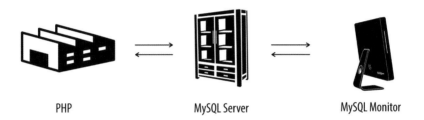

PHP   MySQL Server   MySQL Monitor

지금부터 PHP는 MySQL 서버에 대해서는 클라이언트라는 것을 유념하고 내용을 진행하면 어려울 것이 하나도 없습니다. MySQL 모니터에서 MySQL 서버와 상호작용하기 위해서는 모든 것들을 PHP로 해야 합니다. 그럼 다음 시간부터 어떻게 PHP가 MySQL 클라이언트로서 동작하게 되는지 살펴보겠습니다.

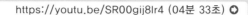

05 MySQL API 찾기

지금부터 **PHP와 MySQL을 연동하는 구체적인 방법**을 살펴봅시다. 우선 검색엔진에서 검색을 해보겠습니다. 검색 엔진에서 'php mysql api'를 검색하면 PHP를 이용해 MySQL에 접속하는 애플리케이션 프로그래밍 인터페이스를 검색할 수 있습니다. 그럼 어떤 API를 선택할 것인가를 다룬 페이지가 나옵니다.

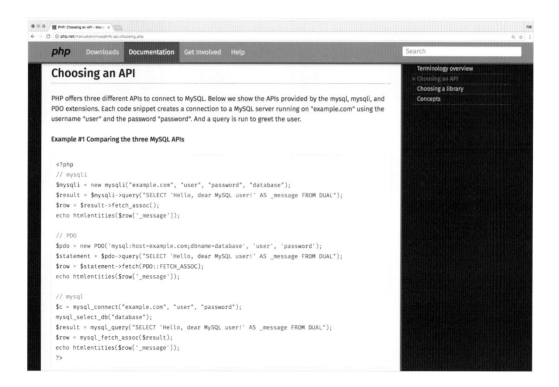

보다시피 **mysqli, PDO, mysql**이라는 **세 가지 방식**이 있습니다. 그리고 이 페이지에서는 mysqli와 PDO_MySQL API를 추천하고 mysql은 더 이상 추천하지 않는다고 나와 있습니다. 그리고 하단부를 보면 각 API를 비교해서 보여주는 내용이 있습니다.

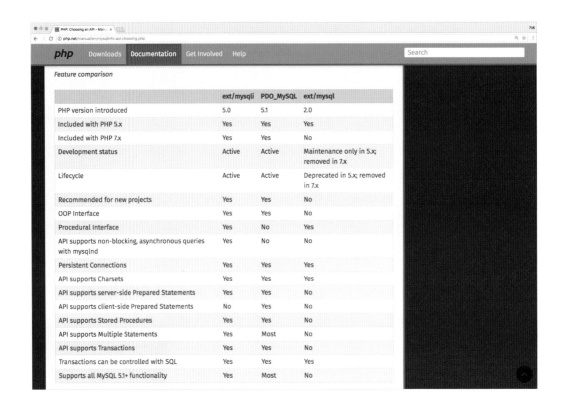

Feature comparison

	ext/mysqli	PDO_MySQL	ext/mysql
PHP version introduced	5.0	5.1	2.0
Included with PHP 5.x	Yes	Yes	Yes
Included with PHP 7.x	Yes	Yes	No
Development status	Active	Active	Maintenance only in 5.x; removed in 7.x
Lifecycle	Active	Active	Deprecated in 5.x; removed in 7.x
Recommended for new projects	Yes	Yes	No
OOP Interface	Yes	Yes	No
Procedural Interface	Yes	No	Yes
API supports non-blocking, asynchronous queries with mysqlnd	Yes	No	No
Persistent Connections	Yes	Yes	Yes
API supports Charsets	Yes	Yes	Yes
API supports server-side Prepared Statements	Yes	Yes	No
API supports client-side Prepared Statements	No	Yes	No
API supports Stored Procedures	Yes	Yes	No
API supports Multiple Statements	Yes	Most	No
API supports Transactions	Yes	Yes	No
Transactions can be controlled with SQL	Yes	Yes	Yes
Supports all MySQL 5.1+ functionality	Yes	Most	No

제가 생각하기에 **가장 좋은 방법**은 **PDO_MySQL**을 사용하는 것입니다. 이것을 사용하면 MySQL 말고 다른 관계형 데이터베이스, 즉 오라클이나 MS−SQL 등을 쓸 때 **PHP 코드를 바꾸지 않고도 데이터베이스를 교체할 수 있다는 장점**이 있습니다. 하지만 PDO라는 방식은 **객체라는 것을 사용**하는데, 이전의 PHP 수업에서는 객체를 의도적으로 다루지 않았기 때문에 이 방식 말고 **mysqli라는 방식을 이용해 수업을 진행**하겠습니다. 이 방식도 추천되는 방식이라 문제될 것이 없지만 장기적으로 예제 애플리케이션이 사용할 데이터베이스가 MySQL이 아니라 오라클 등의 데이터베이스로 교체될 가능성이 있다면 PDO라는 방식도 고려해보길 바랍니다. 아무튼 여기서는 mysqli를 이용해 수업을 진행하겠습니다. 그럼 검색을 통해 'php mysqli api'를 검색해 봅시다.

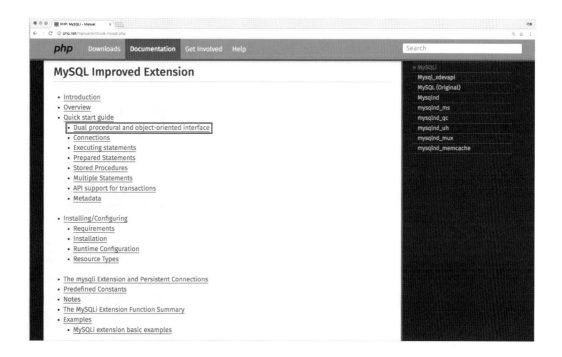

위 화면은 mysqli의 사용 설명서인데, 제목을 보면 **Improved**라고 적혀 있습니다. improved는 '**개선 된**'이란 뜻이고, mysqli에서 **i가 improved를 의미**한다는 것을 알 수 있습니다. 이 페이지에서는 많은 것을 볼 수 있는데 'Quick start guide' 부분의 'Dual procedural and object-oriented interface'라 는 링크를 클릭해 보면 다음과 같은 내용을 볼 수 있습니다.

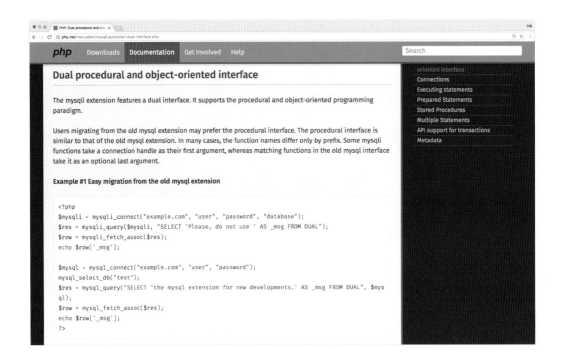

즉, mysqli에는 두 가지 방식의 스타일이 있다는 뜻인데, **함수를 이용해 데이터베이스를 제어하는 방식과 객체지향이라는 두 가지 방식**이 있습니다. 여기서는 **함수 방식을 사용할 예정**이며, 첫 번째 예제를 보면 함수를 이용해 사용하는 예제가 나옵니다. 이 예제를 참고해서 진행하면 되겠습니다. 아직 객체지향을 배우지 않았기 때문에 이 수업에서는 객체지향 방식에 대해서는 언급하지 않겠습니다. 이로써 API를 찾아내는 여정을 살펴봤습니다. 다음 시간부터 mysqli의 함수 방식으로 데이터베이스를 제어하는 방법을 함께 살펴보겠습니다.

지금부터 **mysqli라는 API**를 이용해 **PHP에서 데이터베이스에 접속하는 방법**을 살펴보겠습니다. mysqli 사용 설명서의 'Dual procedural and object-oriented interface' 부분을 통해 **함수 방식으로 mysqli를 제어하는 방법의 예제**를 살펴보겠습니다.

예제를 실행할 곳에 insert.php라는 파일을 생성합니다. 그리고 위에서 강조한 코드를 붙여넣습니다. 이 코드를 직접 사용하지는 않을 테지만 참고하기 위해 주석으로 처리하고 함께 예제를 완성해 나가겠습니다.

【예제 5-6-1】 insert.php 파일 생성   insert.php

```php
<?php
    // $mysqli = mysqli_connect("example.com", "user", "password", "database");
    // $res = mysqli_query($mysqli, "SELECT 'Please, do not use ' AS _msg FROM DU-AL");
    // $row = mysqli_fetch_assoc($res);
    // echo $row['_msg'];
?>
```

한쪽에는 웹 브라우저를 열어두고, MySQL 모니터를 사용할 때처럼 다음과 같은 명령을 입력합니다.

```
./mysql -uroot -p -hlocalhost
```

여기서 **-p**는 **패스워드를 입력하겠다는 뜻**입니다. localhost는 **127.0.0.1과 같은 뜻**이며, 둘 다 자기 자신의 컴퓨터를 가리키는 아주 특수한 도메인과 IP 주소입니다. 위와 같이 입력하고 엔터 키를 치고 비밀번호를 입력하면 **MySQL 서버에 접속**됩니다. 지금부터 내리는 명령들은 로그인한 root라는 사용자의 권한에 따라 명령이 데이터베이스 서버에 전송되는 것입니다. PHP도 마찬가지로 MySQL 서버에 대해서는 클라이언트로 동작할 것이기 때문에 인증을 맨 먼저 해야 합니다. 예제를 보고 하나씩 입력할 테니 여러분도 똑같이 따라 하면 됩니다.

```
mysqli_connect()
```

connect는 접속한다는 뜻입니다. 위와 같은 함수가 있는데, 사실 이 함수가 어떻게 생겼는지는 저도 모릅니다. 이 함수는 이러이러한 입력값을 가지고 있고, 그 입력값에 따라 이 함수를 호출하면 데이터베이스 서버에 PHP가 접속할 것이라는 말을 믿고 따라 하는 것입니다.

`mysqli_connect()`라는 함수의 사용 설명서를 살펴보겠습니다. 앞서 본 문서의 하단에 여러 가지 mysqli의 API 목록이 나옵니다. 이 중에서 `mysqli_connect()`와 직접 관련된 것은 없지만 `__construct()`를 클릭해 봅시다.

만약 **객체지향 방식으로 코드**를 작성한다면 **`__construct` 같은 형태로 호출**해야 하고, **함수 방식으로** mysqli를 쓰겠다면 **`mysqli_connect`**라는 것을 사용하면 된다고 적혀있습니다. 상세 설명에서 함수 방식을 의미하는 'Procedural style'을 보면 됩니다.

대괄호는 **생략 가능**하다는 것을 의미하며, **첫 번째 자리**에는 **호스트**가 들어온다고 돼 있습니다. 호스트로는 데이터베이스 서버의 주소를 적습니다.

```
mysqli_connect("localhost");
```

지금 제가 사용하고 있는 환경과 같이 **PHP와 데이터베이스가 같은 서버, 같은 컴퓨터에 있다면** localhost **또는** 127.0.0.1을 쓰면 됩니다. 만약 다른 주소에 있다면 MySQL 서버가 설치돼 있는 컴퓨터의 도메인이나 IP 주소를 입력하면 됩니다.

그럼 두 번째 자리에는 무엇이 들어오는지 볼까요? **두 번째 자리**에는 **$username**이 들어옵니다. 이것은 -uroot와 같은 것입니다.

```
mysqli_connect("localhost", "root");
```

그 다음 자리는 **패스워드**입니다. 각자 자신의 패스워드를 쓰면 됩니다.

```
mysqli_connect("localhost", "root", "111111");
```

데이터베이스를 실제 서버에서 운영한다면 이 같은 비밀번호를 쓰면 절대 안 됩니다. 절대로 이런 비밀번호를 쓰면 안 됩니다. 실제로는 이 **비밀번호를 이처럼 코드에 입력하는 것도 아주 나쁜 방법**입니다. 하지만 이 수업은 교육을 위한 것이고 나중에 기회를 봐서 짚어드릴 텐데 수업을 쭉 진행하다 보면 끝까지 완주를 못할 수도 있습니다. 그런 경우에 비밀번호를 쓸 때 제가 드렸던 말을 상기하시라고 지금 당장은 방법을 알려드리지 않지만 이렇게 다시 한 번 안 된다고 미리 말씀 드립니다.

마지막 자리에는 **데이터베이스의 이름**이 들어온다고 돼 있습니다.

```
    mysqli_connect("localhost", "root", "111111", "opentutorials");
```

완성된 코드는 다음과 같습니다.

【예제 5-6-3】 MySQL 서버에 접속   insert.php

```php
<?php
    // $mysqli = mysqli_connect("example.com", "user", "password", "database");
    // $res = mysqli_query($mysqli, "SELECT 'Please, do not use ' AS _msg FROM DU-AL");
    // $row = mysqli_fetch_assoc($res);
    // echo $row['_msg'];

    mysqli_connect("localhost", "root", "111111", "opentutorials");
?>
```

MySQL 모니터로 봐서는 opentutorials라는 데이터베이스 또는 스키마가 사용됩니다. 위 코드가 실행되면 **데이터베이스 서버 접속에 해당하는 작업이 시작됩니다.**

```
                    bin — mysql.bin --defaults-file=/Applications/mampstack-7.1.19-1/mysql/my.cnf -uroot -p -hlocalhost — 84×6
mysql> use opentutorials;
Reading table information for completion of table and column names
You can turn off this feature to get a quicker startup with -A

Database changed
mysql>
```

자, 그럼 정말 그런지 확인하기 위해 여러분에게는 알려드리지 않고 저만 아는 방법으로 확인해 보겠습니다.

```
                        data — tail -f /Applications/mampstack-7.1.19-1/mysql/data/Gaheeui-iMac.log — 106×14
Gaheeui-iMac:data gaheeyoon$ tail -f /Applications/mampstack-7.1.19-1/mysql/data/Gaheeui-iMac.log
/Applications/mampstack-7.1.19-1/mysql/bin/mysqld.bin, Version: 5.7.22 (MySQL Community Server (GPL)). sta
rted with:
Tcp port: 3306  Unix socket: /Applications/mampstack-7.1.19-1/mysql/tmp/mysql.sock
Time                 Id Command    Argument
2018-07-23T07:36:00.579343Z        3 Query      SET GLOBAL log_output = 'FILE'
2018-07-23T07:38:12.565550Z        3 Quit
2018-07-23T07:38:18.456422Z        4 Connect    root@localhost on  using Socket
2018-07-23T07:38:18.456445Z        4 Connect    Access denied for user 'root'@'localhost' (using password:
  YES)
2018-07-23T07:38:22.990074Z        5 Connect    root@localhost on  using Socket
2018-07-23T07:38:22.990235Z        5 Query      select @@version_comment limit 1
2018-07-23T07:47:37.557206Z        5 Quit
```

MySQL 서버에 쿼리를 요청하거나 MySQL에 명령을 내릴 때마다 어떤 파일에 그 명령들의 흔적이 기록되는데, 이를 보여주는 것이 위 화면입니다. 참고로 이처럼 **흔적이 기록**되게 하려면 MySQL 서버의 설정을 바꿔야 합니다. 그러면 query.log라는 파일에 데이터베이스 서버에 도착하는 SQL 문이 기록됩니다.

MySQL 모니터를 이용해 접속하면 하단의 MySQL 서버에서 어떤 정보를 받는지 확인할 수 있습니다.

```
bin — mysql.bin --defaults-file=/Applications/mampstack-7.1.19-1/mysql/my.cnf -uroot -p -hlocalhost — 84×16
Gaheeui-iMac:bin gaheeyoon$ ./mysql -uroot -p -hlocalhost
Enter password:
Welcome to the MySQL monitor.  Commands end with ; or \g.
Your MySQL connection id is 6
Server version: 5.7.22 MySQL Community Server (GPL)

Copyright (c) 2000, 2018, Oracle and/or its affiliates. All rights reserved.

Oracle is a registered trademark of Oracle Corporation and/or its
affiliates. Other names may be trademarks of their respective
owners.

Type 'help;' or '\h' for help. Type '\c' to clear the current input statement.

mysql>
```

```
data — tail -f /Applications/mampstack-7.1.19-1/mysql/data/Gaheeui-iMac.log — 106×14
rted with:
Tcp port: 3306  Unix socket: /Applications/mampstack-7.1.19-1/mysql/tmp/mysql.sock
Time                 Id Command    Argument
2018-07-23T07:36:00.579343Z    3 Query     SET GLOBAL log_output = 'FILE'
2018-07-23T07:38:12.565550Z    3 Quit
2018-07-23T07:38:18.456422Z    4 Connect   root@localhost on  using Socket
2018-07-23T07:38:18.456445Z    4 Connect   Access denied for user 'root'@'localhost' (using password:
 YES)
2018-07-23T07:38:22.990074Z    5 Connect   root@localhost on  using Socket
2018-07-23T07:38:22.990235Z    5 Query     select @@version_comment limit 1
2018-07-23T07:47:37.557206Z    5 Quit
2018-07-23T07:48:20.798346Z    6 Connect   root@localhost on  using Socket
2018-07-23T07:48:20.798556Z    6 Query     select @@version_comment limit 1
```

보다시피 **connect라는 작업**이 이뤄졌습니다. 어떤 작업이 내부적으로 이뤄졌다는 것을 알 수 있습니다. 마찬가지로 use opentutorials;를 입력하면 어떤 작업들이 우리 몰래 MySQL 모니터와 MySQL 서버 사이에서 실제로 이뤄지고 있다고 짐작할 수 있습니다. select * from topic;이라 입력하면 MySQL 클라이언트에서 MySQL 서버로 쿼리가 도착했음을 알리는 것을 보여줍니다.

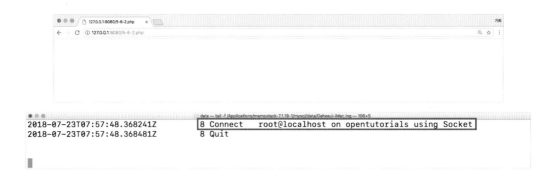

```
mysql> use opentutorials;
Reading table information for completion of table and column names
You can turn off this feature to get a quicker startup with -A

Database changed
mysql> select * from topic;
Empty set (0.00 sec)

mysql>
```

```
2018-07-23T07:49:37.460062Z    6 Query       SELECT DATABASE()
2018-07-23T07:49:37.460249Z    6 Init DB     opentutorials
2018-07-23T07:49:37.461094Z    6 Query       show databases
2018-07-23T07:49:37.461417Z    6 Query       show tables
2018-07-23T07:49:37.461604Z    6 Field List          topic
2018-07-23T07:49:56.393877Z    6 Query       select * from topic
```

PHP 애플리케이션에서 페이지를 새로고침하게 되면 PHP 애플리케이션이 MySQL 서버에 대해 클라이언트로서 동작하고 있기 때문에 MySQL 모니터로 동작하는 것과 동일한 혹은 비슷한 작업을 내부적으로 실행하고 있어야 할 것입니다. insert.php 파일을 다시 불러오겠습니다.

```
2018-07-23T07:57:48.368241Z    8 Connect     root@localhost on opentutorials using Socket
2018-07-23T07:57:48.368481Z    8 Quit
```

보다시피 connect라는 것이 이뤄진 것을 볼 수 있습니다. 즉, **우리가 작성한 한 줄의 코드**는 MySQL 모니터를 이용해 여러분이 최초 **접속한 것과 똑같은 역할**을 PHP라는 컴퓨터 언어를 통해 **프로그래밍적으로 수행**하는 것입니다. 앞에서는 MySQL 서버에 접속하는 방법을 살펴봤는데, 모든 것이 그렇듯이 처음이 가장 어렵습니다. 여기서는 내부 원리를 알려드리기 위해 이것저것 보여드렸는데, 나중에 MySQL을 이용해 어떤 작업을 하다 보면 내부적으로 MySQL이 어떤 일을 하는지 궁금해질 때가 있습니다. MySQL 서버에서 어떤 일이 일어나는지 화면에 출력해 보면 굉장히 큰 도움이 됩니다. 여기서 힌트를 한 가지 알려드리자면 나중에 그런 상황이 필요해졌을 때 'mysql general_log enable'을 검색해 보면 MySQL 서버에 도착하는 명령들을 특정 파일에 추가하는 방법이 나옵니다.

이렇게 해서 mysql_connect를 살펴봤습니다.

06 | mysqli_query

이전 시간에 데이터베이스 서버에 접속했으니 이번 시간에는 **데이터베이스에 데이터를 추가**하는 작업을 시작해 보겠습니다.

【예제 5-6-3】 MySQL 서버에 접속   insert.php

```php
<?php
    // $mysqli = mysqli_connect("example.com", "user", "password", "database");
    // $res = mysqli_query($mysqli, "SELECT 'Please, do not use ' AS _msg FROM DU-AL");
    // $row = mysqli_fetch_assoc($res);
    // echo $row['_msg'];

    mysqli_connect("localhost", "root", "111111", "opentutorials");
?>
```

예제에서 "SELECT 'Please, do not use ' AS _msg FROM DUAL"은 무엇인가요? **SQL 문**입니다. 여기서 **SQL 문을 전달할 때는 mysqli_query라는 API**를 사용해야 한다는 사실을 추정할 수 있습니다. 그럼 검색 엔진에서 'mysqli_query'를 검색해 보겠습니다.

PHP 공식 매뉴얼을 보니 절차식 형식, 즉 함수 방식의 mysqli_query에는 **첫 번째 인자로 $link**라는 값이 들어온다고 돼 있습니다. **두 번째 인자로 쿼리**가 들어오며 **문자열 형식**으로 돼 있습니다. 첫 번째 인자로 mysqli가 왔고 이것은 mysqli_connect()의 결과입니다.

```php
mysqli_query($conn, "");
```

mysqli_query의 첫 번째 자리에 $conn을 지정하고 **두 번째 자리**에 **SQL 문을 지정**하면 PHP가 클라이언트가 되어 데이터베이스 서버를 대상으로 어떤 SQL 문을 실행할 수 있습니다. 한번 해보겠습니다.

[예제 5-6-4] mysqli_query를 이용해 SQL 문 실행   *insert.php*

```php
<?php
    ... 생략 ...

    $conn = mysqli_connect("localhost", "root", "111111", "opentutorials");
    mysqli_query($conn, "
        INSERT INTO topic (
            title,
            description,
            created
        ) VALUES (
            'MySQL',
            'MySQL is ....',
            NOW()
    )");
?>
```

위 코드를 한번 실행해 보겠습니다. 한쪽에서는 index.php 웹 페이지를 열고, 다른 한 쪽에는 MySQL에 어떤 명령어가 전달되는지 보여주는 제네럴 로그를 열어뒀습니다. 페이지를 새로고침해 봅시다.

위 화면에서 강조된 부분은 왜 생겼나요? 바로 아래 코드 때문입니다.

```
$conn = mysqli_connect("localhost", "root", "111111", "opentutorials");
```

그리고 그 아래에 있는 부분은 다음 코드로 인해 일어난 것입니다.

```
mysqli_query($conn, "
    INSERT INTO topic (
        title,
        description,
        created
    ) VALUES (
        'MySQL',
        'MySQL is ....',
        NOW()
    )");
```

그럼 데이터가 잘 추가됐는지 확인하기 위해 MySQL 모니터를 이용해 살펴보겠습니다.

```
select * from topic;
```

```
mysql> select * from topic;
+----+-------+--------------+---------------------+
| id | title | description  | created             |
+----+-------+--------------+---------------------+
|  1 | MySQL | MySQL is .... | 2018-07-23 17:50:45 |
+----+-------+--------------+---------------------+
1 row in set (0.00 sec)

mysql>
```

보다시피 방금 추가한 데이터가 잘 들어간 것을 확인할 수 있습니다. 이 상태에서 페이지를 한 번 더 새로고침하면 어떻게 되나요? insert 문이 실행되면서 데이터가 추가되는 것을 볼 수 있습니다.

그런데 뭔가 예상과는 다르게 동작하는 분들이 분명 있을 겁니다. 처음에는 원래 그렇고, 계속해도 그렇습니다. 한 번에 안 되면 '왜 안 되지', 한 번에 되면 '왜 되지'라는 생각을 하는 것이 개발자의 인생입니다. 그래서 다음 시간에는 자신이 무엇을 잘못했는가를 확인하는 방법을 살펴보겠습니다.

WEB3

06 | mysqli_error

https://youtu.be/2Jh4mmeJLvI (08분 22초)

코딩을 하다 보면 자연스럽게 여러 가지 실수가 생깁니다. 사람이 하는 실수도 있고, 시스템의 실수도 있을 수 있습니다. 그래서 실수는 할 수 있는데, 그 실수를 해결하는 것이 중요합니다. 이때, 문제에 최대한 가까이 가면 사실 그 문제는 해결한 것과 다름 없습니다. 이번 장에서는 **문제에 최대한 가까이 다가가기 위한 여러 가지 팁**을 살펴보겠습니다.

기존 코드에서는 SQL 문을 API로 바로 전달했는데, 이를 변수에 담은 다음 전달해 보겠습니다.

[예제 5-6-6] SQL 문을 변수에 담은 다음 API로 전달   insert.php

```php
<?php
    ... 생략 ...

    $conn = mysqli_connect("localhost", "root", "111111", "opentutorials");
    $sql = "
        INSERT INTO topic (
            title,
            description,
            created
        ) VALUES (
            'MySQL',
            'MySQL is ....',
            NOW()
        )";
    mysqli_query($conn, $sql);
?>
```

이렇게 하면 중간에 문제가 생겼을 때, echo $sql 문을 이용해 간편하게 테스트해 볼 수 있다는 장점이 있습니다. 다음과 같이 잘못된 SQL 문을 만든 다음 테스트해보겠습니다.

```php
<?php
    ... 생략 ...

    $conn = mysqli_connect("localhost", "root", "111111", "opentutorials");
    $sql = "
        INSER INTO topic (
            title,
            description,
            created
        ) VALUES (
            'MySQL',
            'MySQL is ....',
            NOW()
        )";
    echo $sql;
    $result = mysqli_query($conn, $sql);
?>
```

이를 실행해 보겠습니다. PHP는 기본적으로 문제가 발생했을 때 어디에 문제가 있는지 알려주지 않습니다.

따라서 웹 브라우저에 출력된 SQL 문을 복사해서 MySQL 모니터에 붙여 넣은 다음 실행해 보면 에러가 발생하는 것을 볼 수 있습니다. 이 에러를 참고하면 어디에 문제가 생겼는지 찾아볼 수 있습니다.

```
mysql> INSER INTO topic ( title, description, created ) VALUES ( 'MySQL', 'MySQL is
....', NOW() );
ERROR 1064 (42000): You have an error in your SQL syntax; check the manual that corr
esponds to your MySQL server version for the right syntax to use near 'INSER INTO to
pic ( title, description, created ) VALUES ( 'MySQL', 'MySQL is ...' at line 1
mysql>
```

MySQL 모니터가 에러를 알려준 것처럼 우리도 에러를 알아낼 수 있으면 좋지 않을까요? 검색을 통해 알아보겠습니다. 검색 엔진에서 'how to get error in php mysqli'로 검색해 검색 결과를 클릭해 보겠습니다.

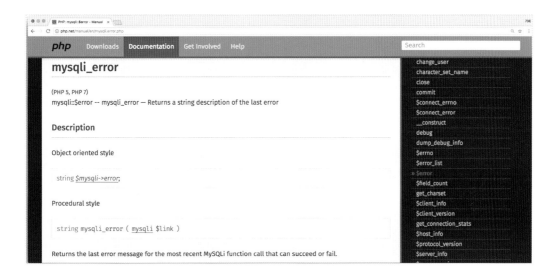

'mysqli_error' 제목을 보고 에러와 관련돼 있다고 추론해 볼 수 있습니다. 함수형 방식을 보면 mysqli_error()의 인자로 link 값을 주는데, link 값이 무엇인지 살펴봤더니 mysqli_connect()를 통해서 반환된 결과라고 되어 있습니다.

예제를 살펴보겠습니다.

mysqli_error()의 인자로 $link를 전달했는데, $link는 mysqli_connect()의 반환 결과인 것을 알수 있습니다. 이를 참고해서 코드를 작성해 보겠습니다.

【예제 5-6-8】 잘못된 SQL 문 작성 후 테스트   insert.php

```php
<?php
    ... 생략 ...

    $conn = mysqli_connect("localhost", "root", "111111", "opentutorials");
    $sql = "
        INSER INTO topic (
            title,
            description,
            created
        ) VALUES (
            'MySQL',
            'MySQL is ....',
            NOW()
        )";
    mysqli_query($conn, $sql);
    echo mysqli_error($conn);
?>
```

이를 다시 실행해보겠습니다.

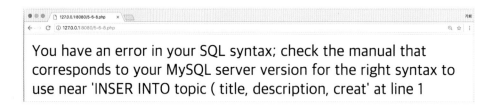

어떤 에러가 있는지 데이터베이스 서버가 알려준 정보를 PHP가 출력해주는 모습을 볼 수 있습니다. 즉, mysqli_error()를 통하면 어떤 에러가 발생했을 때 그 에러가 어떤 에러인지에 대한 데이터베이스 서버의 진술을 들을 수 있습니다.

mysqli_error() 예제는 우리가 조금 음미할 만한 것들이 있으니 조금 더 살펴보겠습니다. 아래에서 강조한 부분을 보면 mysqli_query(), 즉 쿼리문을 서버로 전송하는 API에서 에러가 발생하는 상황이 조건문으로 묶여 있습니다. 무슨 뜻일지 궁금하죠?

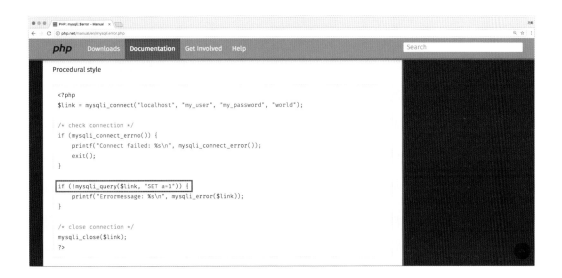

다시 mysqli_query()의 사용 설명서를 살펴보겠습니다. mysqli_query()의 리턴값을 보니 실패했을 때 리턴값이 false가 되는 특성을 가지고 있습니다. 또한 SELECT, SHOW, DESCRIBE와 같이 정보를 읽는 것과 관련된 쿼리를 실행했을 때는 mysqli_result라는 아직은 이해할 수 없는 미지의 객체가 전달되고, 그 외의 INSERT, UPDATE, DELETE와 같은 쿼리에 성공했을 때는 리턴값이 true라고 돼 있습니다. 따라서 **mysqli_query() 리턴값**의 특성을 이용하면 어떤 **명령을 실행했을 때 성공했는지 실패했는지** 확인할 수 있습니다.

이를 코드에 적용해 보겠습니다.

```php
<?php
    ... 생략 ...

    $conn = mysqli_connect("localhost", "root", "111111", "opentutorials");
    $sql = "
        INSER INTO topic (
            title,
            description,
            created
        ) VALUES (
            'MySQL',
            'MySQL is ....',
            NOW()
        )";
    $result = mysqli_query($conn, $sql);
    if( $result === false) {
        echo mysqli_error($conn);
    }
?>
```

mysqli_query()의 결과를 $result로 받고, $result가 false일 때 mysqli_error()를 실행한다거나, 사용자에게 문제가 발생했다고 통지한다거나, 어떤 문제가 발생했는지 로그 파일로 저장하는 등의 처리를 할 수 있습니다.

그리고 한 가지 더 말씀드리면 mysqli_error()를 **echo를 이용해 출력**하고 있는데, 절대로 이렇게 하시면 안 됩니다. 개발할 때는 이렇게 해도 되지만, 실제로 사용자를 받는 상황에서 이렇게 하면 사용자 중에서 나쁜 사람이 있을 수도 있기 때문에 위험할 수 있습니다.

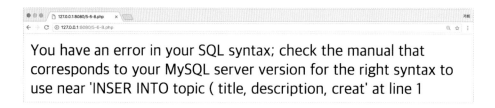

따라서 위와 같은 메시지를 노출해버리면 공격자가 이 시스템에는 topic이라는 테이블이 있고, title, description, created라는 칼럼을 가지고 있다는 굉장히 중요한 정보를 얻을 수 있습니다. 이러한 정보를 종합적으로, 입체적으로 재구성해보면 공격할 수 있는 공략 방법이 노출될 수 있기 때문에 내부적인 시스템 상황은 될 수 있으면 외부에 노출시키지 않는 것이 안전합니다. 따라서 이러한 방법은 개발할 때만 용납되고, 실제 운영되는 서버에서는 절대로 하면 안 됩니다.

다시 설명서를 살펴보니 `mysqli_connect_error()`라고 하는 별도의 함수가 존재하는 것을 알 수 있습니다. 위에 주석으로 check connection이라고 돼 있는 걸 보니 **데이터베이스 서버에 접속하는 과정에서 발생하는 에러**는 `mysqli_connect_error()` 함수를 통해 알 수 있다는 것을 알 수 있습니다.

이러한 것들을 이용해 나중에 애플리케이션을 개발할 때 안전하게, 또 문제가 발생했을 때 빠르게 알 수 있었으면 좋겠습니다. 여기까지가 insert라고 하는 대단원의 마지막이고, 지금까지 데이터 서버에 insert하는 과정에서 에러를 찾는 방법 그리고 데이터베이스 서버에 접속하는 방법을 살펴봤습니다.

지금까지 MySQL과 PHP를 연동하는 방법으로 **PHP의 API인 mysqli**라고 하는 부품의 사용법을 요모조모 따져봤습니다. 뭔가를 배웠다면 배운 것을 써먹어야 합니다. 지금부터 앞에서 배운 것을 써먹어 보겠습니다.

우선 index.php 파일을 열고, insert와 관련된 기능을 추가합니다. 먼저 글 쓰기 기능으로 이동할 수 있는 링크를 만들어 보겠습니다.

【예제 5-7-1】 index.php에 글 쓰기 기능으로 이동하는 링크 추가　　　　　　　　　　　　　index.php

```
<!DOCTYPE html>
<html>
    <head>
        <meta charset="utf-8">
        <title>WEB</title>
    </head>
    <body>
        <h1>WEB</h1>
        <ol>
            <li>HTML</li>
        </ol>
        <a href="create.php">create</a>
        <h2>Welcome</h2>
        Lorem ipsum dolor sit amet, consectetur adipisicing elit,
    </body>
</html>
```

<h2> 태그 위에 <a href="create.php">create</a>라는 태그를 만듭니다. 그리고 create를 클릭하면 create.php로 이동할 테니, create.php 파일도 만듭시다. 그리고 create.php 파일은 작성한 글을

표현하는 페이지인데, 이 페이지는 기본적으로 index.php와 레이아웃이 같으므로 index.php의 코드를 복사해서 붙여넣습니다. 그중에서 본문을 작성하는 부분에는 글을 작성하는 폼을 두겠습니다.

【예제 5-7-2】 index.php를 복사해 create.php 파일 생성　　　　　　　　　　　　create.php

```
<!DOCTYPE html>
<html>
    <head>
        <meta charset="utf-8">
        <title>WEB</title>
    </head>
    <body>
        <h1>WEB</h1>
        <ol>
            <li>HTML</li>
        </ol>
        <form action="process_create.php" method="POST">
            <p><input type="text" name="title" placeholder="title"></p>
            <p><textarea name="description" placeholder="description"></textarea></p>
            <p><input type="submit"></p>
        </form>
    </body>
</html>
```

폼에서 입력한 정보를 사용자가 전송했을 때(Submit 버튼을 눌렀을 때) **process_create.php으로 사용자가 입력한 정보를 전송**하게 할 것입니다. 그리고 전송할 때 get 방식이 아닌 **post 방식**으로 전송해야겠죠. 그리고 <form> 태그 안쪽에 type은 'text', name은 'title'인 폼을 작성했습니다. 보기 좋게 placeholder라는 속성을 써서 제목이라는 것을 사용자에게 알려줍니다. 그다음에는 <textarea>라고 하는 태그를 써서 여러 줄의 본문을 표현할 수 있게 처리했습니다. 그리고 textarea의 name은 'description'이며 placeholder를 써서 그 자리에는 본문이 온다는 것을 사용자에게 알려줍니다. 그다음에 <input> 태그의 type을 'submit'으로 지정해서 전송 버튼을 만들면 예제 작성이 끝납니다.

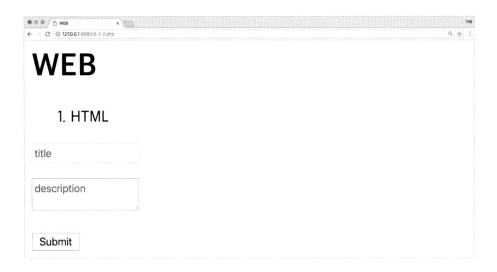

제목에 'MySQL'이라고 적고 내용에 'MySQL is …'을 써서 Submit 버튼을 누르면 process_ create.php로 post 방식으로 데이터가 전송됩니다. process_create.php 파일에서는 데이터가 잘 전송됐는지 확인하기 위해 다음과 같이 작성합니다.

【예제 5-7-3】 process_create.php 파일 생성   process_create.php

```php
<?php
    var_dump($_POST);
?>
```

그럼 post 방식으로 된 데이터가 var_dump( )로 출력되어 데이터가 잘 전송됐는지 확인할 수 있습니다.

보다시피 title은 'MySQL', description은 'MySQL is …'으로 데이터가 잘 도착한 것을 확인할 수 있습니다. 여기서 process_create.php에다 **MySQL에 접속해서 데이터를 insert하는 SQL 문을 프로그래밍적으로** 만들면 되겠죠. 예제에서는 $sql이라는 변수를 만들고 줄바꿈을 통해 가독성을 높이겠습니다.

여기서 추가하고자 하는 칼럼은 id, title, description, created인데 id는 언급하지 않으면 auto_increment를 통해 자동으로 증가하기 때문에 언급하지 않겠습니다. 그리고 SQL 문이 제대로 생성됐는지 확인하기 위해 SQL 문을 한번 출력해 보겠습니다.

【예제 5-7-4】 값을 전달받아 SQL 문 작성   **process_create.php**

```php
<?php
    $sql = "
        INSERT INTO topic
            (title, description, created)
            VALUES(
                '{$_POST['title']}',
                '{$_POST['description']}',
                NOW()
```

```
            )
        ";
        echo $sql;
    ?>
```

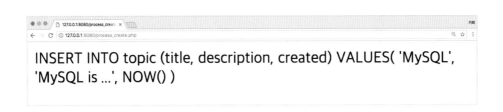

보다시피 SQL 문이 생성됐고, 이 SQL에 문제가 없는지 살펴보면 됩니다. 이렇게 해서 SQL 문을 만드는 것까지 했습니다.

다음으로 insert.php 파일을 열어보겠습니다.

```
<?php
    $conn = mysqli_connect("localhost", "root", "111111", "opentutorials");
    $sql = "
        INSERT INTO topic (
            title,
            description,
            created
        ) VALUES (
            'MySQL',
            'MySQL is ....',
            NOW()
        )";
    $result = mysqli_query($conn, $sql);
    if( $result === false ) {
        echo mysqli_error($conn);
    }
?>
```

데이터베이스 접속, 데이터베이스 선택, mysqli_query를 통해 쿼리를 실행하는 것까지가 하나의 세트입니다. 다시 process_create.php로 와서 다음과 같이 코드를 작성합니다.

```php
<?php
    $conn = mysqli_connect('localhost', 'root', '111111', 'opentutorials');
    $sql = "
        INSERT INTO topic
            (title, description, created)
            VALUES(
                '{$_POST['title']}',
                '{$_POST['description']}',
                NOW()
            )
    ";
    echo $sql;
?>
```

첫 번째 인자는 데이터베이스 서버의 주소이며, 두 번째는 데이터베이스 사용자, 세 번째는 비밀번호이며, 네 번째는 사용할 데이터베이스, 즉 스키마입니다. 그런데 미리 말씀드리자면 실제 서버를 root 사용자로 이용하는 것은 굉장히 위험합니다. 이에 대한 해결책을 알려드리지는 않겠지만 실제 서버를 사용할 때는 항상 이를 염두에 두길 바랍니다. root는 모든 권한을 가지고 있기 때문에 해커에게 공격당하기 좋습니다. 그러므로 여러분은 필요한 최소한의 권한만 가진 별도의 사용자를 만들어서 그 사용자로 작업을 해야 합니다. 이렇게 해서 접속이 이뤄지면 접속된 데이터베이스 서버로 SQL 문을 전송해야겠죠?

[예제 5-7-6] 쿼리를 실행하는 코드 추가   process_create.php

```php
<?php
    $conn = mysqli_connect('localhost', 'root', '111111', 'opentutorials');
    $sql = "
        INSERT INTO topic
            (title, description, created)
            VALUES(
                '{$_POST['title']}',
                '{$_POST['description']}',
                NOW()
            )
    ";
```

```
    mysqli_query($conn, $sql);
    echo $sql;
?>
```

첫 번째 인자로는 데이터베이스 **접속 정보가 담긴 변수**를 지정합니다. mysqli_connect()를 $conn이라는 변수로 받게 합니다. 코드 작성이 잘 됐는지 확인하기에 앞서 테이블에 있는 데이터를 모두 삭제하고 잘 삭제됐는지 확인해 보겠습니다.

[예제 5-7-7] 테이블에 있는 데이터 삭제 및 확인   MySQL Monitor

```
DELETE FROM topic;
SELECT * FROM topic;
```

DELETE FROM topic을 실행하면 topic 테이블의 모든 데이터가 삭제됩니다. 따라서 DELETE와 같이 굉장히 위험한 명령을 실행할 때는 심호흡을 하고 개발환경인지 확인한 다음 엔터를 눌러야 합니다. 데이터를 모두 삭제한 다음 SELECT 문으로 확인해보면 보다시피 데이터가 없는 상태입니다.

```
bin — mysql.bin --defaults-file=/Applications/mampstack-7.1.19-1/mysql/my.cnf -uroot -p -hlocalhost — 84×6
mysql> DELETE FROM topic;
Query OK, 2 rows affected (0.00 sec)

mysql> SELECT * FROM topic;
Empty set (0.00 sec)
```

이번에는 웹 페이지를 새로고침한 뒤 다시 확인해 보겠습니다.

[예제 5-7-8] 테이블에 있는 데이터가 추가됐는지 확인   MySQL Monitor

```
SELECT * FROM topic;
```

데이터가 잘 추가된 것을 볼 수 있습니다.

```
mysql> SELECT * FROM topic;
+----+-------+-------------+---------------------+
| id | title | description | created             |
+----+-------+-------------+---------------------+
|  5 | MySQL | MySQL is ... | 2018-07-24 17:32:45 |
+----+-------+-------------+---------------------+
1 row in set (0.00 sec)

mysql>
```

만약 데이터가 잘 들어갔는지, 들어가지 않았는지 검사해야 한다면 다음과 같이 코드를 수정합니다.

[예제 5-7-9] 데이터가 잘 들어가지 않으면 메시지를 출력   process_create.php

```php
<?php
    $conn = mysqli_connect('localhost', 'root', '111111', 'opentutorials');
    $sql = "
        INSERT INTO topic
            (title, description, created)
            VALUES(
                '{$_POST['title']}',
                '{$_POST['description']}',
                NOW()
            )
    ";
    $result = mysqli_query($conn, $sql);
    if( $result === false ) {
        echo '저장하는 과정에서 문제가 생겼습니다. 관리자에게 문의해주세요';
    }
    echo $sql;
?>
```

mysqli_query의 리턴값을 $result로 받아 $result **값이 false**라면 **사용자에게 메시지를** 보여주면 됩니다. 어떤 문제가 있었는지 확인하고 싶다면 사용자에게 보여주지 말고, 데이터베이스 서버가 위치한 곳의 사용자가 접근할 수 없는 곳에 기록하면 됩니다.

```php
<?php
    $conn = mysqli_connect('localhost', 'root', '111111', 'opentutorials');
    $sql = "
        INSERT INTO topic
            (title, description, created)
            VALUES(
                '{$_POST['title']}',
                '{$_POST['description']}',
                NOW()
            )
    ";
    $result = mysqli_query($conn, $sql);
    if( $result === false ) {
        echo '저장하는 과정에서 문제가 생겼습니다. 관리자에게 문의해주세요';
        error_log(mysqli_error($conn));
    }
    echo $sql;
?>
```

error_log()라는 함수에 들어오는 값은 아파치 error.log에 저장됩니다. 예를 들어, $sql의 INSERT에서 'T'자를 없애고 실행해 보겠습니다.

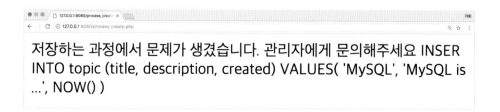

보다시피 '저장하는 과정에서 문제가 생겼습니다. 관리자에게 문의해주세요'라는 텍스트가 나타나고 실제로 어떤 에러가 있었는지에 대한 데이터는 보이지 않습니다.

그런데 여기서는 실제 에러 메시지는 어떻게 적혀 있는지 확인하는 방법은 살펴보지 않겠습니다. 나중에 필요하면 검색을 통해 해결하길 바랍니다. 실습 환경에서는 아파치가 설치돼 있는 곳의 log라는 디렉터리에 error_log라는 파일 끝에 데이터를 출력하도록 컴퓨터에게 명령해 보겠습니다. 그리고

create.php 웹 페이지에서 제목에 'SQL Server'를, 본문에 'SQL Server is …'을 지정하고 Submit을 클릭하면 INSERT에서 T가 빠졌기 때문에 전과 마찬가지로 문제가 생깁니다.

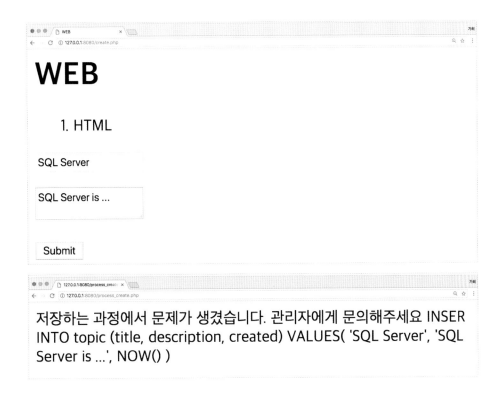

그리고 실제 문제는 아파치 에러 로그라고 하는 관리자만이 볼 수 있는 파일에 추가되는 것을 볼 수 있습니다.

```
[Wed Jul 25 04:47:54.511498 2018] [php7:notice] [pid 5228] [client 127.0.0.1:55708]
You have an error in your SQL syntax; check the manual that corresponds to your MySQ
L server version for the right syntax to use near 'INSER INTO topic\n           (ti
tle, description, created)\n              VALUES(\n ' at line 1, referer: http://127.0
.0.1:8080/create.php
```

절대로 사용자에게 에러 메시지를 그대로 보여주면 안 됩니다. 그리고 $result 값이 true라면 사용자에게 '성공했습니다.'라고 알려주고 <a> 태그를 이용해 index.php로 돌아가는 링크를 만들 수 있습니다.

```php
<?php
    $conn = mysqli_connect('localhost', 'root', '111111', 'opentutorials');
    $sql = "
        INSERT INTO topic
            (title, description, created)
            VALUES(
                '{$_POST['title']}',
                '{$_POST['description']}',
                NOW()
            )
    ";
    $result = mysqli_query($conn, $sql);
    if( $result === false ) {
        echo '저장하는 과정에서 문제가 생겼습니다. 관리자에게 문의해주세요';
        error_log(mysqli_error($conn));
    } else {
        echo '성공했습니다. <a href="index.php">돌아가기</a>';
    }
?>
```

이렇게 해서 mysqli라는 API를 이용해 데이터베이스에 데이터를 추가하는 방법을 알아봤는데, 아직 불완전한 점이 많습니다. 특히나 제일 신경 쓰이는 부분은 사용자가 전송한 **$_POST라는 정보를 직접 SQL 문에 넣었다는 것**입니다. 사용자는 좋은 사람이 대부분이겠지만 이 경우 나쁜 사람이 한 명이라도 있다면 문제가 됩니다. 왜냐하면 **데이터베이스를 모두 삭제**하거나 **root 관리자의 비밀번호를 탈취**한다거나 하는 공격이 벌어질 수 있기 때문입니다. 따라서 사용자가 입력하는 어떠한 정보도 신뢰해서는 안 됩니다. 이처럼 순진하게 사용자가 전송한 정보를 그대로 SQL 문에 넣게 되면 공격받을 수 있습니다. 이 같은 문제를 해결하기 위해서는 **살균 작업**을 해야 합니다. 이 내용은 보안을 다룬 장에서 설명할 테니 실제 서비스에서는 이렇게 해서는 안 된다는 것만 명심하십시오.

이렇게 해서 지금까지 배운 내용을 활용해 어떻게 데이터베이스를 PHP로 제어할 수 있는지 사례를 통해 살펴봤습니다.

08 SELECT 사용법 1

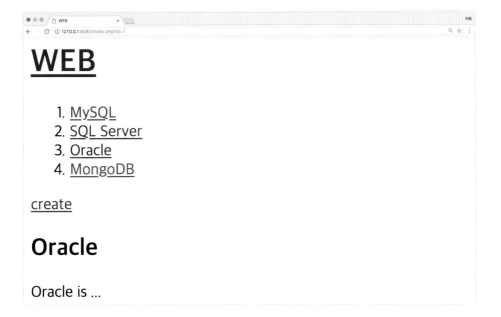

지금부터는 **데이터를 데이터베이스에서 읽어보는 방법**을 살펴보겠습니다. 위 화면에서 보다시피 글 목록이 나오고 본문이 나오게 하려면 그 데이터를 가져와야 합니다.

SQL 문 중에서 **데이터 읽기**와 관련된 SQL 문은 select입니다. 따라서 이번 시간의 주인공은 select가 될 것입니다.

예제의 API 단에서는 select를 깔끔하게 체크하기 위해 index.php를 건드리지 않고 select.php라는 파일을 만들었습니다. select를 사용하는 경우에도 당연히 **데이터베이스 서버에 접속**해야 하기 때문에 데이터베이스 접속을 수행해야 합니다. 이 부분은 insert.php나 process_create.php에서 이미 했기 때문에 그대로 복사해서 select.php에 붙여넣겠습니다(이제부터 데이터베이스 연결에 대해서는 더이상 언급하지 않겠습니다).

```php
<?php
    $conn = mysqli_connect('localhost', 'root', '111111', 'opentutorials');
?>
```

그다음에 글 목록을 가져와야 하는데, 그러기 위해서는 데이터가 먼저 입력돼 있어야 합니다. 입력은 웹을 통해 create.php 페이지에서 할 수 있습니다. 다음과 같이 **데이터를 추가**합니다.

```
mysql> select * from topic;
+----+------------+-----------------+---------------------+
| id | title      | description     | created             |
+----+------------+-----------------+---------------------+
|  5 | MySQL      | MySQL is ...    | 2018-07-24 17:32:45 |
|  6 | SQL Server | SQL Server is ...| 2018-07-25 04:59:23 |
|  7 | Oracle     | Oracle is ...   | 2018-07-25 08:38:36 |
|  8 | MongoDB    | MongoDB is ...  | 2018-07-25 08:38:58 |
+----+------------+-----------------+---------------------+
4 rows in set (0.00 sec)

mysql>
```

보다시피 데이터를 저장했습니다. 그럼 이 데이터를 select.php라는 페이지에서 출력해 보겠습니다. 데이터베이스 서버에게 select 문을 전송해야 하므로 select 문을 먼저 만들어보겠습니다.

```php
<?php
    $conn = mysqli_connect('localhost', 'root', '111111', 'opentutorials');
    $sql = "SELECT * FROM topic";
?>
```

여기서 한 가지 미리 언급할 부분이 있습니다. select **문에서 가장 위험한 요소는 모든 데이터를 가져오는 것**이라는 점입니다. 데이터가 1억 건이면 문제가 생깁니다. 항상 **몇 개의 데이터를 가져올지 제약**을 걸어야 합니다. 따라서 1000이라 지정하면 데이터가 실제로 10,000개나 1억 개라도 1000개 이상 가져오지 않으니 애플리케이션이 좀 더 안전해집니다. 하지만 불필요하게 쿼리의 복잡도를 높이기 때문에 여기서는 언급만 하겠습니다. 이제 쿼리를 생성하는 것까지 했으니 쿼리를 데이터베이스 서버에 전송해야 합니다.

```php
<?php
    $conn = mysqli_connect('localhost', 'root', '111111', 'opentutorials');
    $sql = "SELECT * FROM topic";
    $result = mysqli_query($conn, $sql);
?>
```

그럼 쿼리의 결과를 $result 변수에 담았는데, 데이터를 실제로 가져오려면 $result 변수를 이용하면
되겠죠? 먼저 var_dump( )를 이용해 $result에 무엇이 들어있는지 확인해 보겠습니다.

```php
<?php
    $conn = mysqli_connect('localhost', 'root', '111111', 'opentutorials');
    $sql = "SELECT * FROM topic";
    $result = mysqli_query($conn, $sql);
    var_dump($result);
?>
```

줄바꿈이 되어 있지 않아 보기 어려우므로 페이지 소스 보기로 결과를 보겠습니다.

mysqli_result라는 것을 받았습니다. 지금 당장은 문법적으로 이해되지 않을 수도 있습니다만 mysqli_result는 '객체'라는 것입니다. 여기에는 여러 가지 정보가 있으며, num_rows라고 하는 것은 **행의 개수**라고 추정할 수 있고, field_count는 **칼럼의 개수**라고 추정할 수 있습니다. mysqli_result 안에 topic 테이블의 행이 담겨 있지는 않고 우리가 예상한 것과 다른 것이 담긴 것을 확인했으니 이제 무엇을 해봐야 할까요? mysqli_query가 어떤 속성을 가지고 있는지 확인해 봐야겠습니다. 검색 엔진에서 'mysql_query'로 검색해 봅시다.

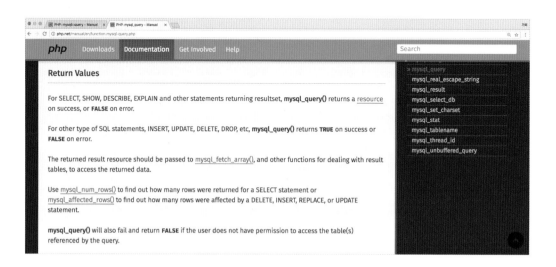

위와 같은 공식 PHP 문서에서 'Return Values'를 보니 mysqli_query()가 실패했을 때는 false를 반환하는 것을 볼 수 있고, SELECT, SHOW, DESCRIBE처럼 읽기와 관련된 SQL을 실행했을 때는 mysqli_query()의 리턴값으로 mysqli_result라는 객체를 반환한다고 적혀 있습니다. 여러 복잡한 정보들이 들어 있지만 앞에서 살펴본 $num_rows가 있고 $field_count도 있습니다. 이를 클릭해서 확인해 보면 'Gets the number of rows in a result', 즉 결과의 개수를 보여준다는 것을 알 수 있습니다. 만약 여러분이 결과의 개수가 필요하다면 다음과 같이 작성해서 확인할 수 있습니다.

[예제 5-8-5] var_dump()로 결과 개수($result->num_rows) 확인   select.php

```php
<?php
    $conn = mysqli_connect('localhost', 'root', '111111', 'opentutorials');
    $sql = "SELECT * FROM topic";
    $result = mysqli_query($conn, $sql);
    var_dump($result->num_rows);
?>
```

int(4)

숫자 4가 나오는데 이것은 **실행 결과로 4개의 행이 있다는 것을 의미**합니다. 만약 데이터가 5개였다면 숫자 5가 출력될 것입니다. mysqli_result는 이런 속성으로 구성되고 이것들이 나중에 필요할 수 있습니다. 개발자들은 단서를 모아서 자신의 문제를 차근차근 해결해 나간다는 사례를 이번 시간에 보여 드리고 싶었습니다.

이렇게 해서 mysqli_query()를 통해 select 문을 데이터베이스에 전송하는 법을 살펴봤고 실제로 데이터를 끌고 오는 것까지는 못했습니다. 이어지는 수업에서 이 주제를 다루겠습니다.

이전 시간에 select 문을 데이터베이스에 전송하는 법까지 살펴봤습니다. 이제부터 **가져온 데이터를 PHP에서 활용**할 수 있어야 합니다. 그런데 데이터베이스와 PHP는 완전히 다른 기술이기 때문에 PHP라는 컴퓨터 언어를 통해 데이터를 활용하려면 **PHP의 데이터 타입으로 전환**하는 과정을 거쳐야 합니다. 이를 위한 API가 바로 **mysqli_fetch_xxx**라는 이름의 API입니다. 여기서 'fetch'는 '**가져오다**' 라는 뜻입니다. 즉, mysqli_query를 통해 가져온 데이터들을 PHP에서 사용할 수 있게 전환해서 가져 온다는 것입니다. 이때 여러분이 선호하는 데이터 타입(예: 배열, 연관배열, 객체)을 지정할 수 있습니다. 그중에서 아직까진 배열이 익숙하니 mysqli_fetch_array()를 검색해서 찾아보겠습니다.

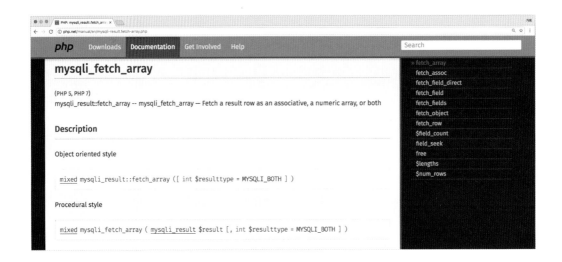

첫 번째 인자로 mysqli_result가 온다고 돼 있습니다. 예제를 봅시다.

보다시피 mysqli_query()를 실행한 후 반환된 결과인 $result를 mysqli_fetch_array()의 **첫 번째 인자로 전달**하는 것을 볼 수 있습니다.

그런데 mysqli_fetch_array($result)를 실행했을 때 어떤 결과가 나오는지 궁금합니다. 다음 코드를 작성해서 프로그램을 실행해 봅시다.

[예제 5-8-6] mysqli_fetch_array()의 결과 확인   select.php

```php
<?php
    $conn = mysqli_connect('localhost', 'root', '111111', 'opentutorials');
    $sql = "SELECT * FROM topic";
    $result = mysqli_query($conn, $sql);
    print_r(mysqli_fetch_array($result));
?>
```

그런 다음 페이지 소스 보기를 통해 깔끔하게 출력된 모습을 봅시다.

```
  1  Array
  2  (
  3      [0] => 5
  4      [id] => 5
  5      [1] => MySQL
  6      [title] => MySQL
  7      [2] => MySQL is ...
  8      [description] => MySQL is ...
  9      [3] => 2018-07-24 17:32:45
 10      [created] => 2018-07-24 17:32:45
 11  )
```

이를 통해 알 수 있는 것은 mysql_fetch_array()를 실행했더니 첫 번째로는 **배열이 반환됐다는 것**, 두 번째로는 **실제 데이터베이스에는 4건의 데이터가 저장돼 있는데 4개의 데이터 중 첫 번째 행만이 들어간 것**을 볼 수 있습니다. 그리고 출력된 값을 보면 **값들이 두 번씩 반복**됩니다. 값이 두 번 반복되는데 **첫 번째로는 그 값의 자릿수**가 나오고 **두 번째로는 칼럼명**이 나옵니다. 즉 이를 통해 데이터를 선택적으로 가져올 수 있습니다. 여기서는 이것을 $row라는 변수에 담겠습니다.

【예제 5-8-7】$row에 mysqli_fetch_array() 결과 담기   select.php

```php
<?php
    $conn = mysqli_connect('localhost', 'root', '111111', 'opentutorials');
    $sql = "SELECT * FROM topic";
    $result = mysqli_query($conn, $sql);
    $row = print_r(mysqli_fetch_array($result));
?>
```

따라서 $row라는 변수를 대상으로 $row[0]을 확인해 보면 5가 나올 것입니다. $row[1]을 확인해 보면 'MySQL'이 나옵니다. 1 대신 'title'을 써도 결과는 같습니다. 즉 **결과의 자릿수를 이용해 데이터를 가져올 수도 있고, 칼럼의 이름을 이용해 데이터를 가져올 수도 있습니다.** 이처럼 칼럼의 이름을 통해 가져오는 형식의 배열을 **연관배열**이라 합니다. 그리고 숫자를 통해 자릿수, 즉 인덱스를 통해 가져오는 형태는 배열입니다. 이 맥락에서는 어떤 게 좋은가요? 연관배열이 훨씬 좋습니다. 왜냐하면 자릿수는 몰라도 칼럼의 이름으로 사용할 수 있기 때문입니다.

이 사실만을 이용해서 알 수 있는 것은 모든 topic의 데이터가 아니라 딱 하나의 행만 가져오고 싶다면 다음과 같이 SQL 문을 작성해서 값을 가져올 수 있다는 것입니다.

```php
<?php
    $conn = mysqli_connect('localhost', 'root', '111111', 'opentutorials');

    echo "<h1>single row</h1>";
    $sql = "SELECT * FROM topic WHERE id = 5";
    $result = mysqli_query($conn, $sql);
    $row = mysqli_fetch_array($result);
    echo '<h2>'.$row['title'].'</h2>';
    echo $row['description'];
?>
```

echo '<h1>'.$row['title'].'</h1>';과 같이 이름을 사용하도록 코드를 작성해서 프로그램을 실행하면 결과는 '<h1>MySQL</h1>'이 되고 echo '$row['description'];'과 같이 작성하고 프로그램을 실행하면 결과는 'My SQL is …'이 됩니다. 이처럼 하나의 행을 표현할 수 있게 되는 것입니다.

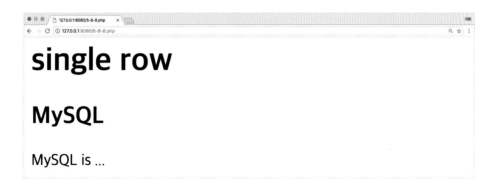

그럼 행이 여러 개인 경우에는 어떻게 하는지 자연스럽게 궁금해집니다. 다음 시간에 그 궁금증을 해결해 봅시다.

다음 SQL 문은 row가 하나일 때입니다. 이번에는 전체 row를 가져오는 경우를 살펴보겠습니다.

```
$sql = "SELECT * FROM topic WHERE id=5";
```

위 SQL 문에서 뒤에 붙은 WHERE 문을 지워보겠습니다. **mysqli_fetch_array()의 또 다른 특징은 이** **것을 실행할 때마다** $result가 가리키는 쿼리문의 **결과를 하나씩 배열로 반환**한다는 것입니다. 그래서 2개를 반복해서 써보겠습니다.

[예제 5-8-9] mysqli_fetch_array( )를 두 번 반복해서 실행　　　　　　　　　　　　　　　select.php

```php
<?php
    $conn = mysqli_connect('localhost', 'root', '111111', 'opentutorials');

    ... 생략 ...

    echo "<h1>multi row</h1>";
    $sql = "SELECT * FROM topic";
    $result = mysqli_query($conn, $sql);

    $row = mysqli_fetch_array($result);
    echo '<h2>'.$row['title'].'</h2>';
    echo $row['description'];

    $row = mysqli_fetch_array($result);
    echo '<h2>'.$row['title'].'</h2>';
    echo $row['description'];
?>
```

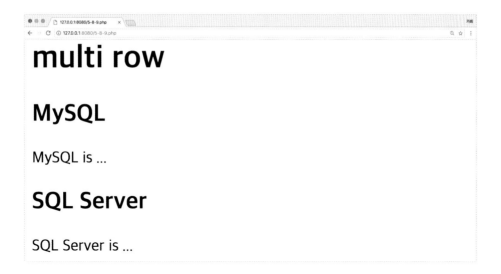

첫 번째로 실행될 때 'MySQL'이 나오고, 두 번째로 실행될 때 'SQL Server'가 나옵니다. 즉, 'SQL Server'는 두 번째 행이었습니다. 프로그램을 또 한번 실행하면 이번에는 'Oracle'이 되고, 또 한번 실행하면 이번에는 'MongoDB'가 나올 것입니다.

그럼 이번에는 더 이상 가져올 데이터가 없을 때 mysqli_fetch_array()가 어떻게 하는지 살펴보겠습니다.

【예제 5-8-10】 mysqli_fetch_array()를 데이터가 없을 때까지 반복해서 실행   **select.php**

```php
<?php
    $conn = mysqli_connect('localhost', 'root', '111111', 'opentutorials');

    ... 생략 ...

    echo "<h1>multi row</h1>";
    $sql = "SELECT * FROM topic";
    $result = mysqli_query($conn, $sql);

    $row = mysqli_fetch_array($result);
    echo '<h2>'.$row['title'].'</h2>';
    echo $row['description'];

    $row = mysqli_fetch_array($result);
    echo '<h2>'.$row['title'].'</h2>';
```

```php
    echo $row['description'];

    $row = mysqli_fetch_array($result);
    echo '<h2>'.$row['title'].'</h2>';
    echo $row['description'];

    $row = mysqli_fetch_array($result);
    echo '<h2>'.$row['title'].'</h2>';
    echo $row['description'];

    $row = mysqli_fetch_array($result);
    echo '<h2>'.$row['title'].'</h2>';
    echo $row['description'];
?>
```

더 이상 가져올 데이터가 없으면 아무것도 나오지 않습니다.

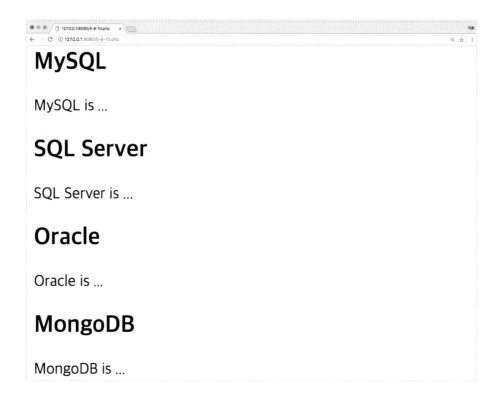

그럼 더 이상 가져올 수 없을 때 $row라는 변수에는 무엇이 담겨있는지 구체적으로 살펴보겠습니다.

【예제 5-8-11】 mysqli_fetch_array( )에 데이터가 없을 때 $row 변수 확인   select.php

```php
<?php
    $conn = mysqli_connect('localhost', 'root', '111111', 'opentutorials');

    ... 생략 ...

    $row = mysqli_fetch_array($result);
    var_dump($row);
?>
```

보다시피 NULL이 나옵니다. 이런 경험을 종합했을 때 다음과 같이 추론할 수 있습니다. '**mysqli_ fetch_array( )**라는 함수는 **실행할 때마다 한 행씩 주는구나. 더 이상 줄 수 없다면 null을 주는구나**'라고 추론할 수 있고 이를 이론적으로 정리하기 위해 매뉴얼로 가서 'Return Values'라는 부분을 보면 만약 가져올 수 있는 행이 없으면 NULL을 준다는 것을 알 수 있습니다.

그럼 이 상태에서 데이터를 삭제했다면 더 이상 호출할 필요가 없는 코드가 존재할 것이고, 데이터가 추가돼서 5개라면 데이터를 추가했음에도 출력하지 않습니다. 이런 상황에서 프로그래머들이 수치스러워하는 것은 데이터가 바뀌었다고 로직을 바꾸는 것입니다. 이런 상황이라면 코드를 추가하거나 없애야 합니다. 그런데 잘 보면 제가 어떤 일을 하고 있나요? **반복적인 일**을 하고 있습니다. 따라서 **반복문을 사용**하면 됩니다. 반복문을 사용하기 위해 필요한 몇 가지 복잡한 이야기가 있으니 몇 가지 알고 있어야 할 만한 사항들을 설명하겠습니다.

```
while (A) {
    B
    C
}
```

PHP는 while 문을 만나면 **제일 먼저 A를 실행**합니다. 그 결과가 true냐 false냐에 따라 **true인 경우 B와 C를 순차적으로 실행**하고 더 이상 실행할 코드가 없으면 **다시 A를 실행**합니다. 즉 A에 있는 코드가 가장 먼저 실행된다는 것입니다.

두 번째로 알아야 할 것을 살펴보겠습니다. 다음과 같은 코드가 있다면 결과는 당연히 1004입니다.

```
$a = 1004;
var_dump($a);
```

이 역시도 1004입니다.

```
$b = $a = 1004;
var_dump($b);
```

역시 1004입니다.

```
var_dumb($a = 1004);
```

이 역시 1004입니다.

```
var_dump($a = 1004);
echo $a;
```

즉, **대입 연산자(=)를 사용**할 경우 오른쪽에 있는 값을 왼쪽에 대입하면서 이 대입 연산자를 기준으로 **두 항 전체를 우항으로 바꿉니다.**

마지막으로 다음 코드의 값은 NULL로서 '값이 없다'라는 뜻입니다.

```php
var_dump(NULL);
```

PHP에서 다음 코드의 결과는 true입니다.

```php
var_dump(NULL == false);
```

==는 비교 연산자이고 왼쪽의 NULL과 오른쪽의 false가 같다면 참이 되는데 결과가 true라는 것은 **PHP에서는 NULL을 false로 친다는 뜻입니다.**

이렇게 해서 우리가 하려는 일들을 위한 부품을 다 모았습니다. select.php로 가서 반복했던 코드들을 지우고 반복문으로 바꿔보겠습니다.

【예제 5-8-12】 데이터를 반복문으로 가져오기   select.php

```php
<?php
    $conn = mysqli_connect('localhost', 'root', '111111', 'opentutorials');

    echo "<h1>single row</h1>";
    $sql = "SELECT * FROM topic WHERE id = 5";
    $result = mysqli_query($conn, $sql);
    $row = mysqli_fetch_array($result);
    echo '<h2>'.$row['title'].'</h2>';
    echo $row['description'];

    echo "<h1>multi row</h1>";
    $sql = "SELECT * FROM topic";
    $result = mysqli_query($conn, $sql);

    while( $row = mysqli_fetch_array($result) ) {
        echo '<h2>'.$row['title'].'</h2>';
        echo $row['description'];
    }
?>
```

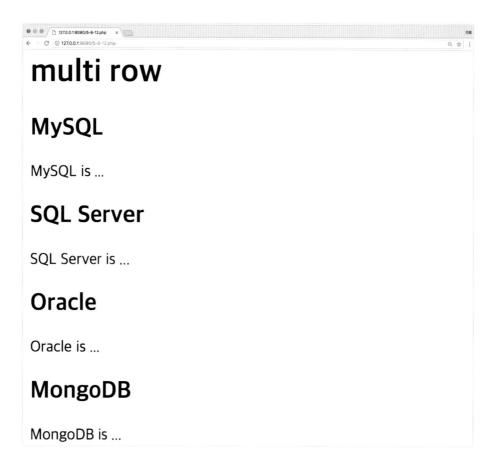

보다시피 프로그램을 실행하면 모든 행을 다 가져옵니다. 먼저 PHP는 `mysqli_fetch_array($result)`를 실행해 **첫 번째 행을 가져옵니다**. 그 값을 $row에 담습니다. $row=mysqli_fetch_array($result)의 값은 그 값 자체가 되는 것입니다. 그런데 PHP에서는 어떠한 **값이 false거나 null이 아니라면 그것을 참**으로 칩니다. 그럼 참이 되는 것이고 중괄호 안의 코드가 실행되고 더 이상 실행할 것이 없다면 이번에는 두 번째 행을 $row에 담고 true가 되며 'SQL Server'가 출력됩니다. 이런 식으로 반복하다 **더 이상 가져올 데이터가 없으면** `mysqli_fetch_array()`는 **NULL을 반환**하는데 PHP는 NULL을 false로 평가하면서 반복문이 끝나고 모든 작업이 끝나게 됩니다. 이해되시나요?

이 부분은 복잡해서 한 번에 이해하기는 어렵습니다. 따라서 코드와 설명을 한 번 더 보거나 다음 시간에 select 문을 활용해 예제 애플리케이션에 적용하는 것을 해볼 테니 그때 다시 한 번 리뷰해 봐도 됩니다.

09 | 활용 – 글 읽기 1

지금까지 select 문을 mysqli API를 통해 서버에 전달하고 그 결과를 받아와서 출력하는 방법을 살펴봤는데 이제 실전에 적용해 보겠습니다. 예제 애플리케이션에 이를 반영해서 데이터베이스의 내용을 반영한 결과를 합성해 봅시다.

우선 index.php 파일을 연 다음 글 목록부터 본문까지 처리하겠습니다. 우선 데이터베이스에서 데이터를 가져와야 하므로 select.php에 들어있는 데이터베이스 접속용 코드를 index.php 상단에 붙여넣습니다.

【예제 5-9-1】데이터베이스 접속 코드 추가   index.php

```
<!DOCTYPE html>
<html>
    <head>
        <meta charset="utf-8">
        <title>WEB</title>
    </head>
    <body>
        <h1>WEB</h1>
        <ol>
            <?php
                $conn = mysqli_connect('localhost', 'root', '111111', 'opentutorials');
            ?>
        </ol>
        <a href="create.php">create</a>
        <h2>Welcome</h2>
        Lorem ipsum dolor sit amet, consectetur adipisicing elit,
    </body>
</html>
```

그다음으로 글 목록은 모든 항목을 가져오면 됩니다.

```
... 생략 ...
<ol>
    <?php
        $conn = mysqli_connect('localhost', 'root', '111111', 'opentutorials');

        $sql = "SELECT * FROM topic";
        $result = mysqli_query($conn, $sql);

        while( $row = mysqli_fetch_array($result) ) {
            echo "<li>{$row['title']}</li>";
        }
    ?>
</ol>
... 생략 ...
```

SQL 문을 데이터베이스 서버에 전송하는 API는 **mysqli_query()**이며 **첫 번째** 인자로는 데이터베이스 접속 식별자가 들어가고, 그다음에는 SQL 문이 들어갑니다. 그렇게 만들어진 **결과**를 $result에 담았고, 이 결과를 글 목록에 적용해 보겠습니다. 그런 다음 **mysqli_fetch_array($result)**의 **결과**를 $row라는 변수에 담을 것이고 이 함수를 실행할 때마다 **한 행씩** 보여주기 때문에 **반복적으로** 실행해야 합니다. 그리고 가져올 것이 없을 때 NULL이 된다는 특성이 있으므로 **while** 문을 씁니다. 마지막으로 echo "<li>{$row['title']}</li>"로 글 목록을 출력한 뒤 결과를 볼까요?

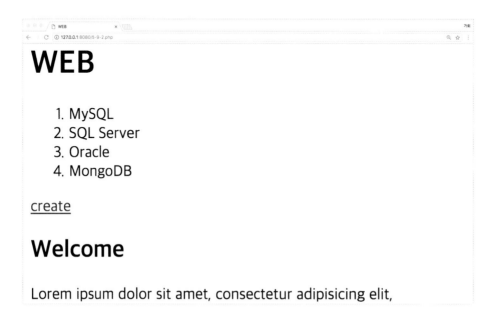

그런데 **데이터베이스를 제어하는 코드**와 **표현과 관련된 코드**가 엉켜있으니 보기가 안 좋은 것 같습니다. 위로 코드를 옮기고 $list의 경우 기존의 $list와 결합해서 다음과 같은 코드로 수정합니다.

[예제 5-9-3] 데이터베이스 제어 코드와 표현과 관련된 코드를 분리   index.php

```php
<?php
    $conn = mysqli_connect('localhost', 'root', '111111', 'opentutorials');

    $sql = "SELECT * FROM topic";
    $result = mysqli_query($conn, $sql);
    $list = '';

    while( $row = mysqli_fetch_array($result) ) {
        $list = $list."<li>{$row['title']}</li>";
    }
?>
<!DOCTYPE html>
<html>
    <head>
        <meta charset="utf-8">
        <title>WEB</title>
    </head>
    <body>
        <h1>WEB</h1>
        <ol><?= $list ?></ol>
        <a href="create.php">create</a>
        <h2>Welcome</h2>
        Lorem ipsum dolor sit amet, consectetur adipisicing elit,
    </body>
</html>
```

결과적으로 글 목록이 나올 곳에 echo $list;만 적으면 복잡한 PHP 코드는 글 목록 부분에서 최소화되고 PHP는 PHP끼리, HTML은 HTML끼리 응집되는 효과가 있습니다. 여기서 **`<?= $list ?>`**는 **`<?php echo $list ?>`**와 같습니다. 결과는 같지만 코드는 **조금 더 간결**해졌습니다.

그다음으로 할 작업은 `<li>`에 링크를 거는 것인데 제가 하고 싶은 것은 다음과 같이 만드는 것입니다.

```
<li><a href="index.php?id=5">MySQL</a></li>
```

즉, 위와 같은 코드가 **프로그래밍적으로 생성되게** 하고 싶은 것입니다. 따라서 다음과 같이 작성합니다.

【예제 5-9-4】 목록에 링크 추가   index.php

```php
<?php
    ... 생략 ...

    while( $row = mysqli_fetch_array($result) ) {
        $list = $list."<li><a href=\"index.php?id=5\">{$row['title']}</a></li>";
    }
?>
    ... 생략 ...
```

먼저 페이지를 새로고침해 봅시다.

링크가 잘 걸린 것을 확인할 수 있습니다. 그리고 위 코드에 나온 '5'라는 정적인 데이터를 동적으로 바꾸면 되겠죠?

【예제 5-9-5】 목록에 링크를 동적으로 추가   index.php

```php
<?php
    ... 생략 ...

    while( $row = mysqli_fetch_array($result) ) {
```

```
        $list = $list."<li><a href=\"index.php?id={$row['id']}\">{$row['title']}</a></li>";
    }
?>
... 생략 ...
```

페이지를 새로고침하고 링크가 잘 걸렸는지 확인해 보겠습니다.

보다시피 id가 잘 변경되는 것을 볼 수 있습니다.

이렇게 해서 글 목록을 구현했고, 글 목록에 따라 본문이 바뀌도록 처리하면 됩니다. 다음 시간에 뵙겠습니다.

이번에는 각 id 값에 해당하는, 즉 선택한 글에 해당하는 본문을 출력하는 코드를 만들어 봅시다. 이를
위해 index.php 상단에 다음과 같이 코드를 추가합니다.

【예제 5-9-6】 id 값에 해당하는 글을 가져오는 SQL 문 추가　　　　　　　　　　　　　　　　　index.php

```php
<?php
    $conn = mysqli_connect('localhost', 'root', '111111', 'opentutorials');

    $sql = "SELECT * FROM topic";
    $result = mysqli_query($conn, $sql);
    $list = '';

    while( $row = mysqli_fetch_array($result) ) {
        $list = $list."<li><a href=\"index.php?id={$row['id']}\">{$row['title']}</a></li>";
    }

    $sql = "SELECT * FROM topic WHERE id={$_GET['id']}";
?>
```

id 값이 바뀜에 따라 SQL 문이 자동으로 생성됩니다. 이를 MySQL 서버에 전달해야 합니다.

【예제 5-9-7】 SQL 문을 서버에 전달하고 변수에 값 담기　　　　　　　　　　　　　　　　　index.php

```php
<?php
    ... 생략 ...

    $sql = "SELECT * FROM topic WHERE id={$_GET['id']}";
    $result = mysqli_query($conn, $sql);
    $row = mysqli_fetch_array($result);
    $article = array(
        'title' => $row['title'],
```

```
        'description' => $row['description']
    );
    print_r($article);
?>
... 생략 ...
```

mysqli_query()를 이용해 그 **결과를 $result**에 담습니다. 그리고 **$result를 배열로** 만들고 싶습니다.

mysqli_fetch_array()를 이용해 **$row**에 담습니다. 여기서는 특정 id, 즉 **단 하나의 행**만 가져오기 때문에 반복문을 쓸 필요가 없습니다. 그렇게 가져온 정보를 **$article**이라는 변수에 담습니다. 이 변수는 배열인데 배열의 값으로 title에는 $row['title']을, description에는 $row['description']을 담습니다. 이를 출력해 봅시다.

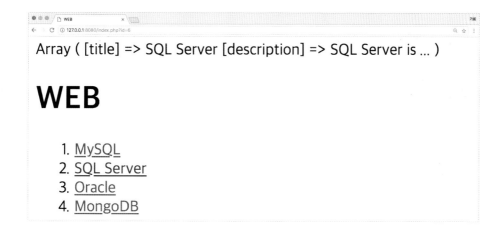

위와 같이 하면 배열이 잘 들어 있는 모습을 볼 수 있습니다. 앞서 **키 값이 문자인 배열을 연관배열**이라 부른다고 설명했습니다. 그리고 $article 변수를 이용해 제목을 표시하는 부분에 <?= $article['title'] ?>을, 본문을 표시하는 부분에 <?= $article['description'] ?>와 같이 작성합니다.

[예제 5-9-8] 제목과 본문 영역에 출력   index.php

```
... 생략 ...
<!DOCTYPE html>
<html>
    <head>
        <meta charset="utf-8">
```

```
        <title>WEB</title>
    </head>
    <body>
        <h1>WEB</h1>
        <ol><?= $list ?></ol>
        <a href="create.php">create</a>
        <h2><?= $article['title'] ?></h2>
        <?= $article['description'] ?>
    </body>
</html>
```

페이지를 새로고침해 보겠습니다.

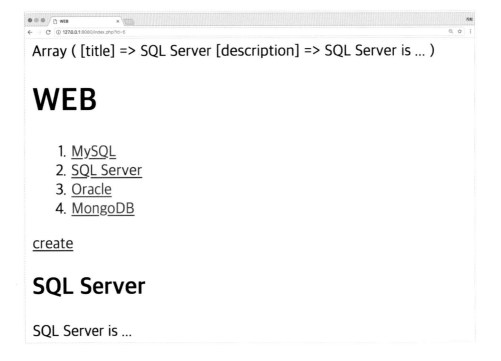

보다시피 **적당한 데이터를 가져와 웹 페이지를 프로그래밍적으로 생성**하는 모습을 볼 수 있습니다. 여기서 조금만 더 개선하고 끝내겠습니다. 웹 페이지 상단의 WEB이라는 부분에 index.php에 대한 링크를 걸고, 그것을 클릭했을 때 본문에 'Welcome'이 나오게 하고 싶습니다. 우선 WEB에 링크를 걸어봅시다.

```
<!DOCTYPE html>
<html>
    <head>
        <meta charset="utf-8">
        <title>WEB</title>
    </head>
    <body>
        <h1><a href="index.php">WEB</a></h1>
        ... 생략 ...
    </body>
</html>
```

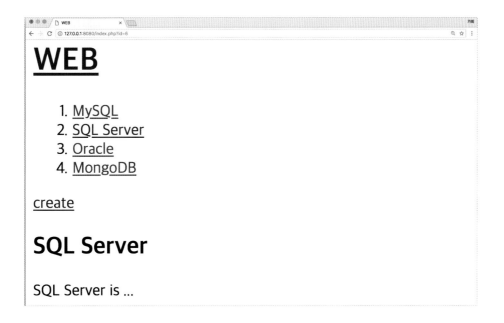

페이지를 새로고침했을 때 id 값이 없으면 여러 군데에서 에러가 생깁니다.

Notice: Undefined index: id in **/Applications/mampstack-7.1.19-1/apache2/htdocs/index.php** on line **12**

Warning: mysqli_fetch_array() expects parameter 1 to be mysqli_result, boolean given in **/Applications/mampstack-7.1.19-1/apache2/htdocs/index.php** on line **14**

WEB

1. MySQL
2. SQL Server
3. Oracle
4. MongoDB

그러면 조건문을 통해 id 값이 존재하느냐에 따라 이전 코드를 감싸면 됩니다.

【예제 5-9-10】 조건문을 이용해 id 값이 있는지 확인   index.php

```php
<?php
    $conn = mysqli_connect('localhost', 'root', '111111', 'opentutorials');

    ... 생략 ...

    if( isset($_GET['id'])) {
        $sql = "SELECT * FROM topic WHERE id={$_GET['id']}";
        $result = mysqli_query($conn, $sql);
        $row = mysqli_fetch_array($result);
        $article = array(
            'title' => $row['title'],
            'description' => $row['description']
        );
    }
?>
... 생략 ...
```

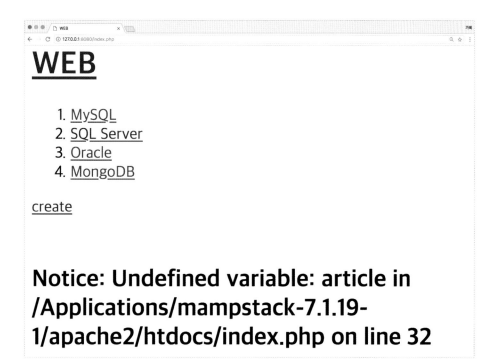

글 목록에서는 에러가 발생하지 않았지만 **$article 부분에** 에러가 나타납니다. 그래서 $article을 이용해 title에는 'Welcome'을, description에는 'Hello, web'이라는 기본적인 내용을 적고 그 아래는 다음과 같이 수정합니다.

[예제 5-9-11] $article의 초깃값 설정   **index.php**

```php
<?php
    $conn = mysqli_connect('localhost', 'root', '111111', 'opentutorials');

    ... 생략 ...

    $article = array(
        'title' => 'Welcome',
        'description' => 'Hello, web'
    );
    if( isset($_GET['id'])) {
        $sql = "SELECT * FROM topic WHERE id={$_GET['id']}";
        $result = mysqli_query($conn, $sql);
        $row = mysqli_fetch_array($result);
```

```php
        $article['title'] = $row['title'];
        $article['description'] = $row['description'];
    }
?>
... 생략 ...
```

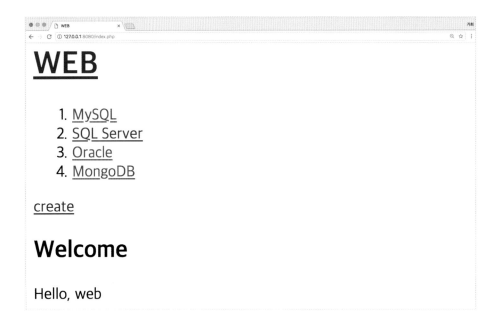

결과를 보면 잘 출력되는 것을 볼 수 있습니다. index.php에서 <ol> 태그부터 위쪽까지 전체를 복사
해서 create.php에 붙여넣으면 create.php에도 전체적으로 적용되는 모습을 볼 수 있습니다.

[예제 5-9-12] create.php에도 목록 적용   create.php

```php
<?php
    $conn = mysqli_connect('localhost', 'root', '111111', 'opentutorials');

    $sql = "SELECT * FROM topic";
    $result = mysqli_query($conn, $sql);
    $list = '';

    while( $row = mysqli_fetch_array($result) ) {
        $list = $list."<li><a href=\"index.php?id={$row['id']}\">{$row['title']}</a></li>";
    }
```

```php
        $article = array(
            'title' => 'Welcome',
            'description' => 'Hello, web'
        );
        if( isset($_GET['id'])) {
            $sql = "SELECT * FROM topic WHERE id={$_GET['id']}";
            $result = mysqli_query($conn, $sql);
            $row = mysqli_fetch_array($result);
            $article['title'] = $row['title'];
            $article['description'] = $row['description'];
        }
?>
<!DOCTYPE html>
<html>
    <head>
        <meta charset="utf-8">
        <title>WEB</title>
    </head>
    <body>
        <h1><a href="index.php">WEB</a></h1>
        <ol><?= $list ?></ol>
        <form action="process_create.php" method="POST">
            <p><input type="text" name="title" placeholder="title"></p>
            <p><textarea name="description" placeholder="description"></textarea></p>
            <p><input type="submit"></p>
        </form>
    </body>
</html>
```

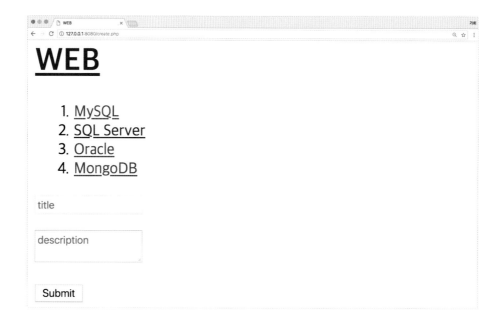

여기까지입니다. 잘 따라오셨습니다. 뿌듯하시죠? 정말 중요한 두 가지 산을 잘 넘으셨고, 이제 이후에 꼼꼼하게 챙겨봐야 할 것을 살펴보겠습니다.

10 | 보안 – 필터링

https://youtu.be/GdRZhWjTDnE (08분 05초) ○

이번 시간에는 **보안**에 대한 주제를 이야기해 보겠습니다. HTML 페이지를 그냥 웹 서버에 올리겠다고 한다면 보안과 관련된 이슈는 전혀 없다고 보면 됩니다. 그런데 **사용자로부터 정보를 받는 순간부터** 사용자가 입력한 정보는 **오염될 가능성**이 있습니다. 이때부터 보안이라는 요소가 굉장히 중요하게 대두되고, 보안과 관련된 많은 사고들이 데이터베이스와 연동하는 접점에서 발생하기 때문에 보안에 대한 이야기를 해보겠습니다.

보안과 관련해서 일어날 수 있는 **주요한 사고는 크게 두 가지입니다.** 하나는 **들어오는 정보에 문제가 있는 경우**이고, 다른 하나는 **문제가 있는 정보가 이미 들어와 있는 상태**에서 그 정보가 **사용자들에게 노출**되는 것입니다. 즉 입력단과 출력단 모두에서 보안 문제가 생길 수 있습니다. 들어오는 정보, 즉 사용자가 입력한 정보에서 문제가 될 만한 정보를 차단하는 행위를 보통 **필터링**이라 부릅니다. 그리고 저장돼 있는 정보를 사용자에게 노출할 때 발생할 수 있는 문제를 차단하는 기법을 **이스케이핑**이라고 부릅니다. 그래서 이번 시간에는 MySQL과 관련해서 필터링과 이스케이핑에 대한 주제를 살펴보겠습니다. 특히나 이번 주제는 어떤 공격 방법이 있는가도 중요하지만 사실은 어떤 공격 패턴에 대해 조치를 해놓으면 대부분의 공격을 막을 수 있다는 것도 중요합니다. 마치 인간의 면역체계가 어떻게 동작하는지는 모르지만 면역이 없다면 큰 문제가 발생하는 것처럼 보안에 대한 몇 가지 습관만 챙겨두면 발생할 수 있는 문제의 상당 부분을 막을 수 있기 때문에 이번 시간에는 상당히 중요한 이야기를 해보겠습니다.

보안에 있어서 첫 번째 원칙은 **사용자가 입력한 정보를 철저히 불신**하는 것입니다. 그리고 어떻게 불신해야 하는가에 대한 것도 상당히 중요합니다. 이번 시간은 그러한 불신의 기술을 살펴보는 시간입니다. 사용자가 입력한 정보는 이런 것들입니다.

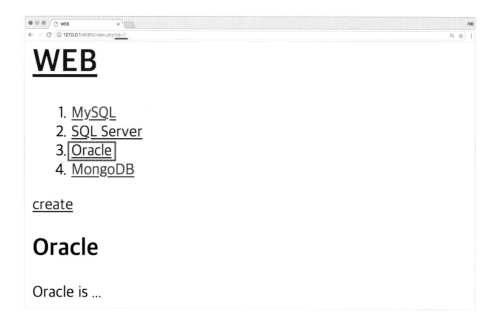

'Oracle'을 클릭해 보면 id 값이 7이 들어가 있습니다. 예를 들어 사용자에 의해 id=drop table topic; 과 같은 명령이 실행됐다고 해봅시다. 이 명령은 topic **테이블을 지워버리라는 어마어마하게 위험한 명령**입니다. 물론 지금은 이 명령이 실행되지 않습니다만 이 같은 식으로 사용자가 **SQL 문을 주입**하게 되면 그 SQL 문은 {$_GET['id']}에 들어가게 됩니다.

그래서 이 같은 일이 일어나면 큰일이기 때문에 이처럼 **사용자가 입력할 수 있는 데이터를 불신**해야 한다는 것입니다. 그럼 공격이 어떻게 일어나는가에 대한 원리는 뒤에서 살펴보고, 먼저 어떻게 해야 하는지에 대한 결론적인 이야기만 하겠습니다.

PHP와 MySQL에는 mysqli_real_escape_string()과 같은 API가 있습니다.

이 함수는 인자로 들어온 데이터 중에서 SQL을 주입하는 **공격에 사용될 수 있는 기호를 문자로 바꿔버리는 역할**을 합니다. 따라서 {$_GET['id']}에 이 함수를 다음과 같이 적용해 필터링된 id라는 의미의 변수를 만들어서 $sql에 $filtered_id를 사용하면 됩니다.

【예제 5-10-1】 SQL 주입 공격 막기 : id 값 필터링   **index.php**

```
<?php
    ... 생략 ...

    if( isset($_GET['id'])) {
```

```
        $filtered_id = mysqli_real_escape_string($conn, $_GET['id']);
        $sql = "SELECT * FROM topic WHERE id={$filtered_id}";
        $result = mysqli_query($conn, $sql);
        ... 생략 ...
    }
?>
... 생략 ...
```

이렇게 하면 애플리케이션이 훨씬 더 안전해지고, 사용자가 입력한 데이터에 대해서는 반드시 이렇게 처리해야 합니다. 페이지를 새로고침해서 확인해 보면 동작도 잘 되고 이로써 SQL 주입 공격을 막을 수 있게 됩니다.

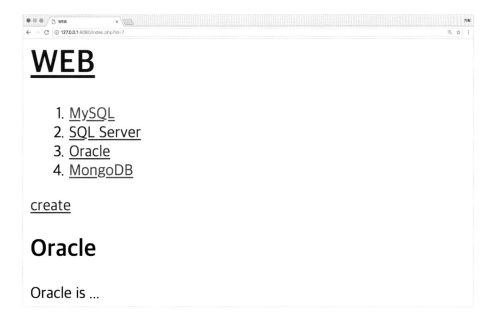

그런데 사용자가 입력할 수 있는 정보로 글의 제목과 본문도 있는데, 이 부분을 통해서도 SQL을 주입할 수 있습니다. 마찬가지로 create.php 파일에서 사용자가 주입할 만한 정보를 위와 같이 처리합니다.

【예제 5-10-2】 SQL 주입 공격 막기 : id 값 필터링   create.php

```
<?php
    ... 생략 ...
```

```
    if( isset($_GET['id'])) {
        $filtered_id = mysqli_real_escape_string($conn, $_GET['id']);
        $sql = "SELECT * FROM topic WHERE id={$filtered_id}";
        $result = mysqli_query($conn, $sql);
        ... 생략 ...
    }
?>
... 생략 ...
```

그리고 process_create.php에서도 사용자가 전송한 정보를 직접 받기 때문에 배열을 하나 만들겠습
니다.

[예제 5-10-3] SQL 주입 공격 막기   process_create.php

```php
<?php
    $conn = mysqli_connect('localhost', 'root', '111111', 'opentutorials');

    $filtered = array(
        'title' => mysqli_real_escape_string($conn, $_POST['title']),
        'description' => mysqli_real_escape_string($conn, $_POST['description'])
    );

    $sql = "
        INSERT INTO topic
            (title, description, created)
            VALUES(
                '{$filtered['title']}',
                '{$filtered['description']}',
                NOW()
            )
    ";
    $result = mysqli_query($conn, $sql);
    if( $result === false ) {
        echo '저장하는 과정에서 문제가 생겼습니다. 관리자에게 문의해주세요';
        error_log(mysqli_error($conn));
    } else {
        echo '성공했습니다. <a href="index.php">돌아가기</a>';
    }
?>
```

보안 - SQL 주입 공격의 원리

이전 시간에는 `mysqli_real_escape_string()`을 이용해 SQL 주입 공격을 막는 방법을 살펴봤습니다. 비유적으로 이야기하면 예방접종을 맞은 셈입니다. 그런데 예방접종을 맞으면서 병원균의 메커니즘까지 알 필요가 있나요? 알 필요가 없죠. 하지만 병원균이 어떻게 동작하는지를 파악한다면 예방접종의 소중함이나 예방접종의 중요성을 더욱 공감할 수 있을 테고, 자연스럽게 예방접종을 빠트리지 않게 될 겁니다. 이번 시간에는 일종의 옵션으로 **SQL 주입 공격의 위험성**을 여러분들께 보여드리겠습니다.

SQL 주입 공격에서 자주 사용되는 기호들이 있는데, 그것부터 살펴보겠습니다. **SQL 문에는 주석**이 있는데, 데이터베이스 서버는 **주석으로 처리된 데이터를 무시합니다.** 예를 들어 다음과 같이 작성하면 아무 일도 벌어지지 않습니다.

```
-- SELECT * FROM topic;
```

왜냐하면 **-- 기호**는 그 **기호 뒤에 따라오는 행을 무시하라는 의미**이기 때문입니다. 보통 메모나 특정한 SQL 문을 비활성화할 때 주로 사용됩니다. 또한 다음과 같이 작성해도 -- 뒤에 나오는 행이 무시되는 것을 볼 수 있습니다.

```
SELECT * FROM topic; -- WHERE id =1;
```

그럼 이제부터 다음과 같은 상황을 생각해 보겠습니다.

```
bin -- mysql.bin --defaults-file=/Applications/mampstack-7.1.19-1/mysql/my.cnf -uroot -p -hlocalhost -- 84×12
mysql> SELECT * FROM topic;
+----+------------+----------------+---------------------+
| id | title      | description    | created             |
+----+------------+----------------+---------------------+
|  5 | MySQL      | MySQL is ...   | 2018-07-24 17:32:45 |
|  6 | SQL Server | SQL Server is ...| 2018-07-25 04:59:23 |
|  7 | Oracle     | Oracle is ...  | 2018-07-25 08:38:36 |
|  8 | MongoDB    | MongoDB is ... | 2018-07-25 08:38:58 |
+----+------------+----------------+---------------------+
4 rows in set (0.00 sec)

mysql>
```

데이터베이스에 이 같은 데이터가 있는데 이 데이터에서 **글을 언제 작성했느냐**와 같은 정보는 그렇게 중요한 데이터가 아닙니다. 상상력을 발휘해서 정말 중요한 정보, 예를 들면 **티켓 예매 혹은 선착순으로 사람들을 모집하는 어떤 이벤트**가 있을 때 그 이벤트가 사람들 한 명, 한 명의 인생에서 굉장히 중요하다면 이 행이 들어올 때 언제 데이터가 들어왔는지를 정확하게 구분하는 것이 정말 중요할 것입니다. 앞서 작성한 코드를 봅시다.

```
$sql = "
        INSERT INTO topic
            (title, description, created)
            VALUES(
                '{$filtered['title']}',
                '{$filtered['description']}',
                NOW()
            )
    ";
```

이 코드를 보면 insert를 할 때 **NOW()**라고 하는 **데이터베이스 서버가 갖고 있는 함수를 이용**했습니다. 이 함수를 이용하면 **서버의 시간을 입력**할 수 있습니다. 그런데 이 NOW()를 SQL 주입 공격을 통해 다른 것으로 바꿀 수 있습니다. 그리고 이를 위해서는 조금 인위적이지만 mysqli_query()로는 안 되고 **mysqli_multi_query()**를 사용해야 합니다.

[예제 5-10-4] mysqli_query()를 mysqli_multi_query()로 변경   **create_process.php**

```php
<?php
    ...생략 ...
    $result = mysqli_multi_query($conn, $sql);
    if( $result === false ) {
        echo '저장하는 과정에서 문제가 생겼습니다. 관리자에게 문의해주세요';
        error_log(mysqli_error($conn));
    } else {
        echo '성공했습니다. <a href="index.php">돌아가기</a>';
    }
?>
```

mysqli_multi_query()는 **여러 개의 SQL 문을 실행하는 편리한 함수입니다.** 하지만 보안상의 문제가 있기 때문에 단 하나의 SQL 문만 실행하는 mysqli_query()를 사용하는 것입니다. 그런데 앞서 설명한 여러 개의 SQL 명령은 다음과 같은 것입니다. 세미콜론(;)이라는 SQL 문의 끝을 의미하는 기호로 인해 **2개의 SQL 문이 실행**됩니다.

```
SELECT * FROM topic; SELECT * FROM topic WHERE id = 1;
```

자, 그럼 이 코드를 실행하기 전에 **die( )** 를 실행하는데, PHP에서 die( )는 **인자로 들어오는 값을 출력** 하면서 **프로그램의 실행을 멈추는 함수**입니다.

[예제 5-10-5] 프로그램의 실행을 멈추는 die( ) 추가   create_process.php

```php
<?php
    ... 생략 ...

    $sql = "
        INSERT INTO topic
            (title, description, created)
            VALUES(
                '{$filtered['title']}',
                '{$filtered['description']}',
                NOW()
            )
    ";
    die($sql);

    $result = mysqli_multi_query($conn, $sql);
    if( $result === false ) {
        echo '저장하는 과정에서 문제가 생겼습니다. 관리자에게 문의해주세요';
        error_log(mysqli_error($conn));
    } else {
        echo '성공했습니다. <a href="index.php">돌아가기</a>';
    }
?>
```

그리고 제목에 'Hehe', 본문에 'haha'를 입력하고 [Submit] 버튼을 클릭하면 정상적인 SQL 문이 들어 오고, 데이터가 추가됩니다.

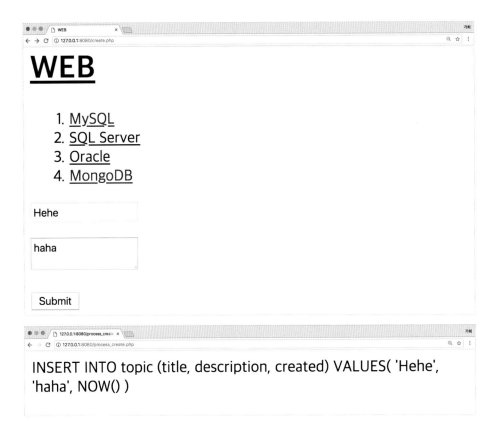

이번에는 이 SQL 문을 다음과 같이 조작해 보겠습니다.

```
INSERT INTO topic (title, description, created)
VALUES ('Hehe', 'haha', now());

INSERT INTO topic (title, description, created)
VALUES ('Hehe', 'haha', '2018-1-1 00:00:00');-- ' , now())
```

"haha" 대신 "'haha', '2018-1-1 00:00:00');--"를 쓰면 데이터베이스 서버는 **;이 나오는 부분까지
인식하고** "-- ', NOW())" 부분을 무시합니다. 그것을 우리가 해커가 돼서 직접 입력해 봅시다. 다음과
같이 입력하고 [Submit] 버튼을 클릭해 보겠습니다.

```
'haha', '2018-1-1-00:00:00');--
```

[Submit] 버튼을 클릭하면 다음과 같은 코드가 나옵니다.

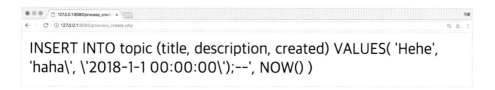

그럼 위와 같이 값 중간에 **역슬래시(\)**가 나오는데 이것은 `mysqli_real_escape_string()` 덕분입니다. 코드에서 mysqli_real_escae_string()을 사용하는 부분을 지우고 다시 테스트해 보겠습니다.

【예제 5-10-6】 보안을 위해 추가한 mysqli_real_escape_string( ) 제거   **create_process.php**

```php
<?php
    $conn = mysqli_connect('localhost', 'root', '111111', 'opentutorials');

    $filtered = array(
        'title' => ($_POST['title']),
        'description' => ($_POST['description'])
    );

    ... 생략 ...
?>
```

그럼 다음과 같은 결과가 출력됩니다.

INSERT INTO topic (title, description, created) VALUES('Hehe', 'haha', '2018-1-1 00:00:00');--', NOW())

이 상태에서 코드에서 die( ) 함수를 호출하는 부분을 지우고 예제를 실행해 보겠습니다.

【예제 5-10-7】 die( ) 함수 제거   create_process.php

```php
<?php
    $conn = mysqli_connect('localhost', 'root', '111111', 'opentutorials');

    $filtered = array(
        'title' => ($_POST['title']),
        'description' => ($_POST['description'])
    );

    $sql = "
        INSERT INTO topic
            (title, description, created)
            VALUES(
                '{$filtered['title']}',
                '{$filtered['description']}',
                NOW()
            )
    ";
    die($sql);

    $result = mysqli_multi_query($conn, $sql);
    if( $result === false ) {
        echo '저장하는 과정에서 문제가 생겼습니다. 관리자에게 문의해주세요';
        error_log(mysqli_error($conn));
    } else {
        echo '성공했습니다. <a href="index.php">돌아가기</a>';
    }
?>
```

그런 다음 데이터베이스를 들여다 보면 보다시피 'Hehe', 'haha'가 나오고 1월 1일로 날짜를 새치기한 것을 볼 수 있습니다. 남들은 모두 7월달로 돼 있는데 말이죠.

하지만 원래대로 코드에서 mysqli_real_escape_string( ) 처리를 적용하고 프로그램을 실행해 보겠습니다.

[예제 5-10-8] mysqli_real_escape_string( ) 적용   **create_process.php**

```php
<?php
    $conn = mysqli_connect('localhost', 'root', '111111', 'opentutorials');

    $filtered = array(
        'title' => mysqli_real_escape_string($conn, $_POST['title']),
        'description' => mysqli_real_escape_string($conn, $_POST['description'])
    );

    ... 생략 ...
?>
```

다시 데이터베이스를 들여다 보면 ' 앞에 역슬래시가 붙어서 실행됩니다. 그럼 **따옴표가** SQL의 문자의 시작과 끝을 알리는 **구분자가 아닌 문자로 인식합니다.** 결과를 봅시다.

```
                   bin — mysql.bin --defaults-file=/Applications/mampstack-7.1.19-1/mysql/my.cnf -uroot -p -hlocalhost — 84×14
mysql> mysql> SELECT * FROM topic;
+----+------------+--------------------------------+---------------------+
| id | title      | description                    | created             |
+----+------------+--------------------------------+---------------------+
|  5 | MySQL      | MySQL is ...                   | 2018-07-24 17:32:45 |
|  6 | SQL Server | SQL Server is ...              | 2018-07-25 04:59:23 |
|  7 | Oracle     | Oracle is ...                  | 2018-07-25 08:38:36 |
|  8 | MongoDB    | MongoDB is ...                 | 2018-07-25 08:38:58 |
|  9 | Hehe       | haha                           | 2018-01-01 00:00:00 |
| 10 | Hehe       | haha', '2018-1-1 00:00:00');-- | 2018-07-27 01:53:54 |
+----+------------+--------------------------------+---------------------+
6 rows in set (0.00 sec)

mysql>
```

보다시피 haha'가 그대로 들어왔습니다. 이렇게 되면 이 데이터를 통해 **공격의 의도가 담긴 코드가 그대로 데이터베이스 안으로 유입됩니다.** 그리고 따로 설명은 하지 않겠지만 이를 잘 조작하면 데이터베이스에 있는 다른 테이블을 지울 수도 있습니다. 또 저 같은 경우 데이터베이스 서버에 접속할 때 root 관리자 권한으로 들어왔는데, 관리자 권한은 모든 데이터베이스 시스템의 사용자에 대한 비밀번호를 조회할 수 있고, 새로운 사용자를 만들 수도 있습니다. 그럼 SQL 주입 공격을 이용해 새로운 사용자를 만들고 그 사용자에게 슈퍼유저의 권한을 주면 공격자는 슈퍼유저가 되어 이 데이터베이스 시스템을 점령할 수 있게 되는 것입니다. 엄청난 결과죠? 또는 SQL 서버 같은 경우에는 데이터베이스를 통해 운영체제의 명령을 내릴 수 있기 때문에 데이터베이스만 점령되는 것이 아니라 그 데이터베이스가 사용되고 있는 서버 컴퓨터를 점령할 수 있게 되는 것입니다. 이처럼 엄청난 파장이 일어날 수 있기 때문에 별게 아닌 게 아니라 정말 중요한 것입니다. 예방주사를 맞지 않으면 큰일나는 것과 마찬가지입니다.

그리고 mysqli_multi_query()라는 것도 SQL 문을 쪼개서 공격하는 것이 공격 기법이므로 **mysqli_query()를 쓰는 편이 훨씬 더 안전**합니다. 다시 한번 강조합니다. 사용자가 입력하는 정보는 불신해야 합니다. 사용자가 입력하는 정보는 $_GET, $_POST뿐만 아니라 파일이나 네트워크를 통해 전달된 데이터 등도 마찬가지로 불신해야 합니다.

이렇게 해서 왜 SQL 주입 공격이 위험하고 mysql_real_escape_string()을 통해 어떻게 공격을 막아낼 수 있는지 살펴봤습니다. 이것은 빙산의 일각에 불과하고 차차 이런 문제를 막을 수 있는 방법들을 찾고 보안 솔루션과 같은 것을 앞단에 배치함으로써 이런 문제로부터 자신의 시스템을 지켜야 합니다. 이렇게 해서 데이터를 필터링하는 방법을 살펴봤습니다.

이번 시간에는 오염된 데이터가 들어왔을 때 사용자에게 노출되지 않게 하는 방법 중에서 **크로스 사이트 스크립팅이라는 공격을 막는 방법**을 살펴보겠습니다.

먼저 XXS.html이라는 파일을 만듭니다. **크로스 사이트 스크립팅은 HTML의 특성을 이용한 공격**입니다.

[예제 5-10-9] XXS.php 파일 생성   xxs.php

```
<html>
    <body>
        <script>
            alert('hi');
        </script>
    </body>
</html>
```

이 파일의 `<script>`와 `</script>` 태그 사이에 콘텐츠를 자바스크립트로 해석하겠다는 **`<script>`라는 태그**를 쓰고 `alert('hi');`라 쓰면 다음과 같이 경고창이 나타납니다.

그런데 이런 식으로 프로그래머가 자신의 의도에 의해 자바스크립트 코드를 작성하는 것은 문제가 없는데 사용자가 데이터를 입력하면서 **악의적인 목적으로 자바스크립트 코드를 주입**할 수 있습니다. 한번 해볼까요?

'create' 파일에서 제목에 'attack', 본문에 <script>location.href="http://opentutorials.org"</script>를 입력하고 [Submit]을 클릭하면 방금 글을 작성한 사용자가 아닌 정상적인 사용자가 'attack'이란 글을 클릭했을 때 opentutorials.org라는 사이트로 이동해 버립니다.

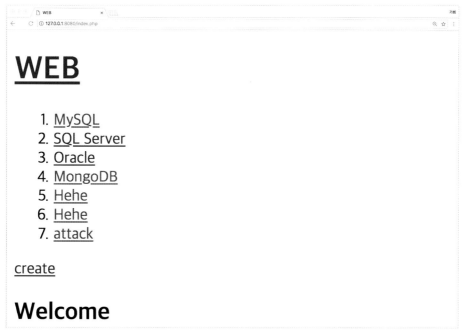

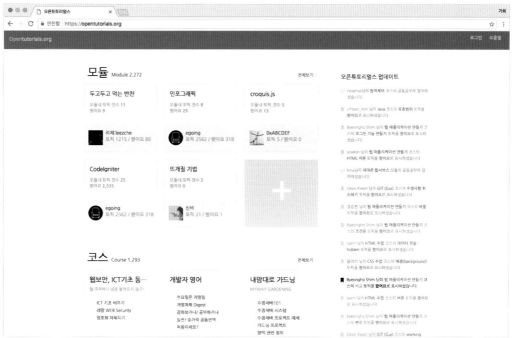

이런 일이 생기는 이유는 **크로스 사이트 스크립팅이라는 공격 기법** 때문입니다. 페이지 소스 보기를 선택하고 URL에 attack의 id인 10을 지정해(id=10) 보면 **본문에 스크립트 태그**가 들어와 있고 이것으로 인해 앞서 설명한 결과가 나온 것입니다.

사실 이런 공격은 귀여운 편이고 쿠키나 굉장히 **중요한 정보들을 공격자가 자신의 사이트로 유출**한 후 그 정보를 토대로 사용자의 권한을 획득해서 로그인을 시도할 수도 있습니다. 또는 로그인돼 있는 사용자가 어떤 페이지로 들어왔을 때 크로스 사이트 스크립팅이 동작해서 그 사람의 **아주 민감한 정보를 웹으로 유출**시키는 것도 가능합니다. 따라서 크로스 사이트 스크립팅 공격은 **상당히 위험**합니다.

그런데 HTML에서는 **〈script〉의 꺾쇠(〈, 〉)가 태그의 시작을 알리는 특수한 기호**로 사용됩니다. 만약 꺾쇠를 태그의 시작을 나타내는 기호가 아니라 그 자체를 사용자에게 보여주고 싶으면 어떻게 해야 할까요? 이때 사용하는 것이 **<와 >**입니다. 이것들을 쓰면 다음과 같이 웹 페이지에서 꺾쇠를 그 자체로 표현할 수 있습니다.

```html
<html>
    <body>
        &lt;script&gt;
            alert('hi');
        &lt;/script&gt;
    </body>
</html>
```

그런데 PHP에서는 다음과 같이 htmlspecialchars()라는 함수를 이용하면 이 같은 기호를 그대로 표시할 수 있습니다.

【예제 5-10-11】htmlspecialchars() 함수로 특수 기호를 그대로 출력하기　　　　　　　　xxs.php

```html
<html>
    <body>
        <?php
            echo htmlspecialchars('<script>alert("hi")</script>');
        ?>
    </body>
</html>
```

페이지를 새로고침한 후 [페이지 소스 보기]를 선택하면 다음과 같은 결과를 확인할 수 있습니다.

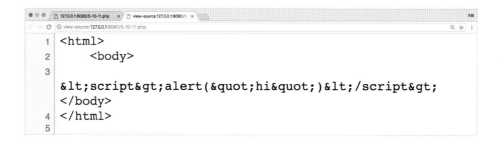

즉, <, > 등의 HTML에서 **문법적인 역할이 있는 태그**들을 화면에 **출력**하게 해줍니다. 이때 문법적인 임무로부터 해제시킨다는 의미로 **이스케이프(escape)**란 말을 씁니다. 그럼 이를 예제 애플리케이션에 적용하려면 우선 index.php에서 사용자에게 입력받는 정보를 대상으로 함수를 적용합니다.

먼저 데이터베이스에 저장돼 있던 데이터 중에서 id 값은 AUTO INCREMENT에 의해 자동으로 증가된 것이기 때문에 처리할 필요가 없습니다. 나머지 부분에 대해 다음과 같이 코드를 수정합니다.

[예제 5-10-12] 오염된 데이터가 노출되지 않게 이스케이핑   **index.php**

```php
<?php
    ... 생략 ...

    while( $row = mysqli_fetch_array($result) ) {
        $escaped_title = htmlspecialchars($row['title']);
        $list = $list."<li><a href=\"index.php?id={$row['id']}\">{$escaped_title}</a></li>";
    }


    $article = array(
        'title' => 'Welcome',
        'description' => 'Hello, web'
    );
    if( isset($_GET['id'])) {
        $filtered_id = mysqli_real_escape_string($conn, $_GET['id']);
        $sql = "SELECT * FROM topic WHERE id={$filtered_id}";
        $result = mysqli_query($conn, $sql);
        $row = mysqli_fetch_array($result);
        $article['title'] = htmlspecialchars($row['title']);
        $article['description'] = htmlspecialchars($row['description']);
    }
?>
    ... 생략 ...
```

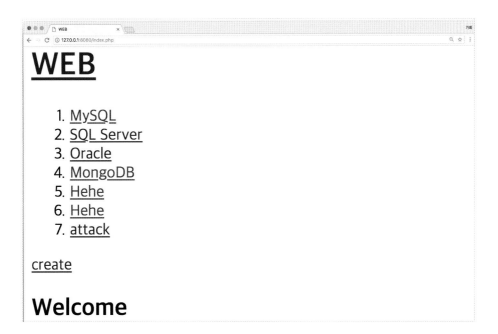

이제 'attack'을 클릭해 볼까요?

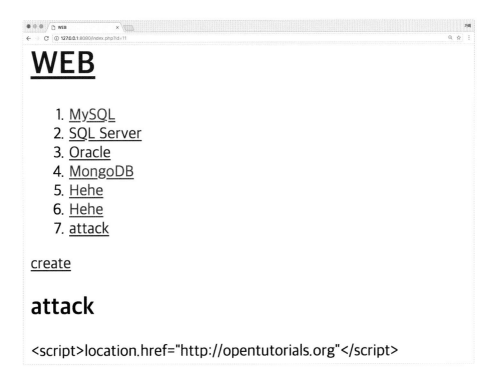

이제는 자바스크립트 코드가 그대로 화면에 표시되는 것을 볼 수 있습니다. 이 밖에도 빠트린 것이 있을 수 있는데 제 눈에는 잘 안 보입니다. 혹시 빠진 게 있다면 여러분이 잘 처리하길 바랍니다. 이렇게 해서 사용자의 데이터 중 **오염된 데이터가 노출되지 않게** 하는 방법으로써 **이스케이핑**을 살펴봤습니다.

저는 모든 정보 시스템을 입력, 저장, 출력이라는 세 가지로 쪼개서 생각해 봅니다. 그다음 세 가지 요소에 모두 공격의 요소가 있는지 생각해 봅니다. 여기서는 들어오는 **정보에 대한 오염을 차단하는 필터링**과 **나가는 정보에 공격의 의도가 있을 수 있음을 차단하는 이스케이핑**이라는 두 가지 중요한 주제에 대해 이야기했습니다. 여기에 여러분이 살을 붙여가면서 자신의 시스템의 중요도에 따라 더 많은 투자를 해가면서 보안과 관련된 문제를 잘 해결하길 바랍니다. 이렇게 해서 보안에 대한 이야기는 이쯤에서 일단 마무리하겠습니다.

여기까지 오시느라 고생많으셨습니다. 이제 우리 수업의 정점에 도달하셨습니다. 지금부터 나오는 이야기는 앞서 나온 이야기들을 재구성하는 것에 불과합니다. 여기서 떠나셔도 잘 생각해 보면 제가 앞으로 설명드릴 것들을 할 수 있고 검색을 통해서도 해결할 수 있습니다. 급한 일이 있다면 여기도 그만둘수 있는 좋은 지점이라는 것을 말씀드리고 이야기를 진행하겠습니다.

저는 어떤 정보시스템이든 반드시 **입력과 저장과 출력**으로 이뤄져 있다고 생각합니다. 그리고 그 **입력**을 쪼개서 생각해 보면 **생성, 수정, 삭제**가 있습니다. 그리고 그중에서 이 수업에서는 생성까지 했습니다. 데이터베이스 입장에서 생성과 관련된 SQL 문은 insert인데 이 SQL 문을 사용해 봤습니다. 이제부터 수정, 삭제만 배우면 이 수업은 대단원의 막을 내리게 될 것입니다.

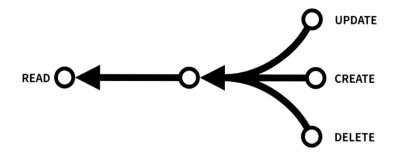

그럼 본문의 내용을 수정하는 방법부터 살펴보겠습니다. 수업 준비를 위해 index.php 파일을 열었고, 수정 페이지로 가기 위해 create 버튼 근처에 update 버튼을 만들어 봅시다.

【예제 5-11-1】 index.php에 글 수정으로 이동하는 링크 추가   index.php

```
... 생략 ...
<!DOCTYPE html>
<html>
    <head>
        <meta charset="utf-8">
        <title>WEB</title>
    </head>
    <body>
        <h1><a href="index.php">WEB</a></h1>
        <ol><?= $list ?></ol>
        <a href="create.php">create</a>
        <a href="update.php">update</a>
        <h2><?= $article['title'] ?></h2>
        <?= $article['description'] ?>
    </body>
</html>
```

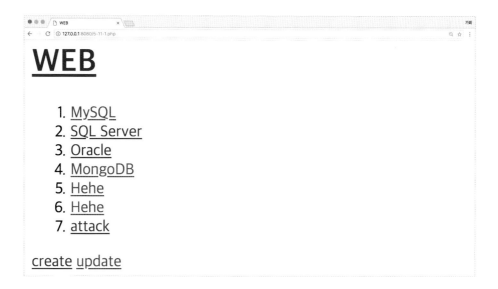

글을 업데이트하려면 어떤 **특정한 글**을 선택한 상태에서 그 글을 **업데이트**해야 하기 때문에 무엇을 업데이트할지를 **파라미터 형식으로 전달**할 필요가 있습니다. 따라서 다음과 같이 수정합니다.

[예제 5-11-2] 특정 글을 지정하도록 파라미터 전달   index.php

```
... 생략 ...
<!DOCTYPE html>
<html>
    <head>
        <meta charset="utf-8">
        <title>WEB</title>
    </head>
    <body>
        <h1><a href="index.php">WEB</a></h1>
        <ol><?= $list ?></ol>
        <a href="create.php">create</a>
        <a href="update.php?id=<?= $_GET['id'] ?>">update</a>
        <h2><?= $article['title'] ?></h2>
        <?= $article['description'] ?>
    </body>
</html>
```

그럼 **링크에 id 값이 생성**됩니다. 그런데 문제가 있습니다. 홈에 있는 상태에서 update 버튼을 누르면 문제가 생깁니다. 소스 보기를 하면 'Undefined index: id', 즉 id 값이 없다는 에러가 36번째 줄에서 발생한다고 나옵니다.

id 값이 없는데 그 값을 가져오려고 시도하니 오류가 발생하는 것입니다. 저는 **$_GET['id']가 있느냐, 없느냐에 따라 구분**하는 것을 통해 update 링크가 생기기도 하고 생기지도 않게 하고 싶습니다.

【예제 5-11-3】 id가 있는지 없는지 확인 후 링크 만들기   index.php

```php
<?php
    ... 생략 ...

    $article = array(
        'title' => 'Welcome',
        'description' => 'Hello, web'
    );

    $update_link = '';

    if( isset($_GET['id'])) {
        ... 생략 ...
        $article['title'] = htmlspecialchars($row['title']);
        $article['description'] = htmlspecialchars($row['description']);

        $update_link = '<a href="update.php?id='.$_GET['id'].'">update</a>';
```

```
        }
    ?>
    <!DOCTYPE html>
    <html>
        <head>
            <meta charset="utf-8">
            <title>WEB</title>
        </head>
        <body>
            <h1><a href="index.php">WEB</a></h1>
            <ol><?= $list ?></ol>
            <a href="create.php">create</a>
            <?= $update_link ?>
            <h2><?= $article['title'] ?></h2>
            <?= $article['description'] ?>
        </body>
    </html>
```

다음과 같이 수정한 다음 페이지를 새로고침하면 에러가 발생하지 않고 update 링크도 생성하지 않는 것을 볼 수 있습니다.

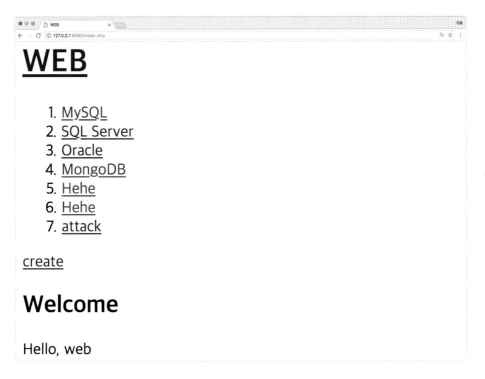

그리고 특정 글을 선택하면 update 링크가 만들어집니다.

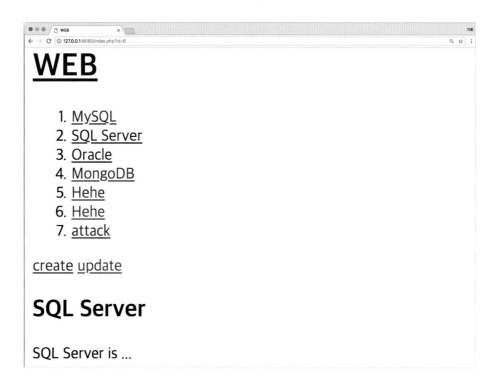

그러면 update 링크를 클릭했을 때 적당한 페이지가 나와야 합니다. 그리고 update.php와 create.php는 거의 비슷하기에 create.php를 복제해서 조금 수정하는 식으로 진행하겠습니다.

그 전에 이전 시간의 보안 수업에서 필터링, 이스케이핑 작업을 create.php에서 하지 않았기에 index.php의 〈ol〉 태그 위의 내용을 복사해서 붙여넣습니다.

[예제 5-11-4] 필터링, 이스케이핑 코드 적용 create.php

```php
<?php
    $conn = mysqli_connect('localhost', 'root', '111111', 'opentutorials');

    $sql = "SELECT * FROM topic";
    $result = mysqli_query($conn, $sql);
    $list = '';
```

```php
    while( $row = mysqli_fetch_array($result) ) {
        $escaped_title = htmlspecialchars($row['title']);
        $list = $list."<li><a href=\"index.php?id={$row['id']}\">{$escaped_title}</a></li>";
    }


    $article = array(
        'title' => 'Welcome',
        'description' => 'Hello, web'
    );


    $update_link = '';
    if( isset($_GET['id'])) {
        $filtered_id = mysqli_real_escape_string($conn, $_GET['id']);
        $sql = "SELECT * FROM topic WHERE id={$filtered_id}";
        $result = mysqli_query($conn, $sql);
        $row = mysqli_fetch_array($result);
        $article['title'] = htmlspecialchars($row['title']);
        $article['description'] = htmlspecialchars($row['description']);


        $update_link = '<a href="update.php?id='.$_GET['id'].'">update</a>';
    }
?>
<!DOCTYPE html>
<html>
    <head>
        <meta charset="utf-8">
        <title>WEB</title>
    </head>
    <body>
        <h1><a href="index.php">WEB</a></h1>
        <ol><?= $list ?></ol>
        ... 생략 ...
    </body>
</html>
```

그리고 이를 복제해서 update.php로 바꾸겠습니다. 페이지를 새로고침하면 페이지가 잘 보입니다.

[예제 5-11-5] create.php를 복제해서 update.php 파일 생성   update.php

```php
<?php
    $conn = mysqli_connect('localhost', 'root', '111111', 'opentutorials');

    $sql = "SELECT * FROM topic";
    $result = mysqli_query($conn, $sql);
    $list = '';

    while( $row = mysqli_fetch_array($result) ) {
        $list = $list."<li><a href=\"index.php?id={$row['id']}\">{$row['title']}</a></li>";
    }

    $article = array(
        'title' => 'Welcome',
        'description' => 'Hello, web'
    );
    if( isset($_GET['id'])) {
        $filtered_id = mysqli_real_escape_string($conn, $_GET['id']);
        $sql = "SELECT * FROM topic WHERE id={$filtered_id}";
        $result = mysqli_query($conn, $sql);
        $row = mysqli_fetch_array($result);
        $article['title'] = $row['title'];
        $article['description'] = $row['description'];
    }
?>
<!DOCTYPE html>
<html>
    <head>
        <meta charset="utf-8">
        <title>WEB</title>
    </head>
    <body>
        <h1><a href="index.php">WEB</a></h1>
        <ol><?= $list ?></ol>
        <form action="process_create.php" method="POST">
            <p><input type="text" name="title" placeholder="title"></p>
            <p><textarea name="description" placeholder="description"></textarea></p>
```

```
        <p><input type="submit"></p>
        </form>
    </body>
</html>
```

그리고 create.php와 update.php와의 차이점은 update.php의 경우 현재 업데이트할 글의 본문과 제목이 폼에 입력될 필요가 있다는 점입니다. 즉, 글을 가져오는 것이 필요합니다.

앞서 index.php를 복제해서 create.php를 만들었는데, 그렇다 보니 create.php에는 필요없는 코드가 있습니다.

【예제 5-11-6】 create.php에서 불필요한 코드 제거   create.php

```php
<?php
    $conn = mysqli_connect('localhost', 'root', '111111', 'opentutorials');

    $sql = "SELECT * FROM topic";
    $result = mysqli_query($conn, $sql);
    $list = '';

    while( $row = mysqli_fetch_array($result) ) {
        $list = $list."<li><a href=\"index.php?id={$row['id']}\">{$row['title']}</a></li>";
    }

    $article = array(
        'title' => 'Welcome',
        'description' => 'Hello, web'
    );

    if( isset($_GET['id'])) {
        $filtered_id = mysqli_real_escape_string($conn, $_GET['id']);
        $sql = "SELECT * FROM topic WHERE id={$filtered_id}";
        $result = mysqli_query($conn, $sql);
        $row = mysqli_fetch_array($result);
        $article['title'] = $row['title'];
        $article['description'] = $row['description'];
    }
?>
... 생략 ...
```

특정 글의 제목과 내용을 가져오는 코드들은 없어도 됩니다. create.php는 글을 생성하는 역할이기 때문에 특정 글의 정보는 필요하지 않습니다.

그리고 update.php 안에는 특정 글에 대한 정보가 들어가 있기 때문에 글의 내용 중에서 $article의 title과 description을 쓰면 됩니다. name이 'title'인 <input> 태그의 value 값으로 $article['title']을 넣고, name이 'description'인 <input> 태그의 value 값으로 $article['description']을 넣습니다.

[예제 5-11-7] 글 수정일 때 <input> 태그의 value 설정　　　　　　　　　　　　　　　update.php

```
... 생략 ...
<!DOCTYPE html>
<html>
    <head>
        <meta charset="utf-8">
        <title>WEB</title>
    </head>
    <body>
        <h1><a href="index.php">WEB</a></h1>
        <ol><?= $list ?></ol>
        <form action="process_create.php" method="POST">
            <p><input type="text" name="title" placeholder="title" value="<?= $article['title']
?>"></p>
            <p><textarea name="description" placeholder="description"><?=
$article['description'] ?></textarea></p>
            <p><input type="submit"></p>
        </form>
    </body>
</html>
```

그런 다음 페이지를 새로고침해 볼까요?

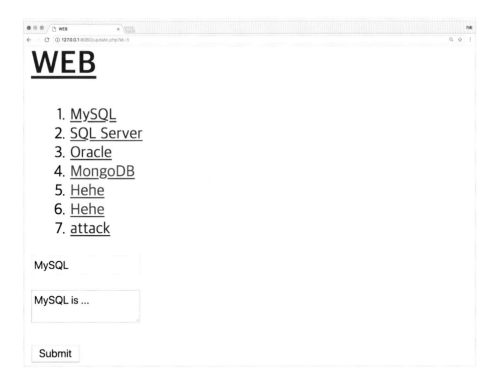

보다시피 'MySQL'과 'MySQL is …'이라고 적힌 것을 볼 수 있습니다.

그럼 일단 여기서 끊고 [Submit] 버튼을 눌렀을 때 그 정보를 받아서 처리하는 process_update.php 애플리케이션을 만들어 봅시다.

이전 시간에 이어서 사용자가 전송한 데이터를 업데이트하는 코드를 만들어보겠습니다.

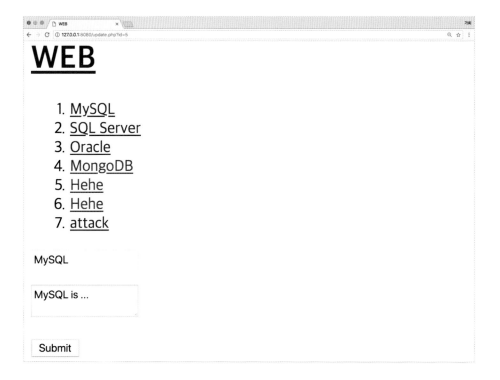

[Submit] 버튼을 누르면 업데이트를 처리하는 process_update.php를 엽니다. 그리고 글을 작성할 때와 달리 글을 업데이트할 때는 **무엇을 업데이트할 것인가에 대한 정보**가 필요합니다. 따라서 〈input〉 태그의 type 값으로 'hidden'을 지정하고 value 값으로 〈?=$_GET['id']?〉를 지정합니다.

[예제 5-11-8] id 값을 가지고 업데이트를 처리하는 process_update로 이동하도록 변경　　　　　　　　update.php

```
... 생략 ...
<!DOCTYPE html>
```

```
<html>
    <head>
        <meta charset="utf-8">
        <title>WEB</title>
    </head>
    <body>
        <h1><a href="index.php">WEB</a></h1>
        <ol><?= $list ?></ol>
        <form action="process_update.php" method="POST">
            <input type="hidden" name="id" value="<?= $_GET['id'] ?>">
            <p><input type="text" name="title" placeholder="title" value="<?= $article['title']
?>"></p>
            <p><textarea name="description" placeholder="description"><?=
$article['description'] ?></textarea></p>
            <p><input type="submit"></p>
        </form>
    </body>
</html>
```

예제에서는 process_create.php를 복제해서 process_update.php 파일을 만들고 id 값도 filtered 배열에 추가합니다.

【예제 5-11-9】 process_create.php를 복제해서 process_update.php 파일 생성   process_update.php

```php
<?php
    $conn = mysqli_connect('localhost', 'root', '111111', 'opentutorials');

    $filtered = array(
        'title' => mysqli_real_escape_string($conn, $_POST['title']),
        'description' => mysqli_real_escape_string($conn, $_POST['description']),
        'id' => $_POST['id']
    );

    $sql = "
        INSERT INTO topic
            (title, description, created)
            VALUES(
                '{$filtered['title']}',
                '{$filtered['description']}',
```

```
                NOW()
            )
    ";


    $result = mysqli_multi_query($conn, $sql);
    if( $result === false ) {
        echo '수정하는 과정에서 문제가 생겼습니다. 관리자에게 문의해주세요';
        error_log(mysqli_error($conn));
    } else {
        echo '성공했습니다. <a href="index.php">돌아가기</a>';
    }
?>
```

그다음에 SQL 문은 update 문으로 바꿔야 합니다.

【예제 5-11-10】 SQL 문을 update 문으로 변경   **process_update.php**

```
<?php
    ... 생략 ...


    $sql = "
        UPDATE topic
            SET
                title = '{$filtered['title']}',
                description = '{$filtered['description']}'
            WHERE
                id = '{$filtered['id']}'
    ";


    ... 생략 ...
?>
```

그리고 필터링할 때 완벽하게 하고 싶다면 id **값은 반드시 정수여야** 합니다. 이때 **정수로 전환하는 PHP API**를 이용할 수 있는데, 바로 settype()이라는 것입니다. 예를 들면 $foo라는 변수의 값이 '5bar'면 첫 번째 인자를 $foo로 주고, 두 번째 인자로 첫 번째 인자의 값이 반드시 정수여야 한다고 지정하면 settype()을 실행했을 때 $foo의 값이 5가 됩니다.

```
settype($_POST['id'], 'integer');
```

그럼 settype에 의해 $_POST['id']의 값이 정수가 되는 것을 알 수 있습니다. 그리고 **mysql_real_escape_string()**으로 감싸면 좋습니다.

[예제 5-11-11] id 값을 필터링   process_update.php

```php
<?php
    $conn = mysqli_connect('localhost', 'root', '111111', 'opentutorials');

    settype($_POST['id'], 'integer');
    $filtered = array(
        'title' => mysqli_real_escape_string($conn, $_POST['title']),
        'description' => mysqli_real_escape_string($conn, $_POST['description']),
        'id' => mysqli_real_escape_string($conn, $_POST['id'])
    );

    ... 생략 ...
?>
```

프로그램을 실행한 다음 'Hehe'를 'OrientDB'로 변경해 보겠습니다.

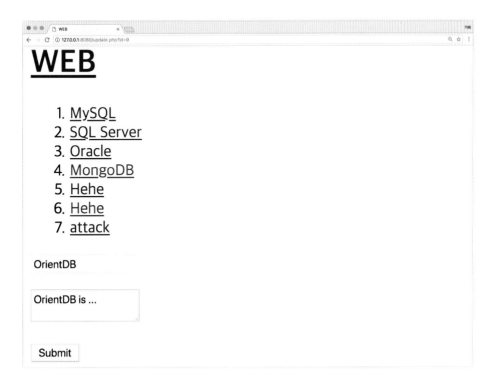

결과를 보면 잘 바뀌었음을 확인할 수 있습니다. 이런 식으로 업데이트 처리를 하면 됩니다.

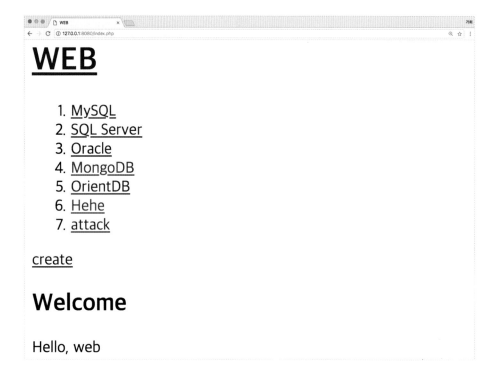

12 | 활용 – 글 삭제

이제 마지막 단계입니다. CRUD의 마지막 지점인 **DELETE**를 구현해 보겠습니다. 삭제를 구현하기 위해서는 삭제 버튼이 필요한데, 삭제 버튼은 **어떤 특정한 글이 선택된 상태에서** 업데이트처럼 표시되게 하면 됩니다. 여기서는 업데이트가 있는 곳과 업데이트 부분이 나올지 말지를 결정하는 곳에 위치할 delete 버튼에 대한 코드를 구현하겠습니다.

【예제 5-12-1】 삭제 링크 추가   index.php

```php
<?php
    ... 생략 ...

    $update_link = '';
    $delete_link = '';

    if( isset($_GET['id'])) {
        ... 생략 ...

        $update_link = '<a href="update.php?id='.$_GET['id'].'">update</a>';
        $delete_link = '<a href="delete.php?id='.$_GET['id'].'">delete</a>';
    }
?>
<!DOCTYPE html>
<html>
    ... 생략 ...
    <body>
        ... 생략 ...
        <?= $update_link ?>
        <?= $delete_link ?>
        <h2><?= $article['title'] ?></h2>
        <?= $article['description'] ?>
    </body>
</html>
```

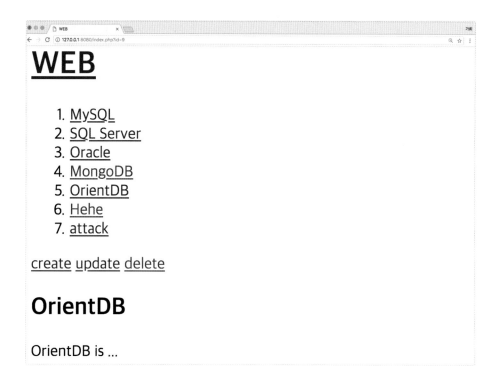

여기서는 delete를 클릭했을 때 특정 페이지로 보낼 필요 없이 **클릭하면 바로 글이 삭제**되게 할 것입니다. delete.php에 대한 링크를 process_delete.php로 바꿉니다.

【예제 5-12-2】 클릭하면 바로 삭제되도록 링크 변경   **index.php**

```php
<?php
    ... 생략 ...

    if( isset($_GET['id'])) {
        ... 생략 ...

        $update_link = '<a href="update.php?id='.$_GET['id'].'">update</a>';
        $delete_link = '<a href="process_delete.php?id='.$_GET['id'].'">delete</a>';
    }
?>
    ... 생략 ...
```

create를 누르면 어떤 페이지로 갑니다. 그리고 어떤 정보를 입력한 다음 [Submit] 버튼을 클릭하면 **데이터를 post 방식으로 전송**합니다. 글을 **수정**할 때도 마찬가지입니다 어떤 정보를 입력하고, [Submit] 버튼을 클릭하면 **데이터가 post 방식으로 전송**됩니다. 즉, 웹 애플리케이션을 구현할 때 어떤 정보가 있는 페이지로 갈 때는 **URL의 파라미터 값을 전달함으로써** 접근합니다. 그런 방식을 **get 방식**이라 합니다. 정보를 가져올 때는 URL 파라미터를 통해 정보를 가져오는 것이죠. 그런데 생성, 수정, 삭제와 같이 실제로 어떤 데이터를 변경하는 것과 같은 작업은 **데이터를 서버 쪽으로 전송**하는데, 그런 경우에는 get 방식이 아니라 **post 방식을 이용**해 URL을 통하지 않고 **은밀하게 서버로 데이터를 전달**해야 합니다. delete 같은 것도 링크를 클릭하면 삭제가 처리될 텐데 그 주소를 누군가에게 보내면 어떻게 될까요? 링크를 누르면 글이 삭제될 것입니다. 또는 웹 브라우저에 플러그인이 설치돼 있어서 어떤 이유로 이 웹 페이지의 링크를 플러그인이 하나하나 방문해 본다면 delete 링크를 플러그인이 기계적으로 클릭하는 것만으로도 데이터가 삭제되는 심각한 일이 발생할 수 있습니다. 그래서 delete는 일반적인 링크로 처리해서는 안 되고, **폼으로 처리하는 것이 안전**합니다.

[예제 5-12-3] 안전하게 〈form〉을 이용해 post 방식으로 값을 전달하도록 수정　　　　　　　　　index.php

```php
<?php
    ... 생략 ...

    if( isset($_GET['id'])) {
        ... 생략 ...

        $update_link = '<a href="update.php?id='.$_GET['id'].'">update</a>';
        $delete_link = '
            <form action="process_delete.php" method="post">
                <input type="hidden" name="id" value="'.$_GET['id'].'">
                <input type="submit" value="delete">
            </form>
        ';
    }
?>
... 생략 ...
```

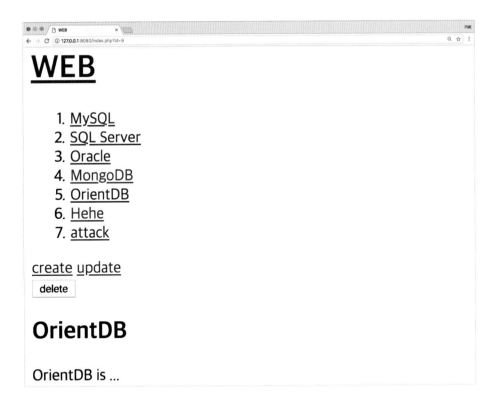

위 코드로 변경하면 링크였던 것이 버튼으로 바뀌어 UI가 이질적이지만 여기에 나온 디자인들은 CSS라는 기술을 통해 얼마든지 바꿀 수 있습니다. 지금 당장은 **기능 또는 의미에만 집중**하면 됩니다.

process_update.php를 process_delete.php로 복제하겠습니다. 여기서 불필요한 정보(제목, 본문)를 삭제합니다.

【예제 5-12-4】 process_update.php를 복제해 process_delete.php 파일 생성   process_delete.php

```php
<?php
    $conn = mysqli_connect('localhost', 'root', '111111', 'opentutorials');

    settype($_POST['id'], 'integer');
    $filtered = array(
        'title' => mysqli_real_escape_string($conn, $_POST['title']),
        'description' => mysqli_real_escape_string($conn, $_POST['description']),
        'id' => mysqli_real_escape_string($conn, $_POST['id'])
    );
```

```
$sql = "
    UPDATE topic
        SET
            title = '{$filtered['title']}',
            description = '{$filtered['description']}'
        WHERE
            id = '{$filtered['id']}'
";

$result = mysqli_multi_query($conn, $sql);
if( $result === false ) {
    echo '삭제하는 과정에서 문제가 생겼습니다. 관리자에게 문의해주세요';
    error_log(mysqli_error($conn));
} else {
    echo '성공했습니다. <a href="index.php">돌아가기</a>';
}
?>
```

그다음으로 SQL 문이 update로 돼 있는데 이를 다음과 같이 delete 문으로 수정합니다.

[예제 5-12-5] delete 문으로 수정   process_delete.php

```
<?php
    ... 생략 ...

    $sql = "
        DELETE
            FROM topic
            WHERE id = {$filtered['id']}
    ";

    ... 생략 ...
?>
```

프로그램을 실행해 보겠습니다.

보다시피 잘 삭제되며, 이렇게 처리하면 됩니다.

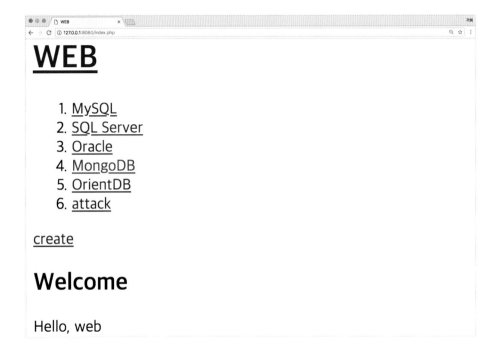

지금까지 데이터베이스를 이용해 CRUD를 구현하는 방법을 살펴봤습니다. WEB2와 비교했을 때 기능 상으로는 똑같지만 훨씬 더 안전하고 훨씬 더 성능이 좋고, 훨씬 더 애플리케이션을 구현하는 데 편리한 아주 성능 좋은 엔진으로 교체한 셈입니다. 여기까지 오느라 고생 많으셨고 마지막 수업에서 뵙겠습니다.

지금 배우고 있는 **MySQL**은 **관계형 데이터베이스**입니다. 지금까지는 MySQL이 가진 데이터베이스 측면의 기능에 집중해서 수업을 진행했습니다. 모름지기 create, read, update, delete라는 4가지의 데이터와 관련된 작업을 수행할 수 있으면 포괄적으로 데이터베이스라고 볼 수 있다고 봅니다. 즉, 모든 데이터베이스가 공유하고 있는 기능을 지금까지 살펴본 것입니다. 하지만 MySQL은 관계형 데이터베이스입니다. 즉, 앞에 붙어 있는 **관계형**이라는 말에 해당하는 기능은 아직 살펴보지 않았습니다.

그래서 제가 어제부터 깊은 고민에 빠졌습니다. 데이터베이스까지 살펴보고 수업을 끝낼지, 아니면 관계형 데이터베이스까지 살펴보고 수업을 끝낼지를 많이 고민했습니다. 수업을 더 하는 것이 어려운 일은 아니지만 공부하는 분들에게는 제가 조금 더 알려드리고 싶은 과욕 때문에 결국에는 좋은 결과가 안 나올 때가 많더라고요. 그래서 옛날에는 좀 더 많은 것을 챙겨드릴까와 어떻게 하면 쉽게 설명할 수 있을까를 많이 고민했는데, 요즘에는 어떻게 하면 숨길까, 어떻게 하면 조금만 배우고도 지적인 포만감을 느끼게 할 수 있을까와 같은 고민들로 무게 중심을 옮겨오고 있습니다. 그래서 고민하다가 그래도 관계형 데이터베이스를 배우는 수업인데 관계형 데이터베이스만이 갖고 있는 개성을 배우지 않는 것은 조금 그렇다 싶어서 관계형 데이터베이스까지 살펴보려고 합니다. 제가 이런 이야기를 군이 하는 것은 이전까지 배운 내용만으로도 충분히 의미 있다는 것을 알려드리기 위해서입니다. 지금부터 배우는 것은 본질이 아니라 혁신입니다. 혁신은 없어도 괜찮습니다. 하지만 본질은 없으면 안 되는 것입니다. 각자의 상황에 따라 현명하게 판단하길 바랍니다.

지금부터 관계형이라는 말의 의미에 집중해서 데이터베이스의 데이터 구조를 설계하고, 그것을 웹 애플리케이션으로 표현하는 방법을 살펴봅시다. 지금까지는 topic 테이블 단 하나만 사용했습니다. 그런데 시간이 지남에 따라 **더 많은 정보가 필요**해집니다. 각 글이 서로 다른 저자에 의해 만들어진 것이라고 한다면 **저자의 정보**도 어딘가에 저장해야겠죠. 그래서 관계형 데이터베이스를 도입하면 저자에 대한 정보는 별도의 표로 저장하는 겁니다.

```
mysql> SELECT * FROM topic;
+----+------------+---------------+---------------------+-----------+
| id | title      | description   | created             | author_id |
+----+------------+---------------+---------------------+-----------+
|  5 | MySQL      | MySQL is ...  | 2018-07-24 17:32:45 |         1 |
|  6 | SQL Server | SQL Server is | 2018-07-25 04:59:23 |         1 |
|  7 | Oracle     | Oracle is ... | 2018-07-25 08:38:36 |         2 |
|  8 | MongoDB    | MongoDB is ...| 2018-07-28 21:55:50 |         3 |
|  9 | OrientDB   | OrientDB is ..| 2018-01-01 00:00:00 |         1 |
| 11 | attack     | attack        | 2018-07-28 18:09:49 |         1 |
| 16 | test       | test          | 2018-07-29 06:31:29 |         2 |
+----+------------+---------------+---------------------+-----------+
7 rows in set (0.00 sec)

mysql>
```

```
mysql> SELECT * FROM author;
+----+--------+---------------+
| id | name   | profile       |
+----+--------+---------------+
|  1 | egoing | Developer     |
|  2 | duru   | DBA           |
|  3 | taeho  | Data Scientis |
+----+--------+---------------+
3 rows in set (0.00 sec)

mysql>
```

여기서는 author라는 표를 만들어놓았습니다. 그리고 author라는 테이블에는 저자의 이름, 프로필, 그리고 아주 중요한 id 값이 있습니다. 그리고 topic 테이블에 새로운 칼럼을 추가했는데 이 칼럼의 내용으로 각 저자에 대한 id 값을 적어놨고, 이것은 author 테이블의 id 값과 대응됩니다. 이처럼 **각 의미에 따라 별도로 데이터를 쪼갠 것**입니다. 그리고 이러한 것들을 어떻게 쪼갤 것인가에 대한 논의는 지난 수십 년간 정립돼 왔기 때문에 나중에 '**데이터베이스 모델링**'이라든가 '**정규화**' 같은 검색어를 통해 더 자세한 내용을 찾아볼 수 있을 것입니다. 아무튼 별도의 테이블로 쪼갠 다음 실제로 데이터를 사용할 때는 마치 2개로 쪼개져 있는 테이블이 원래 하나로 합쳐진 상태로 저장돼 있는 것 같은 환상을 만들 수 있다는 것이 관계형 데이터베이스의 탁월한 장점입니다.

```
SELECT * FROM topic LEFT JOIN author ON topic.author_id = author.id;
```

위 SQL 문은 topic 테이블과 author 테이블을 합성할 것입니다. 즉, author 테이블의 왼쪽에 topic 테이블을 넣고 두 개의 테이블을 JOIN하겠다는 뜻입니다. 그런데 이렇게 조인하면 데이터베이스 서버의 입장에서는 어떻게 하라는 건지 모릅니다. 그래서 데이터베이스 서버에 힌트를 줘야 합니다. 두 개의 테이블을 결합할 때 topic 테이블의 author_id 값과 author 테이블의 id 값이 같다면 그러한 기준에 따라 두 개의 테이블을 하나로 합성하라고 데이터베이스 서버에게 알려주면 그 일을 할 수 있게 됩니다.

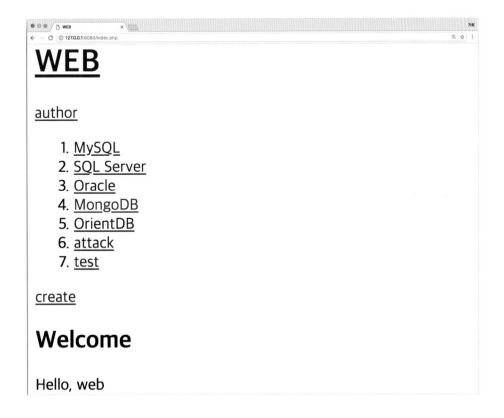

보다시피 author_id 값과 author 테이블의 id 값이 정확히 같습니다. 그 값을 기준으로 **두 개의 테이블을 합성한 것**입니다. 이렇게 하게 되면 마치 두 개의 테이블을 합성된 상태로 저장돼 있는 것 같은 환상을 만들 수 있습니다. 바로 데이터베이스 서버가 말이죠. 그럼 그렇게 해서 만들어진 데이터베이스를 백엔드로 삼고 앞단은 어떻게 보여지는지 살펴봅시다.

이 웹 페이지는 이처럼 달라진 데이터베이스를 기반으로 만들어진 웹 애플리케이션을 보여줍니다. 여기서 글 목록을 클릭하면 이제 저자에 대한 정보가 표시됩니다. 그리고 이것이 가능한 이유를 SQL 단에서 살펴보면 조인이라는 것을 이용해 topic 테이블과 author 테이블을 결합해서 그 결과를 가져온 다음, author에 대한 정보를 'by egoing2'와 같이 적어둔 것입니다.

그리고 author라는 링크를 만들어서 author.php라는 페이지로 가면 글 목록은 없고 저자에 대한 정보가 화면에 출력됩니다.

여기서 'leezche', 'designer'를 입력하고 'create author'를 클릭하면 성공했다고 나타나고, 'leezche' 라는 사람이 추가된 것을 볼 수 있습니다.

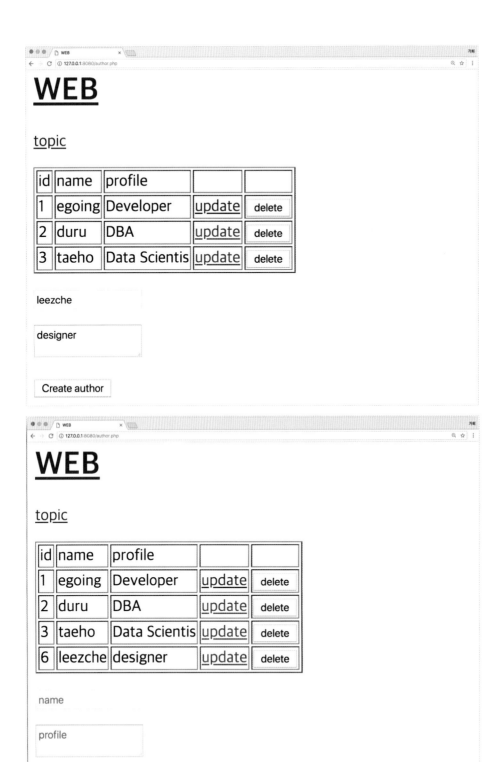

여기서는 저자에 대한 정보를 관리할 수 있는 페이지를 만들 것이며 update를 누르면 수정이 가능하고 delete를 누르면 삭제되게 할 것입니다.

그리고 나서 다시 topic으로 돌아와서 이제 글 작성을 하게 되면 예전과는 다르게 저자를 선택할 수 있습니다.

저자를 선택하고 [Submit] 버튼을 클릭하면 보다시피 'MariaDB'라는 항목이 추가되고 저자가 'duru' 인 것을 볼 수 있습니다.

현재 'duru'는 'Oracle', 'test'와 'MariaDB'에 대한 저자이며 author에 가서 'duru' 대신 'duru kang'으로 업데이트하면 이름이 변경됩니다.

또한 'MariaDB' 링크로 가면 변경된 이름이 반영된 것을 볼 수 있습니다.

테이블이 하나 추가되면 웹 애플리케이션의 **복잡성이 기하급수적으로 증가**하는데 사실 본질적으로 복
잡할 것이 없음에도 불구하고 훨씬 더 복잡해집니다. 그럼 다음 시간부터 이 부분에 대해 한번 살펴보
겠습니다. 실습 내지는 복습 정도로 생각하시면 됩니다.

14 | 많아지는 테이블

우선 데이터베이스부터 살펴보겠습니다. 현재 데이터베이스의 상태는 다음과 같습니다.

【예제 5-14-1】 topic 테이블의 데이터 조회   MySQL Monitor

```
SELECT * FROM topic;
```

```
● ● ●                bin — mysql.bin --defaults-file=/Applications/mampstack-7.1.19-1/mysql/my.cnf -uroot -p -hlocalhost — 84×14
mysql> SELECT * FROM topic;
+----+------------+----------------+---------------------+
| id | title      | description    | created             |
+----+------------+----------------+---------------------+
|  5 | MySQL      | MySQL is ...   | 2018-07-24 17:32:45 |
|  6 | SQL Server | SQL Server is ...| 2018-07-25 04:59:23 |
|  7 | Oracle     | Oracle is ...  | 2018-07-25 08:38:36 |
|  8 | MongoDB    | MongoDB is ... | 2018-07-28 21:55:50 |
|  9 | OrientDB   | OrientDB is ...| 2018-01-01 00:00:00 |
| 11 | attack     | attack         | 2018-07-28 18:09:49 |
+----+------------+----------------+---------------------+
6 rows in set (0.00 sec)

mysql>
```

여기에 각각의 저자 이름 정보를 추가하고 싶습니다. 제일 쉬운 것은 author **칼럼을 추가**해서 이름을 직접 적는 것입니다. 그런데 그렇게 하면 중복이 발생하는 문제가 생길 수 있습니다. 만약 어떤 사람이 1억 개의 글을 썼다면 1억 개의 이름이 중복되겠죠. 나중에 그것을 바꾸려고 하면 1억 개를 다 고쳐야 합니다. 그래서 여기서는 그렇게 하지 않고, 다음과 같은 별도의 테이블을 만들 것입니다.

【예제 5-14-2】 author 테이블 생성   MySQL Monitor

```
CREATE TABLE author(
    id INT(11) NOT NULL AUTO_INCREMENT,
    name VARCHAR(30) NOT NULL,
    profile VARCHAR(200) NULL,
    PRIMARY KEY(id)
);
```

```
mysql> CREATE TABLE author(
    -> id INT(11) NOT NULL AUTO_INCREMENT,
    -> name VARCHAR(30) NOT NULL,
    -> profile VARCHAR(200) NULL,
    -> PRIMARY KEY(id)
    -> );
Query OK, 0 rows affected (0.07 sec)

mysql>
```

그리고 테이블을 확인해 보면 다음과 같습니다.

【예제 5-14-3】 author 테이블의 구조 확인 MySQL Monitor

```
  DESC author;
```

```
mysql> DESC author;
+---------+--------------+------+-----+---------+----------------+
| Field   | Type         | Null | Key | Default | Extra          |
+---------+--------------+------+-----+---------+----------------+
| id      | int(11)      | NO   | PRI | NULL    | auto_increment |
| name    | varchar(30)  | NO   |     | NULL    |                |
| profile | varchar(200) | YES  |     | NULL    |                |
+---------+--------------+------+-----+---------+----------------+
3 rows in set (0.00 sec)

mysql>
```

여기에 기초적인 데이터를 넣어보겠습니다.

【예제 5-14-4】 author 테이블에 데이터 추가 MySQL Monitor

```
  INSERT INTO author (name, profile) VALUES ('egoing', 'Developer');

  INSERT INTO author (name, profile) VALUES ('duru', 'DBA');

  INSERT INTO author (name, profile) VALUES ('taeho', 'Data Scientis');
```

```
mysql> INSERT INTO author (name, profile) VALUES ('egoing', 'Developer');
Query OK, 1 row affected (0.00 sec)

mysql> INSERT INTO author (name, profile) VALUES ('duru', 'DBA');
Query OK, 1 row affected (0.00 sec)

mysql> INSERT INTO author (name, profile) VALUES ('taeho', 'Data Scientis');
Query OK, 1 row affected (0.00 sec)

mysql> SELECT * FROM author;
+----+--------+---------------+
| id | name   | profile       |
+----+--------+---------------+
|  1 | egoing | Developer     |
|  2 | duru   | DBA           |
|  3 | taeho  | Data Scientis |
+----+--------+---------------+
3 rows in set (0.00 sec)

mysql>
```

보다시피 3개의 행을 추가했습니다. 이 정보를 바탕으로 topic 테이블에 author_id라는 칼럼을 추가합시다. 이를 위해 기존 테이블의 구조를 바꿔야 하는데, 이 방법은 검색 엔진을 통해 찾아봅시다. 검색어로 'How to add column in mysql'을 입력해 봅시다.

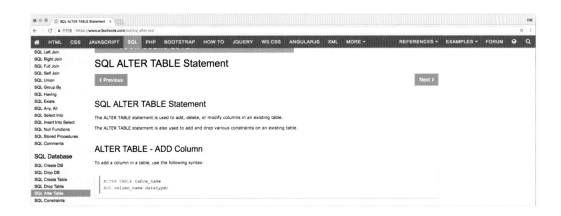

다음과 같은 SQL 문을 입력해서 테이블 구조를 수정합니다.

【예제 5-14-5】 topic 테이블에 author 칼럼 추가   MySQL Monitor

```
ALTER TABLE topic ADD COLUMN author_id INT(11);
```

```
bin — mysql.bin --defaults-file=/Applications/mampstack-7.1.19-1/mysql/my.cnf -uroot -p -hlocalhost — 84×5
mysql> ALTER TABLE topic ADD COLUMN author_id INT(11);
Query OK, 0 rows affected (0.06 sec)
Records: 0  Duplicates: 0  Warnings: 0

mysql>
```

그런 다음 테이블 구조를 확인해 봅시다.

[예제 5-14-6] topic 테이블 구조 확인   MySQL Monitor

```
DESC topic;
```

```
bin — mysql.bin --defaults-file=/Applications/mampstack-7.1.19-1/mysql/my.cnf -uroot -p -hlocalhost — 84×13
mysql> DESC topic;
+-------------+-------------+------+-----+---------+----------------+
| Field       | Type        | Null | Key | Default | Extra          |
+-------------+-------------+------+-----+---------+----------------+
| id          | int(11)     | NO   | PRI | NULL    | auto_increment |
| title       | varchar(45) | NO   |     | NULL    |                |
| description | text        | YES  |     | NULL    |                |
| created     | datetime    | NO   |     | NULL    |                |
| author_id   | int(11)     | YES  |     | NULL    |                |
+-------------+-------------+------+-----+---------+----------------+
5 rows in set (0.00 sec)

mysql>
```

그럼 기존 데이터에서 author_id 값을 적당히 자신의 상태에 따라 바꾸면 됩니다. 즉, 다음과 같은
SQL 문을 실행합니다.

[예제 5-14-7] 기존 데이터에 author_id 값 설정   MySQL Monitor

```
UPDATE topic SET author_id = 1 WHERE id = 5;
UPDATE topic SET author_id = 1 WHERE id = 6;
UPDATE topic SET author_id = 2 WHERE id = 7;
UPDATE topic SET author_id = 3 WHERE id = 8;
UPDATE topic SET author_id = 1 WHERE id = 9;
UPDATE topic SET author_id = 1 WHERE id = 11;
```

```
mysql> UPDATE topic SET author_id = 1 WHERE id = 5;
Query OK, 1 row affected (0.01 sec)
Rows matched: 1  Changed: 1  Warnings: 0

mysql> UPDATE topic SET author_id = 1 WHERE id = 6;
Query OK, 1 row affected (0.00 sec)
Rows matched: 1  Changed: 1  Warnings: 0

mysql> UPDATE topic SET author_id = 2 WHERE id = 7;
Query OK, 1 row affected (0.00 sec)
Rows matched: 1  Changed: 1  Warnings: 0

mysql> UPDATE topic SET author_id = 3 WHERE id = 8;
Query OK, 1 row affected (0.00 sec)
Rows matched: 1  Changed: 1  Warnings: 0

mysql> UPDATE topic SET author_id = 1 WHERE id = 9;
Query OK, 1 row affected (0.00 sec)
Rows matched: 1  Changed: 1  Warnings: 0

mysql> UPDATE topic SET author_id = 1 WHERE id = 11;
Query OK, 1 row affected (0.00 sec)
Rows matched: 1  Changed: 1  Warnings: 0

mysql>
```

그러고 나서 결과를 확인해 봅시다.

【예제 5-14-8】 topic 테이블의 데이터 조회   MySQL Monitor

```
SELECT * FROM topic;
```

```
mysql> SELECT * FROM topic;
+----+------------+----------------+---------------------+-----------+
| id | title      | description    | created             | author_id |
+----+------------+----------------+---------------------+-----------+
|  5 | MySQL      | MySQL is ...   | 2018-07-24 17:32:45 |         1 |
|  6 | SQL Server | SQL Server is ...| 2018-07-25 04:59:23 |        1 |
|  7 | Oracle     | Oracle is ...  | 2018-07-25 08:38:36 |         2 |
|  8 | MongoDB    | MongoDB is ... | 2018-07-28 21:55:50 |         3 |
|  9 | OrientDB   | OrientDB is ...| 2018-01-01 00:00:00 |         1 |
| 11 | attack     | attack         | 2018-07-28 18:09:49 |         1 |
+----+------------+----------------+---------------------+-----------+
6 rows in set (0.00 sec)

mysql>
```

보다시피 author_id 값이 추가됐고, 이를 기반으로 조인해 보면 다음과 같이 두 테이블에서 author_
id와 id를 각각 가져온 모습을 확인할 수 있습니다.

```
SELECT * FROM topic LEFT JOIN author ON topic.author_id = author.id;
```

```
mysql> mysql> SELECT * FROM topic LEFT JOIN author ON topic.author_id = author.id;
+----+------------+----------------+---------------------+-----------+------+--------+----------------+
| id | title      | description    | created             | author_id | id   | name   | profile        |
+----+------------+----------------+---------------------+-----------+------+--------+----------------+
|  5 | MySQL      | MySQL is ...   | 2018-07-24 17:32:45 |         1 |    1 | egoing | Developer      |
|  6 | SQL Server | SQL Server is ...| 2018-07-25 04:59:23 |         1 |    1 | egoing | Developer      |
|  9 | OrientDB   | OrientDB is ... | 2018-01-01 00:00:00 |         1 |    1 | egoing | Developer      |
| 11 | attack     | attack         | 2018-07-28 18:09:49 |         1 |    1 | egoing | Developer      |
|  7 | Oracle     | Oracle is ...  | 2018-07-25 08:38:36 |         2 |    2 | duru   | DBA            |
|  8 | MongoDB    | MongoDB is ... | 2018-07-28 21:55:50 |         3 |    3 | taeho  | Data Scientis  |
+----+------------+----------------+---------------------+-----------+------+--------+----------------+
6 rows in set (0.00 sec)

mysql>
```

여기까지 진행했다면 데이터의 구조를 잘 짜신 것입니다. 어떻게 애플리케이션을 잘 만들까에 대해서
는 다음 강의에서 살펴보겠습니다.

15 | 테이블 간의 연결 – 읽기

이전 시간에는 테이블의 구조를 바꿨고, 테이블을 추가했습니다. topic, author라는 두 개의 테이블이 있는데 테이블이 추가됐으니 애플리케이션 차원에서 변화가 있어야겠죠? 이번에는 각 목록에 author 테이블의 name을 출력하겠습니다. 이때 'topic 테이블의 author_id와 author 테이블의 id가 같다'라는 중요한 정보를 토대로 이를 처리해보겠습니다.

우선 index.php에서 각 topic 하나하나를 표현하는 부분은 다음과 같습니다.

```
$sql = "SELECT * FROM topic WHERE id={$filtered_id}";
```

기존 SQL 문을 다음과 같이 수정해 보겠습니다.

【예제 5-15-1】 목록에 author 테이블의 name 출력   index.php

```php
<?php
    ... 생략 ...

    if( isset($_GET['id'])) {
        $filtered_id = mysqli_real_escape_string($conn, $_GET['id']);
        $sql = "SELECT * FROM topic LEFT JOIN author ON topic.author_id = author.id WHERE
id={$filtered_id}";
        $result = mysqli_query($conn, $sql);
        $row = mysqli_fetch_array($result);
        $article['title'] = htmlspecialchars($row['title']);
        $article['description'] = htmlspecialchars($row['description']);

        ... 생략 ...

    }
?>
    ... 생략 ...
```

SQL 문을 작성하고 프로그램을 실행했더니 에러가 발생합니다.

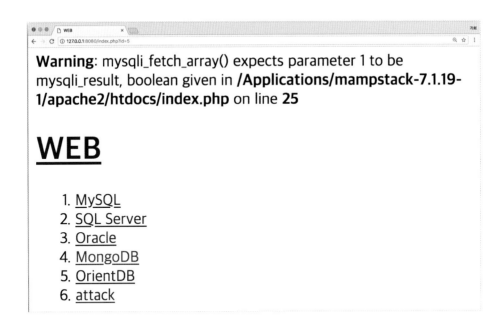

다음과 같은 코드를 추가해 에러를 출력해 보겠습니다.

【예제 5-15-2】 에러를 출력해서 확인하기 index.php

```php
<?php
    ... 생략 ...

    if( isset($_GET['id'])) {
        $filtered_id = mysqli_real_escape_string($conn, $_GET['id']);
        $sql = "SELECT * FROM topic LEFT JOIN author ON topic.author_id = author.id WHERE
id={$filtered_id}";
        $result = mysqli_query($conn, $sql);
        echo mysqli_error($conn);
        $row = mysqli_fetch_array($result);
        $article['title'] = htmlspecialchars($row['title']);
        $article['description'] = htmlspecialchars($row['description']);

        ... 생략 ...

    }
?>
    ... 생략 ...
```

Column 'id' in where clause is ambiguous
Warning: mysqli_fetch_array() expects parameter 1 to be mysqli_result, boolean given in **/Applications/mampstack-7.1.19-1/apache2/htdocs/index.php** on line **26**

WEB

1. MySQL
2. SQL Server
3. Oracle
4. MongoDB
5. OrientDB
6. attack

보다시피 **칼럼 id가 모호하다**는 뜻의 에러 메시지를 볼 수 있습니다. topic 테이블과 author 테이블을 보면 id라는 칼럼이 topic에도 있고, author에도 있습니다. 따라서 where 문에서 id를 쓰면 **topic의 id인지 author의 id인지 분명하지 않습니다.**

```
mysql> SELECT * FROM topic;
+----+------------+----------------+---------------------+-----------+
| id | title      | description    | created             | author_id |
+----+------------+----------------+---------------------+-----------+
|  5 | MySQL      | MySQL is ...   | 2018-07-24 17:32:45 |         1 |
|  6 | SQL Server | SQL Server is ...| 2018-07-25 04:59:23 |         1 |
|  7 | Oracle     | Oracle is ...  | 2018-07-25 08:38:36 |         2 |
|  8 | MongoDB    | MongoDB is ... | 2018-07-28 21:55:50 |         3 |
|  9 | OrientDB   | OrientDB is ...| 2018-01-01 00:00:00 |         1 |
| 11 | attack     | attack         | 2018-07-28 18:09:49 |         1 |
+----+------------+----------------+---------------------+-----------+
6 rows in set (0.00 sec)

mysql> SELECT * FROM author;
+----+--------+---------------+
| id | name   | profile       |
+----+--------+---------------+
|  1 | egoing | Developer     |
|  2 | duru   | DBA           |
|  3 | taeho  | Data Scientis |
+----+--------+---------------+
3 rows in set (0.00 sec)

mysql>
```

그렇기 때문에 다음과 같이 코드를 수정하고 print_r($row);로 결과를 출력한 후 페이지 소스 보기를
실행해 보겠습니다.

[예제 5-15-3] 목록에 author 테이블의 name 출력(SQL 문 수정)   index.php

```php
<?php
    ... 생략 ...

    if( isset($_GET['id'])) {
        $filtered_id = mysqli_real_escape_string($conn, $_GET['id']);
        $sql = "SELECT * FROM topic LEFT JOIN author ON topic.author_id = author.id WHERE
topic.id={$filtered_id}";
        $result = mysqli_query($conn, $sql);
        echo mysqli_error($conn);
        $row = mysqli_fetch_array($result);
        print_r($row);
        $article['title'] = htmlspecialchars($row['title']);
        $article['description'] = htmlspecialchars($row['description']);

        ... 생략 ...
    }
?>
    ... 생략 ...
```

지금 필요한 것은 'egoing'이라는 name 값이므로 다음과 같이 코드를 수정합니다.

【예제 5-15-4】 $article 배열에 name 추가   index.php

```php
<?php
    ... 생략 ...

    if( isset($_GET['id'])) {
        $filtered_id = mysqli_real_escape_string($conn, $_GET['id']);
        $sql = "SELECT * FROM topic LEFT JOIN author ON topic.author_id = author.id WHERE
topic.id={$filtered_id}";
        $result = mysqli_query($conn, $sql);
        print_r($row);
        $row = mysqli_fetch_array($result);
        $article['title'] = htmlspecialchars($row['title']);
        $article['description'] = htmlspecialchars($row['description']);
        $article['name'] = htmlspecialchars($row['name']);

        ... 생략 ...
    }
?>
... 생략 ...
```

$article 배열에 name이란 값이 추가됐기 때문에 아래 코드를 하단에 추가합니다.

【예제 5-15-5】 화면에 name 출력   index.php

```php
... 생략 ...
<!DOCTYPE html>
<html>
    ... 생략 ...
    <body>
        ... 생략 ...
        <h2><?= $article['title'] ?></h2>
        <?= $article['description'] ?>
        <p>by <?= $article['name'] ?></p>
    </body>
</html>
```

결과를 확인해 보면 'by egoing'이라는 텍스트가 나타나는 것을 확인할 수 있습니다. 그리고 각 페이지마다 by의 값도 잘 바뀝니다.

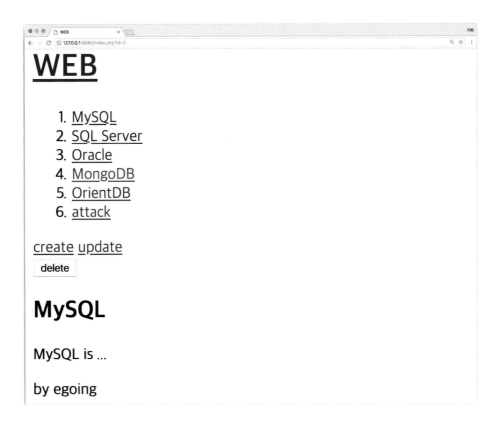

그런데 이렇게 하면 조금 문제가 생길 수 있는데, WEB 링크를 클릭하면 에러가 나타납니다. WEB은 id 값이 없고 id 값이 없는 경우에는 다음 코드가 실행되지 않기 때문입니다.

```
$article['name'] = htmlspecialchars($row['name']);
```

따라서 코드를 다음과 같이 바꿔보겠습니다.

```php
<?php
    ... 생략 ...

    $update_link = '';
    $delete_link = '';
    $author = '';

    if( isset($_GET['id'])) {
        ... 생략 ...

        $update_link = '<a href="update.php?id='.$_GET['id'].'">update</a>';
        $delete_link = '
            <form action="process_delete.php" method="post">
                <input type="hidden" name="id" value="'.$_GET['id'].'">
                <input type="submit" value="delete">
            </form>
        ';
        $author = "<p>by {$article['name']}</p>";
    }
?>
<!DOCTYPE html>
<html>
    ... 생략 ...
    <body>
        ... 생략 ...
        <h2><?= $article['title'] ?></h2>
        <?= $article['description'] ?>
        <?= $author ?>
    </body>
</html>
```

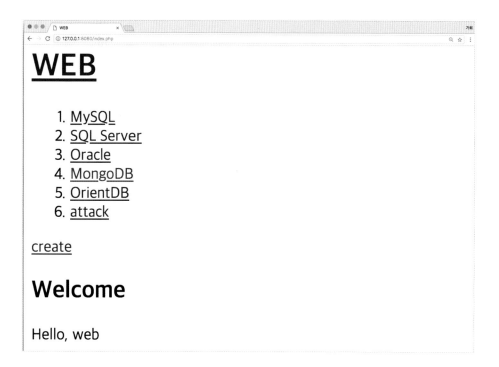

보다시피 author가 없을 때는 아예 출력이 안 되고, author가 있는 특정 topic이 선택되면 author 값이 출력되는 모습을 볼 수 있습니다.

이전 시간에는 데이터를 읽어올 때 topic과 author를 조인하는 방법을 살펴봤습니다. 이번 시간에는 글을 추가할 때 추가된 글이 누가 작성한 글인지를 표현하는 방법을 살펴보겠습니다.

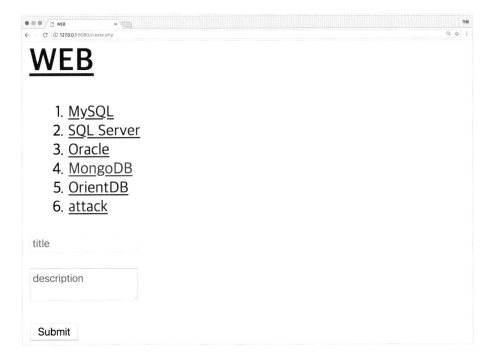

현재 이 페이지는 글 작성 페이지이기 때문에 저는 create.php를 열었습니다. 제목과 본문을 적고 그 밑에 저자 정보를 표현하고 싶습니다. 그러기 위해서는 사용자가 이 글이 어떤 저자가 작성한 글인지를 선택할 수 있게 해야겠죠? 이를 위해 create.php에 다음과 같은 새로운 SQL 문을 추가하겠습니다.

```php
<?php
    ... 생략 ...

    $sql = "SELECT * FROM author";
    $result = mysqli_query($conn, $sql);
    $select_form = '<select>';
    while($row = mysqli_fetch_array($result)) {
        $select_form .= '<option value="'.$row['id'].'">'.$row['name'].'</option>';
    }
    $select_form .= '</select>';
?>
... 생략 ...
```

그리고 하단에 다음 코드를 추가합니다.

【예제 5-16-2】 저자를 선택할 수 있는 셀렉트 박스 출력   create.php

```html
... 생략 ...
<!DOCTYPE html>
<html>
    ... 생략 ...
    <body>
        <h1><a href="index.php">WEB</a></h1>
        <ol><?= $list ?></ol>
        <form action="process_create.php" method="POST">
            <p><input type="text" name="title" placeholder="title"></p>
            <p><textarea name="description" placeholder="description"></textarea></p>
            <?= $select_form ?>
            <p><input type="submit" value="Submit"></p>
        </form>
    </body>
</html>
```

그런 다음 페이지를 새로고침해 보겠습니다. 결과 화면을 한번 볼까요?

생성한 코드는 다음과 같습니다.

```
$select_form = '<select>';
while($row = mysqli_fetch_array($result)) {
```

```php
        $select_form .= '<option value="'.$row['id'].'">'.$row['name'].'</option>';
    }
    $select_form .= '</select>';
```

〈select〉 태그는 **여러 항목 중 하나를 선택**해서 서버 쪽으로 전송하는 데 사용됩니다. 그리고 〈option〉
의 name만 적었는데 **어떤 값을 서버에 전송할지**를 나타내는 **value 값**이 필요합니다. 그리고 value 값
에 각 author의 id 값을 추가합니다. 그리고 〈select〉에 name 값을 추가합니다. name은 "author_id"
로 지정합니다.

【예제 5-16-3】〈select〉에 name 값 추가   create.php

```php
<?php
    ... 생략 ...

    $sql = "SELECT * FROM author";
    $result = mysqli_query($conn, $sql);
    $select_form = '<select name="author_id">';
    while($row = mysqli_fetch_array($result)) {
        $select_form .= '<option value="'.$row['id'].'">'.$row['name'].'</option>';
    }
    $select_form .= '</select>';
?>
... 생략 ...
```

그러고 나서 테스트 정보를 적어보겠습니다. [Submit] 버튼을 클릭하면 process_create.php로 정보
가 전달되는데, 테스트하기에 앞서 process_create.php에서 die( ) 함수로 SQL 문을 출력하고 프로
그램을 종료시켜 보겠습니다.

【예제 5-16-4】SQL 문을 출력한 후 프로그램 종료   process_create.php

```php
<?php
    ... 생략 ...

    $sql = "
        INSERT INTO topic
            (title, description, created)
            VALUES(
                '{$filtered['title']}',
```

```
                    '{$filtered['description']}',
                    NOW()
                )
        ";
        die($sql);

        ... 생략 ...
    ?>
```

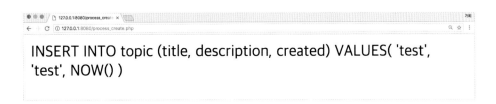

지금 전송된 정보를 보면 title, description, created만 들어가 있고 author에 id 값이 들어있지 않습니다. 그리고 앞서 select라는 새로운 폼을 이용해 author_id라는 값을 전송했는데 정말 값이 전송됐는지 확인해 볼까요?

【예제 5-16-5】 author_id 값이 전송됐는지 확인   process_create.php

```
<?php
    $conn = mysqli_connect ('localhost', 'root', '111111', 'opentutorials');
    print_r($_POST);

    ... 생략 ...
?>
```

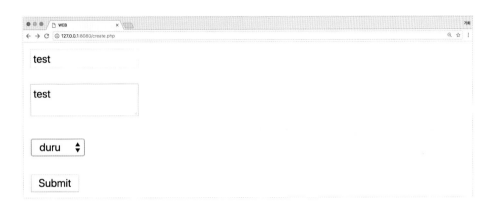

보다시피 **author_id**로 **2**라는 값이 전송된 모습을 확인할 수 있습니다. 그럼 $filtered 배열에 'author_id' 원소를 추가하고 post 방식으로 들어온 $_POST['author_id'] 값을 넣습니다. 그리고 SQL 문에는 author_id를 추가하고, 값으로 {$filtered['author_id']}를 추가한 다음 프로그램을 실행해 보겠습니다.

【예제 5-16-6】저자 id를 저장하도록 SQL 문 수정   process_create.php

```php
<?php
    $conn = mysqli_connect ('localhost', 'root', '111111', 'opentutorials');
    print_r($_POST);

    $filtered = array(
        'title' => mysqli_real_escape_string($conn, $_POST['title']),
        'description' => mysqli_real_escape_string($conn, $_POST['description']),
        'author_id' => mysqli_real_escape_string($conn, $_POST['author_id'])
    );

    $sql = "
        INSERT INTO topic
            (title, description, created, author_id)
            VALUES(
                '{$filtered['title']}',
                '{$filtered['description']}',
                NOW(),
                {$filtered['author_id']}
            )
    ";
    die($sql);

    ... 생략 ...
?>
```

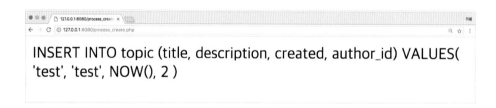

```
INSERT INTO topic (title, description, created, author_id) VALUES(
'test', 'test', NOW(), 2 )
```

보다시피 insert 문이 바뀌었습니다. author_id가 추가됐고, value의 끝에 숫자 2가 추가된 모습을 볼 수 있습니다. 제가 보기에는 이 SQL 문은 문제가 없어 보입니다.

die($sql)을 지우고 다시 내용을 채워 [Submit] 버튼을 클릭하면 'test'라는 행이 추가되고 author_id 값으로 'duru'라는 사람에 해당하는 author_id 값이 추가될 것입니다.

[예제 5-16-7] die($sql) 제거   process_create.php

```php
<?php
    ... 생략 ...

    $sql = "
        INSERT INTO topic
            (title, description, created, author_id)
            VALUES(
                '{$filtered['title']}',
                '{$filtered['description']}',
                NOW(),
                {$filtered['author_id']}
            )
    ";
    die($sql);

    ... 생략 ...
?>
```

실제로 데이터베이스에서 값을 확인해 보겠습니다.

```
 bin — mysql.bin --defaults-file=/Applications/mampstack-7.1.19-1/mysql/my.cnf -uroot -p -hlocalhost — 84×15
mysql> SELECT * FROM topic;
+----+------------+----------------+---------------------+-----------+
| id | title      | description    | created             | author_id |
+----+------------+----------------+---------------------+-----------+
|  5 | MySQL      | MySQL is ...   | 2018-07-24 17:32:45 |         1 |
|  6 | SQL Server | SQL Server is ...| 2018-07-25 04:59:23 |         1 |
|  7 | Oracle     | Oracle is ...  | 2018-07-25 08:38:36 |         2 |
|  8 | MongoDB    | MongoDB is ... | 2018-07-28 21:55:50 |         3 |
|  9 | OrientDB   | OrientDB is ...| 2018-01-01 00:00:00 |         1 |
| 11 | attack     | attack         | 2018-07-28 18:09:49 |         1 |
| 16 | test       | test           | 2018-07-29 06:31:29 |         2 |
+----+------------+----------------+---------------------+-----------+
7 rows in set (0.00 sec)

mysql>
```

보다시피 title과 description의 값은 'test'이고 author_id에는 'duru'에 해당하는 2가 추가된 것을 볼 수 있습니다. 웹 페이지로 돌아가서 정말 'test'라는 행이 추가됐는지 확인해 보면 'by duru'가 추가된 것을 확인할 수 있습니다.

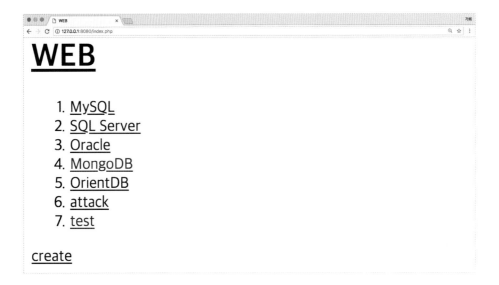

지금까지 select라고 하는 새로운 폼을 이용해 사용자의 id 값을 서버로 전송해서 두 개의 테이블을 연관시키는 방법을 살펴봤습니다.

WEB3

https://youtu.be/eLFszaGul1o (10분 01초)

17 새로운 테이블 - 읽기

이렇게 해서 관계형 데이터베이스에서 **'관계형'**에 해당하는 핵심적인 중요 메커니즘을 모두 살펴봤습니다. 이후에 나오는 것은 다시 데이터베이스의 핵심 기능인 CRUD입니다. 일단 관계형 데이터베이스의 핵심적인 메커니즘이 어떻게 동작하는지 한 번만 더 보고 시작하겠습니다.

create 페이지를 선택하고 제목과 본문에 'test'를 입력한 후 저자를 'duru'로 지정하고 [Submit] 버튼을 클릭하면 어떤 SQL 문이 나올까요? 다음과 같이 나올 것입니다.

```
INSERT INTO topic(title,description,createed,author_id) VALUES('test', 'test', NOW(), 2)
```

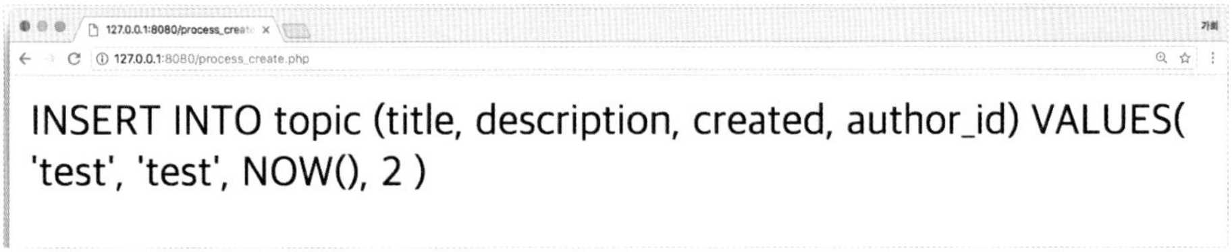

보다시피 author_id에 숫자 2가 붙습니다. 즉, 테이블과 테이블 사이에는 **테이블의 식별자를 매개로 해서 연결해준다**는 것이 가장 먼저 이해해야 할 내용입니다. 또 하나는 여러분이 글을 읽어올 때 $sql을 출력해 보면 다음과 같이 조인을 통해 author_id와 author 테이블의 id 칼럼과 관계를 맺어서 마치 하나의 테이블이 존재하는 것처럼 만들 수 있다는 것이 관계형 데이터베이스의 핵심이고, 앞에서 모두 살펴본 내용입니다.

```
SELECT * FROM topic LEFT JOIN author ON topic.author_id = author.id WHERE topic.id=16
```

```
SELECT * FROM topic LEFT JOIN author ON topic.author_id =
author.id WHERE topic.id=16
```

WEB

1. MySQL
2. SQL Server
3. Oracle
4. MongoDB
5. OrientDB
6. attack
7. test

그럼 이번에는 저자를 추가하고, 수정하고, 삭제하는 방법을 살펴봅시다. 우선 저자의 목록을 표현하는 페이지를 추가해 봅시다. 우선 index.php 뒤에 다음과 같이 내비게이션을 달겠습니다.

【예제 5-17-1】 저자 목록으로 이동할 수 있는 링크 추가   index.php

```
... 생략 ...
<!DOCTYPE html>
<html>
    ... 생략 ...
    <body>
        <h1><a href="index.php">WEB</a></h1>
        <a href="author.php">author</a>
        <ol><?= $list ?></ol>
        ... 생략 ...
    </body>
</html>
```

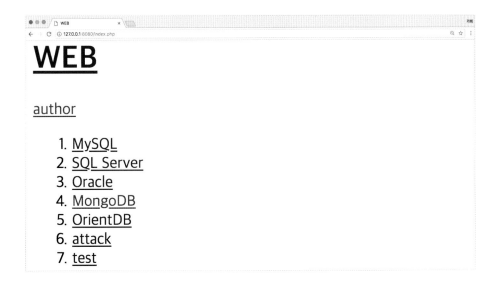

이어서 index.php를 복제해서 author.php를 만듭니다. author.php에서 index.php로 가고 싶으면 <a href="author.php">author</a>를 <a href="index.php">topic</a>으로 바꿉니다. 그다음에 필요없는 것을 지우겠습니다(사실 거의 대부분의 코드가 필요 없습니다).

【예제 5-17-2】 author.php 파일 생성   author.php

```php
<?php
    $conn = mysqli_connect('localhost', 'root', '111111', 'opentutorials');
?>
<!DOCTYPE html>
<html>
    <head>
        <meta charset="utf-8">
        <title>WEB</title>
    </head>
    <body>
        <h1><a href="index.php">WEB</a></h1>
        <p><a href="index.php">topic</a></p>
    </body>
</html>
```

이제 이 웹 페이지에서 예제 애플리케이션을 완성하겠습니다. 여기서는 이 웹 페이지에 author 테이블을 **표로 표현**해 보겠습니다. 이를 위해서는 HTML로 표를 어떻게 표현하는지 알아야 합니다.

〈table〉이라는 태그가 있습니다. 그리고 표에는 행이 있고 열이 있습니다. **행은 〈tr〉**이라는 것으로 표현됩니다. 〈tr〉이라는 태그 안에 있는 태그들은 모두 같은 행이 되는 것입니다. 〈tr〉 태그 안에 작성한 **〈td〉 태그**는 하나의 **칼럼(열)**이 됩니다. 예를 들어 다음과 같이 작성한 후 결과를 보겠습니다.

〔예제 5-17-3〕 author 테이블을 표로 표현(첫 행)   author.php

```
... 생략 ...
<!DOCTYPE html>
<html>
    ... 생략 ...
    <body>
        <h1><a href="index.php">WEB</a></h1>
        <p><a href="index.php">topic</a></p>
        <table border="1">
            <tr>
                <td>id</td><td>name</td><td>profile</td>
            </tr>
        </table>
    </body>
</html>
```

보다시피 아주 고전적인 느낌의 디자인입니다. 나중에 CSS를 통해 얼마든지 아름답게 바꿀 수 있습니다.

그다음에 행들을 표현하기 위해 다음과 같이 작성합니다.

【예제 5-17-4】 author 테이블을 표로 표현(데이터 행)   **author.php**

```php
... 생략 ...
<!DOCTYPE html>
<html>
    ... 생략 ...
    <body>
        ... 생략 ...
        <table border="1">
            <tr>
                <td>id</td><td>name</td><td>profile</td>
            </tr>
            <?php
                $sql = "SELECT * FROM author";
                $result = mysqli_query($conn, $sql);
                while( $row = mysqli_fetch_array($result) ) {
                    $filtered = array(
                        'id' => htmlspecialchars($row['id']),
                        'name' => htmlspecialchars($row['name']),
                        'profile' => htmlspecialchars($row['profile'])
                    );
            ?>
            <tr>
                <td><?= $filtered['id'] ?></td>
```

```
            <td><?= $filtered['name'] ?></td>
            <td><?= $filtered['profile'] ?></td>
        </tr>
        <?php
            }
        ?>
    </table>
  </body>
</html>
```

앞에서 배운 내용이 그대로 나옵니다. $row 값을 이용해 각 행을 만들면 됩니다.

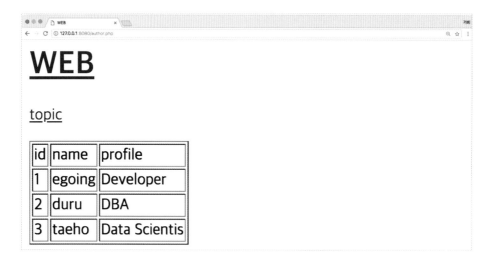

이렇게 해서 이번 시간에는 author라는 테이블에 데이터를 출력하는 방법을 살펴봤고, 다음 시간에는
행을 추가하는 방법과 수정 및 삭제하는 방법을 순차적으로 배우겠습니다.

WEB3

18 │ 새로운 테이블 – 생성

https://youtu.be/LHVppMSMLfY (06분 18초) ▶

author 테이블에 행을 추가하는 방법을 살펴보겠습니다. topic에서는 행을 추가할 때 별도의 페이지로 갔지만 같은 페이지에서 처리하는 방법도 가능합니다. 이번에는 페이지를 늘리지 않고 같은 페이지에서 모든 행위를 하는 방법을 보여드리기 위해 이 페이지에서 글을 수정하는 양식을 추가해 보겠습니다.

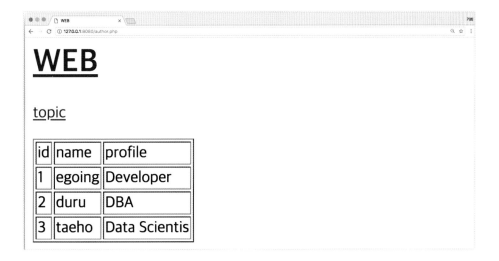

【예제 5-18-1】 저자를 추가하기 위한 폼 추가   author.php

```
... 생략 ...
<!DOCTYPE html>
<html>
    ... 생략 ...
    <body>
        ... 생략 ...
        <form action="process_create_author.php" method="post">
            <p><input type="text" name="name" placeholder="name"></p>
            <p><textarea name="profile" placeholder="profile"></textarea></p>
            <p><input type="submit" value="Create author"></p>
```

```
            </form>
        </body>
    </html>
```

우선 〈form〉 태그를 만들고, 〈form〉 태그의 action은 process_create_author.php로 지정합니다. 그 다음에 〈input〉 태그의 type 속성은 'text', name 속성은 'name'으로 지정합니다. 프로필은 〈textarea〉로 만들고 name 속성은 'profile'로 지정합니다. 작성이 모두 끝나면 〈input〉 태그를 하나 만들고 type 속성은 'submit', value 속성은 'Create author'로 지정합니다.

여기에 저자의 이름과 프로필 정보를 입력하고 [Create author] 버튼을 누르면 process_create_author.php로 데이터가 전송될 것입니다. 먼저 process_create.php를 복제해서 process_create_author.php를 만듭니다. 여기서 name이 'title'과 'description'에 해당하는 두 항목의 name 속성을 각각 'name'과 'profile'로 바꾸고, author_id는 더 이상 필요 없으니 지웁니다. 그리고 SQL 문을 다음과 같이 수정합니다.

```php
<?php
    $conn = mysqli_connect ('localhost', 'root', '111111', 'opentutorials');

    $filtered = array(
        'name' => mysqli_real_escape_string($conn, $_POST['name']),
        'profile' => mysqli_real_escape_string($conn, $_POST['profile'])
    );

    $sql = "
        INSERT INTO author
            (name, profile)
            VALUES(
                '{$filtered['name']}',
                '{$filtered['profile']}'
            )
    ";

    $result = mysqli_multi_query($conn, $sql);
    if( $result === false ) {
        echo '저장하는 과정에서 문제가 생겼습니다. 관리자에게 문의해주세요';
        error_log(mysqli_error($conn));
    } else {
        echo '성공했습니다. <a href="author.php">돌아가기</a>';
    }
?>
```

그런 다음 페이지를 새로고침해서 결과를 봅시다.

그런데 여기서 한 가지 테크닉을 배워볼까요? name에 'graphittie', profile에 'graphittie is ...' 을 입력하고 'Create author' 버튼을 눌러서 글 작성이 성공할 경우 사용자를 author.php로 다시 돌려 보내는 방법을 배우겠습니다. 성공 메시지를 출력하는 대신 PHP의 header라는 명령어를 이용해 봅시다.

【예제 5-18-3】 글 작성에 성공하면 author.php 페이지로 보내기　　　　　　　　　　　　process_create_author.php

```php
<?php
    ... 생략 ...

    $result = mysqli_multi_query($conn, $sql);
    if( $result === false ) {
        echo '저장하는 과정에서 문제가 생겼습니다. 관리자에게 문의해주세요';
```

```
        error_log(mysqli_error($conn));
    } else {
        header('Location: author.php');
    }
?>
```

위 코드가 실행되면 웹 서버가 웹 브라우저에게 Location이 'author.php'라는 정보를 응답합니다. 그러면 웹 브라우저는 Location으로 시작하는 정보를 받고 사용자를 author.php로 보내버립니다. 이를 리다이렉션(redirection)이라고 합니다. 직접 한번 해볼까요? [Create author] 버튼을 클릭해서 요청이 성공하면 다시 author.php 페이지로 이동하는 모습을 볼 수 있습니다.

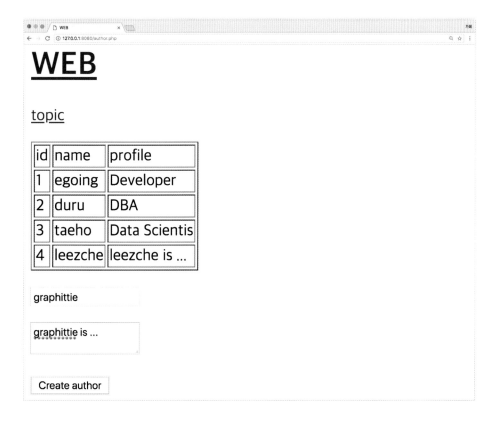

이렇게 해서 CRUD에서 create와 read를 구현하는 방법을 살펴봤습니다. 다음 시간에는 update, delete 순서로 수업을 진행하겠습니다.

19 새로운 테이블 – 수정

이번 시간에는 수정 기능을 구현해 보겠습니다. 프로필을 수정할 때는 누구의 프로필을 수정할지 지정할 필요가 있겠죠?

예제에서는 테이블 오른쪽에 수정 버튼과 삭제 버튼을 추가하겠습니다. 그러기 위해 첫 행의 끝에 〈td〉 태그를 비어있는 상태로 만들어 두고, 〈tr〉 태그 안쪽의 맨 끝에 다음과 같이 코드를 추가합니다.

【예제 5-19-1】 표에 업데이트 링크 추가   author.php

```
... 생략 ...
<!DOCTYPE html>
<html>
    ... 생략 ...
        <tr>
            <td>id</td><td>name</td><td>profile</td><td></td>
        </tr>
        ... 생략 ...
        <tr>
            <td><?= $filtered['id'] ?></td>
            <td><?= $filtered['name'] ?></td>
            <td><?= $filtered['profile'] ?></td>
            <td><a href="">update</a></td>
        </tr>
    ... 생략 ...
</html>
```

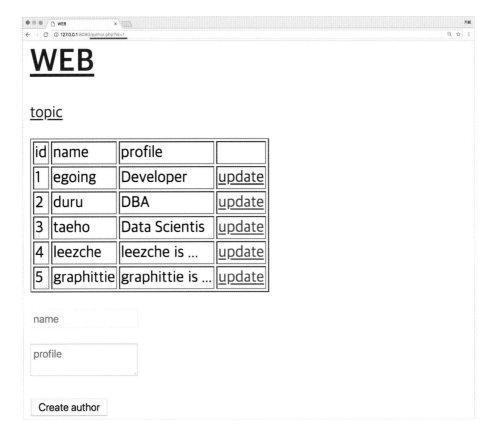

여기서는 update라는 별도의 페이지로 가는 것이 아니라 author.php에서 글을 업데이트하고 싶습니다. 즉, update 버튼을 누르면 글에 대한 정보가 하단에 표시될 것이고 버튼을 누르면 수정이 이뤄지게 하고 싶습니다. 그러기 위해서 href의 값으로 author.php?id=<?=$filtered['id']?>를 지정합니다.

【예제 5-19-2】update 링크의 href 값 설정   author.php

```
... 생략 ...
<!DOCTYPE html>
<html>
    ... 생략 ...
        <tr>
            <td><?= $filtered['id'] ?></td>
            <td><?= $filtered['name'] ?></td>
            <td><?= $filtered['profile'] ?></td>
            <td><a href="author.php?id=<?= $filtered['id'] ?>">update</a></td>
```

```
            </tr>
    ... 생략 ...
  </html>
```

결과를 보면 보다시피 update 버튼을 클릭했을 때 **해당 행의 id 값이 URL에 적히고** 자연스럽게 id 값이 있느냐 없느냐에 따라 여러 가지 일을 할 수 있게 됩니다. 우선 **id 값이 존재**한다면 **id 값에 해당되는 이름과 프로필이 표시**돼야 합니다. 먼저 다음과 같은 SQL 문을 작성해 봅시다.

【예제 5-19-3】 id 값에 해당하는 저자의 정보 가져오기   author.php

```
  ... 생략 ...
  <!DOCTYPE html>
  <html>
      ... 생략 ...
```

```php
<?php
    $filtered_id = mysqli_real_escape_string($conn, $_GET['id']);
    settype($filtered_id, 'integer');
    $sql = "SELECT * FROM author WHERE id = {$filtered_id}";
    $result = mysqli_query($conn, $sql);
    $row = mysqli_fetch_array($result);
?>
<form action="process_create_author.php" method="post">
    <p><input type="text" name="name" placeholder="name"></p>
    <p><textarea name="profile" placeholder="profile"></textarea></p>
    <p><input type="submit" value="Create author"></p>
</form>
... 생략 ...
</html>
```

【예제 5-19-4】 수정 페이지일 때 id 값에 해당하는 정보 출력하기 author.php

```php
... 생략 ...
<!DOCTYPE html>
<html>
    ... 생략 ...
    <?php
        $escaped = array(
            'name' => '',
            'profile' => ''
        );
        if( isset($_GET['id'])) {
            $filtered_id = mysqli_real_escape_string($conn, $_GET['id']);
            settype($filtered_id, 'integer');
            $sql = "SELECT * FROM author WHERE id = {$filtered_id}";
            $result = mysqli_query($conn, $sql);
            $row = mysqli_fetch_array($result);
            $escaped['name'] = htmlspecialchars($row['name']);
            $escaped['profile'] = htmlspecialchars($row['profile']);
        }

    ?>
    <form action="process_create_author.php" method="post">
        <p><input type="text" name="name" placeholder="name" value="<?= $escaped['name']
```

```
?>"></p>
            <p><textarea name="profile" placeholder="profile"><?= $escaped['profile']
?></textarea></p>
            <p><input type="submit" value="Create author"></p>
        </form>
    ... 생략 ...
</html>
```

앞서 작성한 코드는 수정 페이지일 때, 즉 id 값이 있을 때 필요한 것이므로 if 문을 사용해 수정할 때만 처리되게 합니다. 그리고 나서 name의 value 값을 넣기 위해 배열을 지정하고, id 값이 있는 수정 페이지에서는 값을 추출한 다음 name의 value 속성에는 <?=$escaped['name']?>을, profile의 value 속성으로는 <?=$escaped['profile']?>을 지정합니다.

이제 페이지를 새로고침해 보겠습니다.

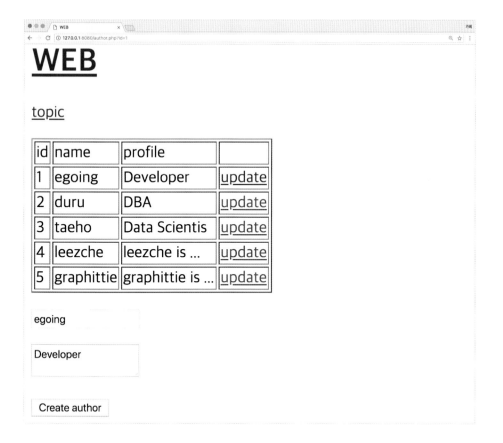

선택한 행이 잘 출력되는 모습을 볼 수 있습니다. 그런데 'Create author' 버튼이 아니라 'Update author' 버튼이어야 하므로 레이블도 바꿔봅시다.

[예제 5-19-5] 수정 페이지일 때 버튼의 레이블과 값 변경   author.php

```php
... 생략 ...
<!DOCTYPE html>
<html>
    ... 생략 ...
    <?php
        $escaped = array(
            'name' => '',
            'profile' => ''
        );
        $label_submit = 'Create author';
        if( isset($_GET['id'])) {
            ... 생략 ...
            $escaped['name'] = htmlspecialchars($row['name']);
            $escaped['profile'] = htmlspecialchars($row['profile']);
            $label_submit = 'Update author';
        }
    ?>
    <form action="process_create_author.php" method="post">
        <p><input type="text" name="name" placeholder="name" value="<?= $escaped['name']
?>"></p>
        <p><textarea name="profile" placeholder="profile"><?= $escaped['profile']
?></textarea></p>
        <p><input type="submit" value="<?= $label_submit ?>"></p>
    </form>
    ... 생략 ...
</html>
```

$label_submit 변수를 생성한 다음 'Create author'로 값을 설정하고, id 값이 존재하면 'Update author'로 교체합니다. 그리고 Submit의 value 속성을 <?= $label_submit ?>으로 교체합니다.

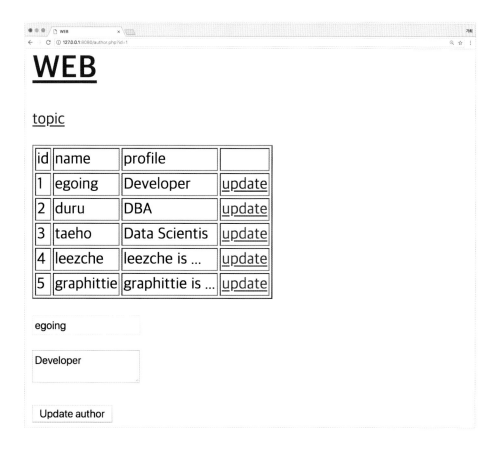

그럼 보다시피 'Update author'로 레이블이 바뀝니다. author 페이지로 id 값 없이 직접 들어가면 내용이 비워져 있고, 표에서 update를 누르면 그 행의 정보가 채워지는 것을 볼 수 있습니다.

그리고 <form> 태그의 action은 기본적으로 process_create_author.php로 설정돼 있는데 id 값이 존재하면 수정하는 페이지로 이동할 수 있도록 process_update_author.php로 바꿔야 합니다. 따라서 앞서 버튼의 레이블을 변경한 것과 같은 방법을 이용해 <form> 태그의 action 값을 지정합니다.

【예제 5-19-6】 수정 페이지일 때 폼의 action 값 변경　　　　　　　　　　　　　　　　　author.php

```
... 생략 ...
<!DOCTYPE html>
<html>
    ... 생략 ...
    <?php
        $escaped = array(
```

```
                        'name' => '',
                        'profile' => ''
                );
                $label_submit = 'Create author';
                $form_action = 'process_create_author.php';
                if( isset($_GET['id'])) {
                        ... 생략 ...
                        $escaped['name'] = htmlspecialchars($row['name']);
                        $escaped['profile'] = htmlspecialchars($row['profile']);
                        $label_submit = 'Update author';
                        $form_action = 'process_update_author.php';
                }
        ?>
        <form action="<?= $form_action ?>" method="post">
                <p><input type="text" name="name" placeholder="name" value="<?= $escaped['name']
?>"></p>
                <p><textarea name="profile" placeholder="profile"><?= $escaped['profile']
?></textarea></p>
                <p><input type="submit" value="<?= $label_submit ?>"></p>
        </form>
    ... 생략 ...
</html>
```

그다음에 특정 행을 선택하고 'Update author' 버튼을 누르면 process_update_author.php로 이
동하게 되는데 이 코드는 process_update.php 파일을 복제해서 만듭니다. 복제한 파일에서는 일단
'title'을 'name'으로, 'description'을 'profile'로 바꿉니다.

[예제 5-19-7] process_update.php 파일을 복제해서 process_update_author.php 파일 생성 **process_update_author.php**

```php
<?php
    $conn = mysqli_connect ('localhost', 'root', '111111', 'opentutorials');

    settype($_POST['id'], 'integer');
    $filtered = array(
        'name' => mysqli_real_escape_string($conn, $_POST['name']),
        'profile' => mysqli_real_escape_string($conn, $_POST['profile']),
        'id' => mysqli_real_escape_string($conn, $_POST['id'])
    );
```

```php
$sql = "
    UPDATE topic
        SET
            title = '{$filtered['title']}',
            description = '{$filtered['description']}'
        WHERE
            id = '{$filtered['id']}'
";

$result = mysqli_multi_query($conn, $sql);
if( $result === false ) {
    echo '수정하는 과정에서 문제가 생겼습니다. 관리자에게 문의해주세요';
    error_log(mysqli_error($conn));
} else {
    echo '성공했습니다. <a href="index.php">돌아가기</a>';
}
?>
```

그리고 id 값이 들어와야 하는데 잘 생각해 보니 수정할 때 전송하는 데이터에는 id 값이 없습니다. 따라서 다시 author.php에서 id 값이 존재할 경우에 다음과 같이 $form_id 변수의 값을 설정하고, <form> 태그 안에 <?=$form_id?>를 추가합니다.

【예제 5-19-8】 수정 페이지일 때 id가 전송될 수 있게 $form_id 변수 설정   **author.php**

```php
... 생략 ...
<!DOCTYPE html>
<html>
    ... 생략 ...
        <?php
            ... 생략 ...
            $label_submit = 'Create author';
            $form_action = 'process_create_author.php';
            $form_id = '';
            if( isset($_GET['id'])) {
                ... 생략 ...
                $label_submit = 'Update author';
                $form_action = 'process_update_author.php';
```

```
                    $form_id = '<input type="hidden" name="id" value="'.$_GET['id'].'">';
                }
            ?>
            <form action="<?= $form_action ?>" method="post">
                <?= $form_id ?>
                <p><input type="text" name="name" placeholder="name" value="<?= $escaped['name']
    ?>"></p>
                <p><textarea name="profile" placeholder="profile"><?= $escaped['profile']
    ?></textarea></p>
                <p><input type="submit" value="<?= $label_submit ?>"></p>
            </form>
        ... 생략 ...
    </html>
```

process_update_author.php로 돌아가서 $sql 문을 교체하겠습니다.

[예제 5-19-9] SQL 문 수정   process_update_author.php

```
<?php
    ... 생략 ...

    $sql = "
        UPDATE author
            SET
                name = '{$filtered['name']}',
                profile = '{$filtered['profile']}'
            WHERE
                id = '{$filtered['id']}'
    ";
    die($sql);

    ... 생략 ...
?>
```

'topic' 부분을 'author'로, 'title'은 'name'으로, 'description'은 'profile'로 바꿉니다. 그리고 나서
die($sql);을 이용해 SQL 문을 중간에 출력해 보면 다음과 같은 결과를 볼 수 있습니다.

```
UPDATE author SET name = 'leezche', profile = 'leezche is …'
WHERE id = '4'
```

보다시피 이런 SQL 문이 생성됩니다. 문제가 없으면 die($sql)을 지우고, 쿼리를 실행하는 데 성공하면 다시 수정 페이지로 이동될 수 있게 설정합니다.

【예제 5-19-10】 die() 코드 제거, 수정 후 기존 페이지로 이동하도록 설정　　　　　　*process_update_author.php*

```php
<?php
    ... 생략 ...

    die($sql);

    $result = mysqli_multi_query($conn, $sql);
    if( $result === false ) {
        echo '수정하는 과정에서 문제가 생겼습니다. 관리자에게 문의해주세요';
        error_log(mysqli_error($conn));
    } else {
        header('Location:author.php?id='.$filtered['id']);
    }
?>
```

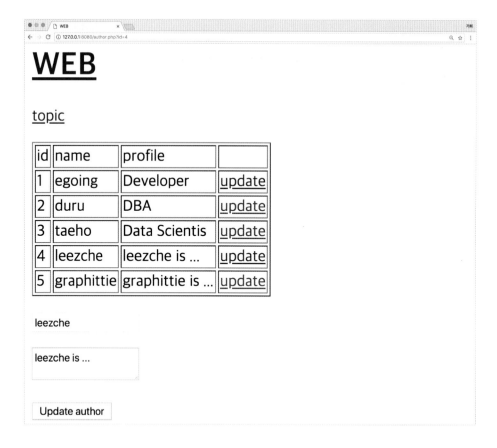

이제 update를 선택해서 내용을 수정하고 [Update author] 버튼을 클릭하면 수정이 완료되고 현재 페이지로 돌아옵니다.

이렇게 해서 업데이트 기능까지 구현을 마쳤습니다.

지금부터는 삭제 기능을 구현해 보겠습니다.

테이블 오른쪽에 delete 버튼을 추가하겠습니다. 역시나 〈td〉 태그가 필요합니다. 링크를 delete로 걸어도 되겠지만 여기서는 삭제를 확인하는 페이지로 가지 않고 삭제할 것이므로 폼을 바로 만들 것입니다. 〈td〉 태그 안에 다음과 같이 hidden 폼과 삭제 버튼을 작성합니다.

【예제 5-20-1】 표에 삭제 폼 추가   author.php

```
... 생략 ...
<!DOCTYPE html>
<html>
    ... 생략 ...
        <tr>
            <td>id</td><td>name</td><td>profile</td><td></td><td></td>
        </tr>
        ... 생략 ...
        <tr>
            <td><?= $filtered['id'] ?></td>
            <td><?= $filtered['name'] ?></td>
            <td><?= $filtered['profile'] ?></td>
            <td><a href="author.php?id=<?= $filtered['id'] ?>">update</a></td>
            <td>
                <form action="process_delete_author.php" method="post">
                    <input type="hidden" name="id" value="<?= $filtered['id'] ?>">
                    <input type="submit" value="delete">
                </form>
            </td>
        </tr>
    ... 생략 ...
</html>
```

보다시피 delete 버튼이 생겼고, 버튼을 클릭하면 process_delete_author.php로 이동하는 것을 볼 수 있습니다.

아직 process_delete_author.php 파일이 없기 때문에 process_delete.php 파일을 복제해서 process_delete_author.php 파일을 만듭니다. process_delete_author.php에서는 id 값은 달라질 게 없고, topic 테이블 대신 author만 넣으면 됩니다. 그리고 삭제에 성공했다면 다음과 같이 author 페이지로 리다이렉션하도록 코드를 작성합니다.

[예제 5-20-2] process_delete.php 파일을 복제해 process_delete_author.php 파일 생성   process_delete_author.php

```php
<?php
    $conn = mysqli_connect ('localhost', 'root', '111111', 'opentutorials');

    settype($_POST['id'], 'integer');
    $filtered = array(
```

```
        'id' => mysqli_real_escape_string($conn, $_POST['id'])
    );

    $sql = "
        DELETE
            FROM author
            WHERE id = {$filtered['id']}
    ";

    $result = mysqli_multi_query($conn, $sql);
    if( $result === false ) {
        echo '삭제하는 과정에서 문제가 생겼습니다. 관리자에게 문의해주세요';
        error_log(mysqli_error($conn));
    } else {
        header('Location: author.php');
    }
?>
```

'graphittie'와 'leezche'를 삭제하면 위와 같은 화면을 볼 수 있습니다. 그런데 클릭하자마자 삭제되는 것은 조금 섬뜩하지 않나요? 이런 경우에 여러 가지 방법이 있는데 그중 하나는 자바스크립트를 이용하는 것입니다. 하지만 이번 시간은 자바스크립트 수업이 아니기 때문에 제가 알려드리는 내용을 똑같이 작성합니다. 그리고 자바스크립트를 통해 이런 문제를 해결할 수 있다는 점만 알아두시면 됩니다.

【예제 5-20-3】 자바스크립트를 이용해 onsubmit 속성 지정   author.php

```
... 생략 ...
<!DOCTYPE html>
<html>
    ... 생략 ...
            <td>
                <form action="process_delete_author.php" method="post" onsubmit="alert('Hello
js');">
                    <input type="hidden" name="id" value="<?= $filtered['id'] ?>">
                    <input type="submit" value="delete">
                </form>
            </td>
        ... 생략 ...
</html>
```

자바스크립트를 이용해 <form> 태그에 onsubmit 속성을 지정합니다. submit은 전송을 의미하는데, 전송 행위가 일어났을 때 onsubmit 속성에 지정한 값을 자바스크립트 코드로서 실행하라는 뜻입니다. delete 버튼을 클릭해보면 'Hello js' 경고창이 나오는 모습을 볼 수 있습니다.

이번에는 onsubmit 속성에 있는 alert 대신 confirm으로 교체합니다.

[예제 5-20-4] onsubmit 속성에 confirm( ) 설정   author.php

```
... 생략 ...
<!DOCTYPE html>
<html>
    ... 생략 ...
            <td>
                <form action="process_delete_author.php" method="post" onsubmit="if(!confirm
('sure')){return false;}">
                    <input type="hidden" name="id" value="<?= $filtered['id'] ?>">
                    <input type="submit" value="delete">
                </form>
            </td>
    ... 생략 ...
</html>
```

confirm( ) 함수는 코드가 실행됐을 때 [Cancel] 버튼을 누르면 false를 반환합니다. 따라서 [Cancel] 버튼을 누르면 이 웹 브라우저가 기본적으로 수행하는 동작, 즉 Submit 버튼을 눌렀을 때 action 속성에 지정된 곳으로 데이터를 전송한다는 기본 동작을 중지시킵니다. 확인해 볼까요?

delete를 누르고 [Cancel] 버튼을 누르면 아무 일도 벌어지지 않습니다.

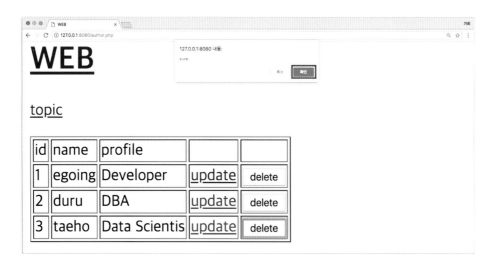

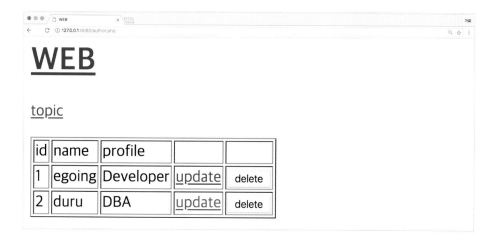

delete를 누르고 OK를 누르면 그 삭제 페이지로 간다는 것입니다. 이러한 특성을 이용하면 사용자에게 동의를 구하는 절차를 구현할 수 있습니다.

또 하나 이야기해볼 것은 사용자를 지웠는데 사용자가 쓴 글이 남아 있는 것이 이상할 수 있습니다. 따라서 다음과 같이 SQL 문을 추가해 보겠습니다.

【예제 5-20-5】 사용자가 쓴 글을 삭제하는 SQL 추가   process_delete_author.php

```php
<?php
... 생략 ...

$sql = "
    DELETE
        FROM topic
        WHERE author_id = {$filtered['id']}
";
mysqli_multi_query($conn, $sql);

$sql = "
    DELETE
        FROM author
        WHERE id = {$filtered['id']}
";
```

```
    $result = mysqli_multi_query($conn, $sql);
    ... 생략 ...
?>
```

그러면 우리가 삭제하고자 하는 사용자와 **author_id가 같은 모든 데이터가 삭제되겠죠.** 하지만 이런 명령은 상당히 중요하기 때문에 사용자가 입력한 명령은 절대로 믿어선 안 됩니다. 이 수업은 학습을 위한 것이기 때문에 이렇게 한 것뿐입니다. 그럼 프로그램이 잘 작동하는지 볼까요? 'duru'란 사람이 갖고 있는 글이 'Oracle'과 'test'라는 글이네요. 'duru'를 삭제해보겠습니다.

'duru'가 가지고 있었던 글들이 삭제된 결과를 볼 수 있습니다.

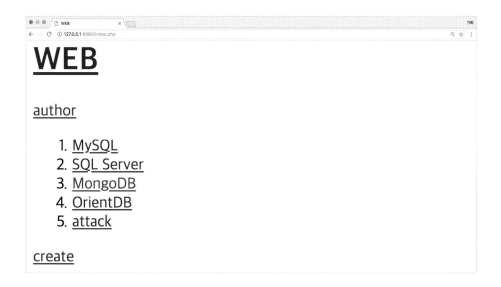

이런 작업을 애플리케이션 차원에서 할 수 있지만 나중에 데이터베이스를 좀 더 깊게 배우다 보면 **트리거**라는 기능을 만나게 됩니다. 트리거라는 기능을 통해 **특정 행이 삭제될 때 어떤 행을 삭제하도록 데이터베이스 단에서 설정**해 두면 author를 삭제했을 때 그 author와 관련 있는, 이를테면 topic 테이블에서 특정 행들이 자동으로 삭제되게 하는 것도 가능합니다.

이렇게 해서 author라고 하는 새로운 테이블에 대한 CRUD 작업을 마쳤습니다. 고생하셨습니다.

여기까지 오신 분들 축하드립니다. 그동안 고생 많으셨습니다. 이제 헤어질 시간이네요. 물러나기 전에
몇 가지 건의를 드리고 싶어서 약간의 잔소리와 정보를 드리고 물러나겠습니다.

우선 제일 먼저 드리고 싶은 이야기는 너무 공부만 하지 않으셨으면 좋겠다는 것입니다. 지금까지 배운 내용을 토대로 다양한 방법으로 가지고 놀면서 최대한으로 써먹어야 합니다. 아이들을 보면 별것도 아닌 일에 반복해서 몇 시간, 며칠, 몇 주를 놉니다. 아이들 자신에게는 그것이 놀이처럼 느껴지겠지만 가만히 들여다 보면 생존을 위해 필요한 기술들이라는 것을 알 수 있습니다. 여러분의 손에는 인류가 발명한 최고의 장난감들이 들려 있습니다. PHP, MySQL, 웹 서버, 웹 브라우저, 인터넷, 컴퓨터 등등. 이것들을 가지고 충분히 놀다 보면 따분해지는 순간이 오겠죠. 바로 그때가 더 어른스러운 장난감이 필요할 때입니다. 그때가 오기 전까지는 더 공부하려 하지 마시고 지금까지 배운 것으로 무엇인가를 꾸준히 만들고 부시고 또 만들고를 반복하면 좋겠습니다.

이 장난감이 지루해질 때가 됐을 때 여러분이 탐낼 만한 몇 가지 장난감을 추천해드리겠습니다. 정보가 많아지면 검색 기능을 구현하고 싶을 것입니다. 사실 여러분은 검색을 구현할 수 있는 모든 지식을 이미 가지고 있습니다.

$$\text{<form method="get" action="search.php">}$$

<form> 태그에 method를 get으로 지정하고 action으로 지정한 PHP 애플리케이션 안에서 select의 where 문을 잘 이용하면 됩니다. 그런데 이것만으로는 데이터가 많아지면 성능이 잘 나오지 않습니다.

index

그럴 때는 검색하려는 테이블의 칼럼에 대해 색인(index)을 거는 방법을 찾아보세요. 색인을 걸면 순식간에 검색 결과가 나오는 신비한 경험을 하게 될 것입니다. 색인은 언제든 걸 수 있기 때문에 나중에 걸어도 됩니다. 처음부터 색인을 공부하려고 하지 않아도 괜찮습니다.

mysqli

또한 앞에서는 mysqli라는 PHP에서 제공하는 API를 이용했는데 이 API는 MySQL에 특화된 API입니다. 그래서 오라클이나 SQL Server처럼 다른 데이터베이스를 이용하려고 하면 여러분의 애플리케이션 코드를 완전히 새로 작성해야 합니다.

PDO(Php Data Object)

만약 애플리케이션에서 다양한 데이터베이스를 이용할 수도 있다면 PHP Data Object, 즉 PDO라는 것을 고려해 보세요. PDO를 이용하면 동일한 코드로 다양한 데이터베이스를 이용할 수 있습니다.

Doctrine, Propel, Aura SQL

그 밖에 Doctrine이나 Propel과 같은 라이브러리가 있습니다. 데이터베이스를 안전하게 운영하는 것은 정말 중요한 일입니다. 왜냐하면 시스템에서 문제가 생겼을 때 그 시스템이 망하는 부분이 어딘가를 생각해 보면 대부분 데이터가 저장돼 있는 곳이기 때문입니다.

AWS RDS
Google Cloud SQL for MySQL
Azure Database for MySQL

그렇기 때문에 데이터베이스는 중요한 것이죠. 최근에는 여러 거대 기업들이 클라우드 컴퓨팅이라는 서비스를 제공합니다. 그리고 그 서비스 안에서는 데이터를 서비스로써 임대해 주곤 합니다. 이런 서비스를 이용하면 몇 번의 클릭만으로 몇 분만에 데이터베이스 서버가 생겨서 사용할 수 있게 되고, 삭제하는 즉시 과금이 발생하지 않기 때문에 비용을 절감할 수 있습니다. 백업, 업데이트, 업그레이드 같은 것들을 자동으로 해주기 때문에 여러분은 데이터베이스 운영에 대해서는 이러한 클라우드 서비스에 맡기고 여러분은 데이터베이스나 웹 애플리케이션을 구축하는 데 전념할 수 있습니다. AWS RDS, Google Cloud SQL for MySQL, Azure Database for MySQL과 같은 서비스가 바로 이러한 목적에 특화돼 있는 서비스입니다.

이런 식으로 하면 끝이 없겠죠? 중요한 것은 우리 마음의 소리를 묵살하지 않는 것입니다. 불편한 것이 있다면 그러려니 하지 말고, 이를 해결하기 위한 방법을 적극적으로 찾으면 좋겠습니다. 좋은 개발자가 되기 위해서는 친절한 불평불만쟁이가 돼야 한다고 생각합니다.

이번 여행은 여기까지입니다. 이제부터 여러분 혼자 가셔야 합니다. 저는 여기에 남아서 여러분께 행운을 빌겠습니다. 고생하셨고, 축하드립니다. 화이팅!

A - X

API	241
CRUD	409
expression	113
float	58
get 방식	215
integer	58
literal	64
NULL	322
operator	59
PHP	6
post 방식	215
SQL 문	256
SQL 주입 공격	341
string	63
URL 파라미터	76
WAMP	13
XSS	229

ㄱ - ㅁ

객체지향	278
관계형	409
내장 함수(bulit in function)	160
데이터베이스	247
따옴표	65, 71
루프(loop)	129
리다이렉션(redirection)	196
리팩터링	218
매개변수(parameter)	167
무한루프	131
문자열	63, 154
문자열 결합 연산자(concatenation operator)	66
미들웨어(middleware)	260

ㅂ - ㅎ

반복문	101, 124, 128
배열	135
변수	69
보안	230
부동소수점	58
부등호	110
불리언(Boolean)	105
비교 연산자	105
비트나미 매니저	21
세션(Session)	248
숫자	58
암호화	244
연산자	59
이스케이프(escape)	354
인자(argument)	167
정수	58
제어문	102
조건문	101, 112
주석	150, 341
중괄호	114, 165
쿠키(Cookie)	248
크로스 사이트 스크립팅	352
트리거	441
표현식	59, 113
함수	89